Manfredo Araújo de Oliveira

DESAFIOS ÉTICOS da GLOBALIZAÇÃO

Dados Internacionais de Catalogação na Publicação (CIP)
(Câmara Brasileira do Livro, SP, Brasil)

Oliveira, Manfredo Araújo de
Desafios éticos da globalização – 3. ed. – São Paulo : Paulinas, 2008. – (Coleção ética e sociedade)

ISBN 978-85-356-0193-0

1. Globalização - Aspectos morais e éticos 2. Liberdade I. Título II. Série.

08-02643 CDD-337.01

Índice para catálogo sistemático:

1. Globalização : Economia internacional : Aspectos éticos 337.01

Direção geral: Maria Bernadete Boff
Coordenação editorial: Noemi Dariva
Revisão: Gilmar Saint'Clair Ribeiro e Marília Muraro
Gerente de produção: Felício Calegaro Neto
Direção de arte: Irma Cipriani
Capa: Adriana Chiquetto
Editoração: Andrea Lourenço

3ª edição – 2008

Paulinas

Rua Pedro de Toledo, 164
04039-000 – São Paulo – SP (Brasil)
Tel.: (11) 2125-3549 – Fax: (11) 2125-3548
http://www.paulinas.org.br – editora@paulinas.com.br
Telemarketing: 0800-7010081

Parte I

Liberdade e ética

Capítulo 1

INTRODUÇÃO: ÉTICA E HISTÓRIA ATUAL

Muitas vezes, ao ouvir a palavra *ética*, as pessoas pensam, antes de mais nada, em um código de deveres, em um fardo pesado que torna a vida diminuída, sem gosto, sem qualidade. Ocorre que a ética caracteriza um ser que não apenas vive, mas que pergunta pelo sentido de tudo e, portanto, pelo sentido de sua vida, pela razão de ser de suas ações. Já na Grécia, a ética nasceu no seio da pólis como a pergunta pelos critérios que tornassem possível o enfrentamento da vida com dignidade. Isso significa dizer que o ponto de partida da ética é a vida mesma, a realidade humana, que, em nosso caso, é uma realidade de fome e miséria, de exploração e exclusão. Vivemos em um país estranho, pois nele, no Brasil oficial, apenas uma parcela minoritária de sua população é incluída.[1] Coexistem, no mesmo território, uma sociedade moderna, que cada vez mais se aproxima, econômica e culturalmente, dos países mas ricos do mundo, e uma sociedade primitiva, com milhões de habitantes vivendo nas cidades e nos campos em condições de vida que humilham a

[1] Cf. GONÇALVES, R. Distribuição de riqueza e renda: alternativa para a crise brasileira. In: LESBAUPIN, I., org. *O desmonte da nação*; balanço do governo FHC. Petrópolis, Vozes, 1999. pp. 45-74.

pessoa humana. Essa cisão interna é aprofundada pela forma de inserção na nova configuração da economia como sistema mundial.[2] Nesse contexto, os mercados financeiros cada vez mais impõem suas leis ao processo global de configuração da vida humana. Tal processo não só não atenuou as desigualdades, mas certamente as aprofundou. Suas conseqüências estruturais são pobreza, instabilidade, desemprego: o desemprego e o emprego instável de milhões de pessoas são o sinal mais visível de um processo de desenvolvimento que está criando pessoas literalmente inúteis à nova ordem mundial. São 4,5 bilhões de pessoas no mundo que vivem na pobreza e 2 bilhões que sobrevivem com menos de um dólar por dia.

Tal situação já é, em si mesma, trágica, mas tem um agravante: a resignação, que se torna cada vez mais difundida; a convicção, profundamente arraigada de que nada se pode fazer, pois o ser humano é incapaz de legitimar qualquer sentido que fundamente uma tomada de posição diante da realidade de sua vida. Na modernidade, se considerava a razão, como pensou toda a tradição do Ocidente, a instância capaz de estabelecer critérios a partir dos quais seria possível situar-se criticamente no mundo. A pós-modernidade nos pretende convencer da impossibilidade de tal empreendimento. Não existe a razão única e universal; o chão da vida humana é o mutável; o contingente, o provisório: vivemos em uma multiplicidade de diversas razões, subsistemas e jogos

---

[2] Cf. SINGER, P. A raiz do desastre social: a política econômica de FHC. In: Lesbaupin, org., op. cit., pp. 25-44. Cf. tb. BAUMANN, R. et al., orgs. *Brasil: uma década em transição*, Rio de Janeiro, Campus, 1999.

de linguagem. Não há unidade na realidade de tal maneira que se pudesse articular um sentido unitário para a vida humana. Ao invés de uma grande narrativa capaz de legitimar os outros discursos, como foi a pretensão da filosofia da tradição, deparamo-nos hoje com uma série de pequenos relatos, sempre de perspectivas locais, de jogos de linguagem diversos, cada um com seu sistema específico de regras.[3] Aqui são privilegiadas a heterogeneidade e a diferença, a fragmentação e a indeterminação do pensar como forças libertadoras da vida humana em face do caráter opressor e nivelador de todo discurso universalista.[4] A verdade não depende da razão e sim dos regimes de poder: instituir uma verdade é um ato essencialmente político, é o exercício de um poder.[5] Por isso, não tem sentido buscar os fundamentos de inteligibilidade da vida humana enquanto vida histórica: não há nenhuma essência a se realizar na história, não há uma ordem subjacente a tudo que acontece como não há uma finalidade única para a qual tudo deve tender. A história humana, portanto, não tem um objetivo, é destituída de um sentido que possa fundamentar as ações dos seres humanos, pois não há instância fundante. Todas as condições são estritamente contingentes e é absolutamente inútil dotá-las de

---

[3] Cf. LYOTARD, J-F. *O pós-moderno*. 4. ed., Rio de Janeiro, José Olympio, 1993.

[4] Cf.: VATTIMO, G. *O fim da modernidade*; niilismo e hermenêutica da cultura pós-moderna. São Paulo, Martins Fontes, 1996. JAMESON, F. *Pós-modernismo; a lógica cultural do capitalismo tardio*. São Paulo, Ática, 1996. ANDERSON, P. *As origens da pós-modernidade*. Rio de Janeiro, Zahar, 1999. RUBIO, M. O contexto da modernidade e da pós-modernidade. In: VIDAL, M., org. *Ética teológica*: conceitos fundamentais. Petrópolis, Vozes, 1999. pp. 95-130.

[5] Cf. FOUCAULT, M. *Microfísica do poder*. Rio de janeiro, Graad, 1989.

um fundamento. A história não é o esforço de auto-realização da humanidade, pois a humanidade mesma é uma das ilusões que desapareceram. Sendo assim, todas as éticas são necessariamente contingentes, limitadas, diferenciadas sem qualquer sinal de pretensão ao estabelecimento de normas e fins últimos extensíveis a todos os seres humanos. A ética se torna, em última instância, uma invenção de cada um, a pluralidade é o único valor legítimo e qualquer unidade última está sob suspeita de ilusão metafísica. O grande mérito da pós-modernidade não é aguçar nossos sentidos para captar as diferenças, para compreender as formas diferenciadas de conceber e apresentar a verdade? Uma cultura pós-metafísica não prescinde mesmo da verdade?

No entanto, perguntas inconvenientes permanecem: se o homem pós-moderno se contenta com as ciências, como responde ele às questões da fome e da injustiça, ou seja, ao clamor daquele que grita: tenho fome, por isso exijo justiça[6]? Liberdade e justiça não são mitos que desapareceram? Que pode ele dizer aos milhões de excluídos, de silenciados e de marginalizados? Por que não se pode perguntar pelo sentido último da existência humana, de suas conquistas e de sua história, da técnica, da vida e da morte? Não é essa proibição em si mesma um ato totalitário, realizado precisamente por aqueles que se contrapõem (em nome de quê?) a todo totalitarismo?

Os ensaios deste *Desafios éticos da globalização* ousam levar a sério a exigência permanente que marca a exis-

---

[6] Cf. Cortina, A. *La moral del camaleón.* Madrid, Epasa Calpe, D. L., 1991. espec. cap. 13.

tência humana: a exigência de encontrar uma configuração de seu ser e de seu mundo. Trata-se da necessidade de construir-se, o que implica a possibilidade do fracasso, portanto, a possibilidade de autonegação, de alienação do próprio ser. Nesse horizonte, é fundamental para o ser humano tematizar o horizonte a partir do qual ele pode se perguntar se o que faz conduz à realização de seu ser e, com isso, libertar-se das causas cegas que o impulsionam. Trata-se, aqui, de fazer emergir aquilo que carateriza o ser humano no meio dos seres: a questão da validade. O ser humano é o ser que pode levantar a questão da validade de sua própria práxis, o que significa transcender a facticidade na direção da tematização da esfera normativa, a qual lhe abre a possibilidade de afirmar que o que é não deveria ser, e que algo que ainda não é deve ser. É isso precisamente que manifesta o caráter paradoxal de nosso ser: sempre determinado e sempre para além de qualquer determinação, pois sempre capaz de levantar a questão da validade de qualquer determinação e assim de iniciar o processo de sua superação.

> Nenhum mundo histórico é capaz de determiná-lo de modo definitivo, pois a pergunta, em sua radicalidade, mostra que o homem é capaz de transcender qualquer imediatidade, qualquer dado. Ele não está preso a nenhum mundo, mas é transcendência constante, tarefa permanente, portanto futuro como realidade a ser construída.[7]

---

[7] Cf. Oliveira, M. A. de. *Filosofia transcendental e religião*; ensaio sobre a filosofia da religião em Karl Rahner. São Paulo, Loyola, 1984. p. 206.

A cultura pós-moderna chama nossa atenção para algo fundamental: o ser humano só pode efetivar-se em mundos históricos concretos, que são o fruto de sua ação. A ética emerge nesse contexto como reflexão crítica destinada a tematizar os critérios que permitam superar o mal e conquistar a humanidade do homem enquanto ser livre. Sendo assim, ela é mediação para a humanização do ser humano, para a efetivação de um mundo humano enquanto mundo que torna a liberdade efetiva. Seu objetivo fundamental é, então estabelecer os marcos nos quais é possível configurar um mundo humano, subjetividade e intersubjetividade, enquanto espaço efetivador de liberdade. O que é buscado, acima de tudo, são critérios que permitem aos seres humanos conduzir suas vidas com a dignidade que os constitui como seres chamados à liberdade.

Capítulo 2

A LIBERDADE ENQUANTO SÍNTESE DE OPOSTOS: TRANSCENDÊNCIA, ENGAJAMENTO E INSTITUCIONALIDADE

O legado da tradição

A questão da liberdade, de formas diferenciadas, sempre acompanhou a filosofia ocidental e isso porque ela emerge da própria experiência da vida do homem como ser-no-mundo: a experiência do ser inserido no mundo e interpelado a agir. O mundo é interpretado, no pensamento clássico, como um movimento eterno de forma circular, onde tudo se movimenta arrastado pelo motor imóvel, o centro do cosmos, puro pensamento de si mesmo. Todo ente é, em princípio, marcado por uma tendência natural que, em última instância, o empurra para o ser naturalmente perfeito, e é isso que constitui sua bondade.[1] Esse movimento eterno do cosmos é a referência, também, para a ação humana: o ser humano é bom, quando, mediante uma deliberação sensata, descobre o verdadeiro caminho para a realização da ordem do todo em sua vida pesso-

[1] Cf. Aristóteles, *Et. Nic.* I, 1, 1094.

al e social.[2] Assim, ele é livre, quando realiza, em sua vida histórica, sua essência, que estabelece o lugar que ele ocupa no cosmos, a ordem imutável do real.[3]

O pensamento cristão provocou uma reviravolta na concepção do mundo e, conseqüentemente, na forma de levantar a questão da liberdade, pois, para ele, o fundamento que sustenta toda a realidade não divina é o ato criador livre de Deus, o que significa dizer que a orientação do agir humano não se legitima mais simplesmente na ordem do cosmos, uma vez que essa ordem mesma perdeu sua evidência e necessidade absoluta, já que a conexão causal dos eventos intramundanos não é capaz de explicar por que existe o mundo e, menos ainda, um mundo como o nosso. Não se pode mais pensar a questão da ação humana a partir da natureza, e sim a partir da vontade, que, enquanto absoluta, transcende a ordenação causal dos eventos. Essa vontade livre é pensada como fundamento da existência de tudo; assim, toda a realidade criada é contingente: mesmo admitindo a existência de uma ordem que rege tudo, essa ordem poderia ser

---

[2] Cf. Aristóteles, *Et. Nic.*, III, 1-5. E. Tugendhat apresenta o que denomina de o inventário da tradição filosófica desde Aristóteles: a tradição distinguiu entre uma vontade sensível, imediata e uma vontade determinada pelo entendimento, pela razão, pela deliberação. O critério de distinção é que para o primeiro tipo de vontade vale a escala agradável/desagradável, enquanto que, para o segundo vale a escala bom/mau. Assim, pode-se responder de dois modos à pergunta: por que se fez algo? Porque me é agradável (neste caso, o ponto de referência último é a atual situação subjetiva) ou porque considero bom, ou seja, porque tenho razões objetivas para agir assim. Terminologicamente, chamou-se à primeira forma de vontade de "impulso, afeição, apetite, desejo", enquanto a palavra "vontade" ficou reservada para a vontade que é determinada pela razão. Cf. E. Tugendhat, *Selbstbewusstsein und Selbstbestimmung*; Sprachaanlytische Interpretation, Frankfurt am Main, Suhrkamp, 1979, pp. 150-151. Cf. Tomás de Aquino, *S. Th.*, 1 q. 80 a 2.

[3] Cf. Müller, M. *Existenzphilosophie im geistigen Leben der Gegenwart*. 3. ed. Heidelberg, 1964. pp. 25ss.

outra, ou mesmo, todo o criado poderia não ser. Isso implica um questionamento radical da facticidade do mundo existente: sua existência perde a evidência quando se tematiza seu fundamento livre. A origem do mundo é fruto de um ser que não faz parte do mundo; transcende, radicalmente, o próprio mundo e, está igualmente presente em tudo, na essência de todas as coisas que existem por participar em seu ser. Por transcender radicalmente a tudo, não está submetido, na criação do mundo, a nenhuma necessidade fora de si mesmo. A liberdade de Deus emerge como fundamento exclusivo da realidade não divina: tudo que é, enquanto tem ser, o tem de Deus. Assim, a ordem do mundo só pode ser pensada enquanto fundada na vontade de Deus. Aqui se abre o espaço para uma nova metafísica, uma metafísica da liberdade, já que a liberdade absoluta é a referência a partir da qual a totalidade é interpretada.

A metafísica da liberdade implica um novo horizonte para pensar a liberdade humana, pois a fundamentação da ordem do mundo na vontade de Deus é algo profundamente diferente da fundamentação da ordem do mundo num movimento cíclico.[4] Para o pensamento clássico, o mundo possui seu fim e sua ordem imutável; cada fim no mundo subordina-se a esse fim do mundo enquanto tal. Na perspectiva do pensamento cristão, o mundo não tem, naturalmente, nem fim, nem ordem, já que todo fim e toda ordem do mundo se radica na liberdade de Deus, ou seja, toda ordem tem

---

[4] Cf. Krings, H. Reale Freiheit. Praktische Freiheit. Transzendentale Freiheit. In: Simon, J. ed. *Freiheit. Theoretische und Praktische Aspekte des Problems.* Freiburg/München, 1977. pp. 96ss.

na vontade absoluta seu *a priori*.[5] Numa palavra, a liberdade absoluta é o *a priori* de qualquer ordem, o que significa dizer que a liberdade do ser humano não mais é pensada a partir da ordem cósmica, e sim como relação a uma liberdade originária.[6] É uma liberdade que fundamenta a própria ordem, que estabelece fins e meios, é, portanto, a vontade que funda o próprio mundo e, conseqüentemente, funda as ações humanas. Daí o fato de as normas que regem a ação do ser humano no mundo não se legitimarem mais na ordem eterna do próprio mundo,[7] em uma lei natural eterna ou no eterno retorno do mesmo, e sim na vontade incondicionada; em última instância, na liberdade de Deus. Ele é o princípio criador e, ao mesmo tempo, fim e princípio da plenitude. O ser humano é imagem de Deus enquanto é origem de suas obras, já que possui inteligência, livre arbítrio e poder de

[5] Todo ente criado é, a partir de sua própria natureza criada, isto é, já em si mesmo, ordenado para seu fim e traz em si os princípios para sua ação própria em direção a seu fim. Mudança, devir, pluralidade, historicidade pertencem, constitutivamente, à forma positiva de ser da realidade criada na direção de um fim (cf. R. Heinzmann, Der Mensch als Person. Zum Verständnis des Gewissens bei Thomas von Aquin, in: J. Gründel, ed., *Das Gewissen. Subjektive Willkür oder oberste Norm?*, Düsseldorf, Patmos-Verl; 1990, p. 40).

[6] O que, no século XIX, acentuou, em toda sua obra, Kierkegaard. O "si" (*Selbst*) é uma relação que se relaciona consigo mesma. Ele assume a si mesmo em face do Deus absoluto, que o interpela na fé e, enquanto interpelado, é consciente de si. O ser humano, enquanto relação ao infinito, não é posto por si mesmo, mas por um outro e, relacionando-se a si mesmo, relaciona-se com esse outro. Enquanto ele se relaciona consigo mesmo, em sua autoconsciência, ele põe a si mesmo, pois autoconsciência é, ao mesmo tempo, liberdade. Assim, a síntese de finitude e infinitude no "si" revela-se como tarefa (cf. S. Kierkegaard, *Krankheit zum Tode*, Düsseldorf, 1957, pp. 77ss). Veja a respeito: W. Pannenberg, *Anthropologie in theologischer Perspektive*, Göttingen, Vandenhoeck und Ruprech, 1983, p. 95.

[7] Uma concepção necessitarista, que legitima uma visão fatalista do universo como um todo, e da ação humana em particular.

ação.[8] Enquanto tal, a criatura ser humano é chamada ao diálogo e à amizade com Deus e nisso consiste o fundamento ontológico da dignidade da singularidade e da personalidade do ser humano,[9] ser marcado tanto pela incompletude como por uma dinâmica interna para a própria plenificação no seio da ordenação criada por Deus e, portanto, racional, e no retorno de toda a criação a Deus.[10]

Foi a partir desse duplo horizonte que a tradição articulou o conceito de liberdade como um *conceito analógico*, ou seja, ele é dito dos diferentes seres de acordo com sua forma própria de ser em uma dupla significação. Em primeiro lugar, negativamente, liberdade significa uma relação de independência.[11] Um conceito profundamente relativo, pois todo ser finito pertence a um mundo e está, necessariamente, em relação com outros seres nesse mundo. Todo e

---

[8] Cf. O. H. Pesch, *Thomas von Aquin; Grenze und Grösse mittelalterlicher Theologie*. Mainz, Matthias-Grünewald-Verl., 1988, pp. 381ss. Para Tomás de Aquino, o ser humano, enquanto imagem de Deus, é senhor de sua ação, pois uma ação propriamente humana (*actus humanus*) provém de uma deliberação da vontade, ou seja: nela, inteligência e vontade participam. Tomás distingue tal ato humano de um ato simplesmente do homem (*actus hominis*), onde falta a participação da inteligência e da vontade, como é o caso nas criaturas não racionais (cf. Tomás de Aquino, *S. Th.*, I-II, 1 c).

[9] Cf. Tomás de Aquino, *De ver.* 5, 3.

[10] Cf. Baumann, Kl. *Das Unbewusste in der Freiheit.* Ethische Handlungstheorie im interdisziplinären Gespräch. Roma, 1996. p. 147.

[11] Liberdade significa, assim, uma não-dependência de algo e uma não-determinidade em relação a um fundamento de determinação, ou seja, *libertas a coactione*, tanto no sentido de independência diante de uma coação externa, quanto de uma fixação interna numa determinação, como no caso dos animais que são determinados a partir de dentro, isto é, por sua própria natureza, o que se manifesta no instinto que leva cada animal, irrevogavelmente, para o seu caminho específico. Em contraposição a isto, o ser humano não é determinado instintivamente (cf. J.B. Lotz, *Person und Freiheit.* Eine philosophische Untersuchung mit theologischen Ausblicken, Freiburg/Basel/Wien, Herder, 1979, p. 11).

qualquer ente finito pode estar, diretamente, livre em relação a esse ou aquele ente, mas, precisamente, por estar ligado a outros entes. Assim, o ente que está livre da história, está ligado pela natureza e pelo cosmos. Um ente, nesse sentido negativo, totalmente livre, sem relações, radicalmente isolado, não é mais um ente do mundo. A tradição sempre entendeu a negação relativamente, uma vez que ela pressupõe o positivo. Portanto, uma liberdade negativa, pensada absolutamente, seria algo plenamente indeterminado, impensável.

Entretanto, a tradição sempre conheceu um conceito positivo de liberdade: um ente é positivamente livre na medida em que possui a si mesmo e tem, nessa relação consigo mesmo, o fundamento de seu ser e de seu agir. Foi nessa perspectiva que a tradição considerou, no desenvolvimento do real, a formação cada vez mais acentuada de centros subjetivos capazes de captar o que age sobre si e, de alguma forma, tomar posição sobre isso. Assim, por exemplo, em relação ao mundo anorgânico, a assimilação dos seres vivos é um primeiro grau de autonomia que atingirá um nível mais alto no movimento local e na sensação do animal, que já age na natureza, embora permaneça, fundamentalmente, ligado a ela, uma vez que seus impulsos e instintos lhe são pré-dados pela própria natureza.

No ser humano emerge a capacidade de controlar os impulsos em função de um fim mais alto, que é o que a tradição denominou "livre arbítrio", o qual, para Hegel,[12] constitui o degrau intermediário entre a vontade natural e a

---

[12] Cf. G.W.F. Hegel, *Grundlinien der Philosophie des Rechtes*. Hamburg, Meiner, 1955. § 5, pp. 37-38 [ed. bras.: *Princípios da filosofia de direito*, São Paulo, Martins Fontes, 1997].

vontade verdadeiramente livre, e que permanece no campo da heteronomia, uma vez que seu conteúdo é simplesmente encontrado: por isso a liberdade nesse nível é uma ilusão como Hegel concede ao determinismo. Só no nível da vontade livre para si há autoposse, o bastar-se pleno a si mesmo, autarquia, posse em si mesmo do fundamento e do fim.[13] A liberdade humana é um misto de liberdade negativa e de liberdade positiva.[14] Sem dúvida, enquanto ser pessoal, ele é relação para consigo mesmo, posse de si e posse do mundo,[15] mas, igualmente, é ser que vive em uma situação que o

---

[13] Para os gregos, uma característica do divino que, pensando a si mesmo, é fundamento e fim de si mesmo e, com isso, plenamente feliz (cf. Aristóteles, *Met.* 1074 b 34s.). Hegel, por sua vez, em nenhum momento questiona o princípio de causalidade: sua crítica ao arbítrio afirma expressamente que as pessoas que agem arbitrariamente são heterônomas, uma vez que *livre* é só aquele que segue a razão. Portanto, o conceito hegeliano de liberdade segue a concepção kantiana de que liberdade é independência do arbítrio. No entanto, Hegel não acompanha Kant em seu conceito de *liberdade transcendental,* que pressupõe a teoria dos dois mundos (fenômeno e *noumenon*) e a negação da validade do princípio de causalidade (cf. V. Hösle, *Hegels System.* Der Idealismus der Subjektivität und das Problem der Intersubjektivität, Hamburg, Meiner, 1988, v. II, p. 488).

[14] G. Haeffner chama a atenção para dois outros conceitos de liberdade muito conhecidos hoje. Em primeiro lugar, alguém é considerado livre quando pode, licitamente, fazer o que pretende, ou seja, quando tem o direito de agir desse modo e não é limitado, no seu agir, por leis morais ou jurídicas. É nesse sentido que se fala de liberdade de imprensa, de religião, de associação etc. O segundo é o conceito de liberdade de ação. Livre, nesse contexto, é o que não é impedido de realizar o que se propõe. Nesse sentido se diz que um preso não tem liberdade (cf. G. Haeffner, *Philosophische Anthropologie,* Stuttgart, Kohlhammer, 1989, p. 130). A respeito da discussão atual sobre a problemática da liberdade, veja U. Pothast, *Die Unzulänglichkeit der Freiheitsbeweise.* Zu einigen Lehrstücken aus der neueren Geschichte von Philosophie und Recht, Frankfurt am Main, Suhrkamp, 1987.

[15] Em graus diversos, porque, enquanto o animal permanece fechado da esfera do vital e do sensível sem poder superá-los na direção de outros valores, o específico do ser humano é, ao contrário, fazer surgir valores novos situando-se em diferentes níveis de ser: o nível dos reflexos, o das ações instintivas, o das ações deliberadas etc. (cf. J. de Finance, *Essai sur l'agir humain,* Rome, Presses de l'Université grégoriene, 1962, pp. 123ss).

determina,[16] ser de um mundo já feito e sempre por fazer, dependente dos entes no seio dos quais se encontra e em relação aos quais vai desenvolver suas potencialidades, por fim, submetido às leis que regem o mundo em que exerce seu domínio. Por isso, para o ser humano, liberdade no sentido positivo é, em primeiro lugar, uma autodeterminação em face das determinações em que ele se encontra, ser senhor de si mesmo, o que só é possível enquanto transcendência sobre toda e qualquer facticidade. Essa unidade de liberdade negativa e positiva constitui, fundamentalmente, a liberdade humana em suas diferentes dimensões.

[16] Nesse sentido, *mundo* significa, antes de mais nada, *situação de ação,* pois, em nossas ações no mundo e em relação ao mundo que nos marca, nós nos relacionamos também com nossas próprias possibilidades de existência. Nossas decisões sobre coisas são, também, decisões sobre modos de agir; em última instância, decisões sobre nós mesmos e, em virtude de nossa finitude, retroagem sobre nós (cf. G. Haeffner, op. cit., pp. 129ss). Para E. Tugendhat, Kant distinguiu, nesse contexto, aspectos que ainda marcam nossa discussão, hoje, sobre a liberdade: "O conceito de liberdade é ambíguo. Pode-se começar dizendo que uma pessoa é livre quando pode fazer o que quer; mas aqui se pode fazer a seguinte distinção: a ação da pessoa é livre quando faz o que ela quer, mas é também livre o querer mesmo? [...] não é suficiente saber se a ação da pessoa é livre, livre porque baseada em sua vontade, mas se quer saber se a vontade mesma é livre, porque, se não é, não poderíamos dizer que a pessoa é responsável por sua ação, responsável no sentido de imputabilidade". (Cf. E. Tugendhat, Ética e Justificação, in *Veritas*, v. 44, n.1, 1999, p. 12) "Isso é o problema da liberdade da vontade que Kant já discute e que se segue discutindo hoje. Distinguem-se duas escolas: a compatibilista e a incompatibilista. A compatibilista diz que a causalidade e a liberdade não se excluem, que a liberdade é simplesmente uma maneira de comportamento causado. O incompatibilismo diz que, enquanto uma ação é determinada por mim, não pode ser (ou não pode ser vista) como causada. Enquanto o incompatibilismo é defendido hoje, está sempre em perigo de ter de admitir que a liberdade é uma coisa do acaso [...] se a ação é o produto de um acaso, não poderíamos considerar a pessoa responsável" (id. ib., p. 13).

A liberdade enquanto transcendência

Qualquer forma de consciência pressupõe a capacidade de distinguir, de classificar; o que caracteriza o pensamento é a ordenação de tudo o que é experimentado sob uma rede categorial, isto é, a referência do que foi distinguido a horizontes de comunhão, o que significa dizer que cada impressão sensível é subsumida a conceitos universais,[17] o que torna possível diferentes interpretações da mesma experiência. Somente pela mediação desses conceitos universais pode o ser humano reduzir a imensa complexidade do real por ele experimentado e, portanto, estruturar sua experiência de mundo. Eles cumprem, assim, uma função seletiva e, ao mesmo tempo, criam mundos espirituais, que são, enquanto sistemas individuais e sociais de conceitos universais, inteiramente diferentes nas diferentes épocas e culturas. No entanto, apesar das diferenças, há pontos comuns e, sobretudo, a possibilidade de um debate sobre a unilateralidade de perspectivas específicas pressupõe que, em princí-

---

[17] Em N. C. A da Costa, id. ib., *O conhecimento científico* São Paulo Discurso, 1997, p. 156: "Mas o aparelho sensorial não é o único fator de condicionamento do mundo que nos rodeia. Outro é constituído pelo modo como pensamos. As categorias a que recorremos para descrever o universo também o condicionam. Através de conceitos que criamos, em boa medida motivados pelo próprio mundo, é que o conhecemos, o dominamos e fazemos previsões que se mostram essenciais para nossa subsistência". Contra o empirismo, Einstein insiste em que todos os conceitos que emergem em nossos pensamentos e proferimentos lingüísticos, do ponto de vista lógico, são criações livres do pensamento e não podem ser, indutivamente, extraídos de nossas vivências sensíveis. O costume de vincular certos conceitos ou vinculações de conceitos a certas vivências sensíveis torna difícil captar o abismo entre o mundo das vivências sensíveis e o mundo dos conceitos e das proposições (cf. A. Einstein, Bemwerkungen zu Bertrand Russels Erkenntnistheorie, in P. A., Schilpp ed. *The philosophy of Bertrand Russell*, 4. ed. La Salle/III, 1971, pp. 286s. Cf. tb. W.V. Quine, Two dogmas of empiricism in *from a Logical Point of View*, 2. ed., Cambridge/Mass., 1964, pp. 44ss).

pio, é possível superar a perspectiva unilateral, ou seja, que há um sistema de validade ideal de conceitos universais como instância crítica dos sistemas reais.[18]

Na realidade, todos os conceitos são idealizações da realidade empírica e, por essa razão, emerge, inevitavelmente, a possibilidade da pergunta sobre a legitimidade dessas idealizações. Ora, precisamente aqui situa-se a grande façanha do ser humano: ele levanta *a questão da validade*. Ele é, em princípio, capaz de distanciar-se de suas próprias representações e de seus próprios desejos na medida em que pergunta se aquelas são verdadeiras e se estes são moralmente corretos. Numa palavra, o ser humano pode, em princípio, avaliar, julgar, transformar todos os estímulos que recebe do mundo em proposições e afirmá-las ou negá-las. O ser humano pergunta e enquanto pergunta revela que em princípio pode distanciar-se de tudo, na medida em que pode submeter tudo à pergunta sobre sua validade. Como diz M. Scheler, o ser humano, comparado com o animal, é o ser que pode dizer "não", o eterno protestante contra a simples facticidade,[19] tanto a realidade externa como a realidade que ele próprio é, pois ele pode considerar, também, a si mesmo como um objeto. Numa palavra, as idéias do verdadeiro e do bom são as gran-

---

[18] Cf. Hösle, V. *Moral und Politik.* Grundlagen einer politischen Ethik für das 21. Jahrhundert. München, Beck, 1997. pp. 308-309.

[19] Cf. M. Scheler, *Die Stellung des Menschen im Kosmos*, 11. ed., Bonn, Bouvier 1988, p. 55. É isso o que constitui a abertura ao mundo específica do ser humano. Para K. Lorenz, é no "jogo" que temos diante de nós, o processo concreto de formação dessa abertura ao mundo, que, em toda a sua vida, vai constituir a característica do comportamento propriamente humano (cf. K. Lorenz, *Die Rückseite des Spiegels Versuch einer Naturgeschichte des menschlichen Erkennens,* 1973, pp. 199-201).

des descobertas do ser humano enquanto ser espiritual, e são ineliminâveis, pois mesmo aquele que julga toda verdade uma ilusão tem de considerar verdadeira a sua convicção.

O verdadeiro e o bom abrem, para o ser humano, um espaço de liberdade: ele sempre pode se perguntar pelas razões teóricas e práticas de suas suposições e, com isso, libertar-se das causas cegas que o impulsionam. Assim se revela que o ser humano está, sempre, para além de qualquer realidade dada, abre-se a um horizonte mais vasto, ou seja, não está ligado ao facticamente dado, mas transcende, em princípio, qualquer imediatidade. O ser humano, nesse sentido, é o ser da absoluta distância: ele pode, em princípio, afastar tudo de si, mesmo tudo o que o aflige na medida em que pode perguntar pelo sentido de tudo. Espiritualidade significa, assim, distanciamento, separação, liberdade, transcendência: posso afastar tudo de mim enquanto no meio capto, objetivo tudo, até a mim mesmo, ou seja, numa palavra, essa distância universal é, igualmente, transcendência, um estar para além de qualquer ente singular, até para além de si mesmo enquanto realidade singular.[20] A possibilidade da reflexão absoluta é idêntica ao que o Ocidente denominou

[20] Em J. de Finance, *Essai sur l'agir humain*, op. cit., pp. 199-200: "Parce que l'homme, considéré selon son Idéal et la forme objective de son activité, dépasse toute valeur particulière et donc sa propre valeur d'être particulier, il *est toujours déjà au-delà de soi.* Il n'est pas compris dans les bornes de sa nature finie [...]". Para Hegel, espírito é transcendência sem limites e transcendência sobre os limites que são negados de tal modo que o espírito se revela, em primeiro lugar, como negação. O que é negado pelo espírito é o limite, porque ele não reconhece nenhum limite como definitivo. O limite, por sua vez, significa fim, negação. Na medida em que o espírito transcende o limite, ele nega o negativo do limite, ele é, em sua essência, *negação da negação* (cf. M. Müller, *Philosophische Anthropologie*, Freiburg/Müchen, 1974, p. 90).

"espiritualidade"[21] e constitui a liberdade originária do ser humano enquanto ser espiritual, que com M. Müller[22] podemos chamar de *liberdade transcendental* por exprimir a transcendência,[23] a indeterminação, a indiferença (*liberdade de indiferença*)[24] específica do ser humano como ser-no-mundo diante das inúmeras possibilidades abertas, que possibilita seu desligamento de tudo, de toda determinação e de toda impressão enquanto ele, na reflexão, pergunta pelo sentido de tudo e, assim, pode tomar posição em relação a tudo.

---

[21] Já em Platão, a conquista e o desenvolvimento da racionalidade constituem uma tarefa teórica e prática e implicam verdadeira reviravolta da existência humana, principiando com uma tomada de posição crítica das convicções vigentes no mundo do dia-a-dia, da *dóxa*. (cf. Platão, *Políteia*, VII, 518 c 8, 521 c 6).

[22] Cf. M. Müller, Freiheit, in *Erfahrung und Geschichte.* Grundzüge einer Philosophie der Freiheit als transzendentale Erfahrung. Freiburg/München, 1971, p. 300. Pannenberg prefere chamar de "liberdade formal", que se revela, na escolha, como o fenômeno originário e constitutivo do comportamento humano, enquanto humano, da transcendência sobre a facticidade (cf. W. Pannenberg, *Anthropologie*, op. cit., p. 109).

[23] Para Tomás de Aquino, essa transcendência significa uma espécie de absolutidade formal do ser humano finito, a qual denomina uma certa participação do ser humano no infinito, que, na medida em que o ser humano transcende qualquer ente singular, leva a liberdade negativa à plenitude (cf. Tomás de Aquino, *Caus*. 16, pp. 96ss; *S. Th*., Ia 12, 11, II, 87).

[24] Cf. Tomás de Aquino, S. c. *G*. II 48; *De Ver.* 24, 2 c. Lotz retoma a distinção feita por Tomás de Aquino a respeito de duas formas de liberdade relativas a pontos de partida diferentes (*S Th* I 82, 1 c; *De ver*. 22, 5 c; 2 *Sent*. 25, 1,4 ad 1; 2 c e 5 c; *De malo* 6, 1 ad 25) entre "coação de fora" (*Libertas a coactione*) e "fixação de dentro" (*Libertas a necessitate*) com a finalidade de esclarecer o sentido da liberdade como autodeterminação. No caso da coação exterior, o ser é violentado de tal maneira que não pode seguir seu próprio impulso, já que o uso da liberdade só é possível quando tais injunções são afastadas. No entanto, apenas com isso ainda não se atingiu a liberdade como autodeterminação, como no caso do animal que, mesmo que seja libertado dessas injunções externas, é fixado, internamente, por sua própria natureza, o que se manifesta na determinação instintiva. Só o ser humano tem a capacidade de encontrar seu próprio caminho (cf. J.B. Lotz, op. cit., p. 110).

Para Hegel,[25] isso constitui precisamente o primeiro momento da liberdade, que ele denomina *liberdade negativa* ou *liberdade do entendimento*, que é a expressão da transcendência do ser humano, de sua capacidade de distanciamento de qualquer determinação, de sua capacidade de abstrair, de superar. A espiritualidade humana emerge aqui como o poder do negativo, e o ser humano, enquanto espiritual, como o ser da crítica, do questionamento, da transcendência sobre qualquer facticidade,[26] o eu da indeterminação pura enquanto suspensão de todo conteúdo, de todo dado, universalidade abstrata pura, possibilidade pura.[27] Os conteúdos são os impulsos, desejos e inclinações por meio dos quais a vontade se acha determinada pela natureza e, por isso, possuem o caráter de algo natural, ou seja, algo dado, encontrado, distinto do eu ou da vontade. Em si eles derivam da própria razão, já que são suas possibilidades de determinação,

---

[25] Isso é o que ele chama de "o elemento da indeterminidade pura", ou da reflexão pura do eu em si mesmo, na qual qualquer limitação, qualquer conteúdo é dissolvido. Trata-se, então, da infinitude sem limites da abstração absoluta ou da universalidade, o pensamento puro de si mesmo (cf. G.W.F. Hegel, *Grundlinien*, op. cit., p. 30). A respeito do fundamento lógico da concepção hegeliana de liberdade, veja M. L. Müller, A gênese lógica do conceito especulativo de liberdade, in *Analytica*, v. 1, n.1, 1993, pp. 77-141.

[26] Em L. Bicca, O conceito de liberdade em Hegel, in *Racionalidade Moderna e subjetividade,* São Paulo, Loyola, 1997, p. 126: "Nesse primeiro momento de vontade ela é, portanto, pura possibilidade, potência absoluta: o eu transforma cada conteúdo em algo meramente possível, em algo que é só pensamento, universalidade. A liberdade, aqui, é vazia, é puramente negativa, abstrata, já que qualquer conteúdo é rejeitado".

[27] Em L. Bicca, A Revolução Francesa na filosofia de Hegel, in *Racionalidade moderna e subjetividade,* op. cit., pp. 90-91: "Sua lógica é a da redução do em si ao para si, da dissolução prática de toda e qualquer objetividade na subjetividade consciente de si". Cf. M.A. de, Oliveira, Leitura hegeliana da Revolução Francesa, in *Ética e sociabilidade,* São Paulo, Loyola, 1993, pp. 229-230.

mas a forma da imediatidade não é a forma da razão, de tal modo que há, aqui, uma contraposição entre forma (infinitude) e conteúdo (finitude). Portanto, a vontade imediata é finita e sua finitude é o outro lado da "má infinitude" da indeterminação ou da abstração universal.[28] O eu é apenas formalmente infinito e, assim, a vontade tem a forma de uma reflexão fechada em si mesma, reflexão interna, pensar puro.

De onde vem ao ser humano essa capacidade permanente de transcendência? Para Hegel, a liberdade negativa não pode ser explicação de si mesma, pois ela nada mais é do que uma contradição, uma vez que se trata, aqui, do desejo de mostrar aos outros de que se é capaz de abstrair de tudo e de negar tudo, ou seja, de que, numa palavra, não se está condicionado; com isso, mostra-se que se está condicionado pelo desejo de mostrar aos outros que não se está condicionado. No entanto, enquanto o animal permanece na esfera da natureza, isto é, dos instintos e dos desejos, o ser humano pode optar por eles ou contra eles. O eu é a capacidade de transcender todo e qualquer conteúdo, mas também pode singularizar-se, individualizar-se na medida em que se decide, escolhe e, com isso, supera a má infinitude da universalidade abstrata e se finitiza, limita-se.

É isso que Hegel chama de *livre arbítrio*, que é uma fase intermediária entre a vontade imediata, natural, e a vontade verdadeira, cuja substância, ou seja, a determinação essencial, é a liberdade.[29] No entanto, para Hegel, essa for-

---

[28] Cf. L., Bicca, O conceito de liberdade em Hegel, op. cit., p. 133.

[29] Cf. G.W.F. Hegel, *Grundlinien*, op. cit., pp. 28-29. Em L. Bicca, Aspectos da crítica hegeliana ao direito natural moderno, in *Racionalidade moderna e subjetividade*, op. cit., p. 109: "O livre-arbítrio é aquela concepção espontânea de liberdade, típica das

ma de liberdade é marcada por uma contradição decisiva: enquanto é universalidade abstrata, transcendência sobre qualquer conteúdo, a liberdade não tem realidade; quando se realiza mediante uma escolha deixa de ser independente, pois depende de conteúdos contingentes, casuais, o que manifesta sua heteronomia, já que sua ação depende de seus impulsos e desejos e, portanto, de uma regra que não é simplesmente de sua razão. Por isso, tudo o que é arbitrariamente escolhido pode ser, igualmente, abandonado e, nesse sentido, o livre arbítrio é tão unilateral quanto a liberdade vazia enquanto transcendência.[30] Dessa forma, a liberdade, para Hegel, de nenhum modo pode esgotar-se na esfera da arbitrariedade da vontade, o ponto de vista do indivíduo isolado em si mesmo, da subjetividade atomizada, do ser-por-si absolutizado, onde o particular, enquanto particular, é o essencial. A verdadeira liberdade só pode ocorrer quando o motivo último de nosso comportamento não é simplesmente reagir diante do que nos é dado, mas é agir de acordo com a razão,[31] isto é, "uma pessoa é dita livre quando o fundamento determinante de suas decisões práticas não é algo externo à razão, mas a própria razão",[32] portanto, só pode haver li-

---

modernas sociedades civis, pela qual o sujeito se representa que o ser livre é cada um fazer o que quiser [...] o Eu ou a vontade humana se crê como o que é necessário e independente em face dos diversos conteúdos, supostos contingentes, em face dos possíveis objetos que se oferecem à sua escolha".

[30] Na perspectiva do livre arbítrio, o dever e o direito aparecem como algo exterior e negativo, como uma limitação, e é nessa ótica que Hegel interpreta a definição kantiana do direito (cf. G.W.F., Hegel, *Grundlinien*, op. cit., p. 45).

[31] Isto é, seguir uma regra a partir de razões que legitimam esse comportamento. Cf. E. Tugendhat, Ética e justificação, op. cit., p. 267.

[32] L. Bicca, op. cit., p. 121. Na p. 138: "[...] mas objetivar, produzir, criar o que ainda não é, não está dado".

berdade se é possível uma determinação autônoma e racional de fins últimos,[33] racionalidade consciente, em que os impulsos e desejos "são incorporados em um sistema de determinações da vontade fundado na razão",[34] o que significa dizer que a liberdade pressupõe a autofundamentação última do pensamento.

O que caracteriza a fundamentação última é o fato de ela chegar a algo incondicionado, portanto, em certo sentido imediato, pela mediação argumentativa. Nesse sentido se ultrapassa o nível das simples intuições, que estão, em princípio, sujeitas a objeções a respeito de sua validade. Por outro lado, a razão que chega ao incondicionado é uma razão finita, sujeita portanto, a falhas, e sempre capaz de avançar na articulação de seu conhecimento. Trata-se, aqui, de uma reflexão que tematiza os pressupostos irrecusáveis até da própria dúvida enquanto tal, ou seja, que estão presentes em qualquer tentativa de negá-las como condição transcendental do sentido dessa negação. Nesse sentido, trata-se de uma demonstração negativa em que as sentenças de fundamentação última são provadas, indiretamente, através da autodissolução da posição contraposta, assim, em última instância, uma sentença vale como fundamentada quando não pode ser negada sem autocontradição pragmática e não pode ser demonstrada sem que sua validade seja pressuposta. Todo conhecimento que traba-

---

[33] O que implica a unidade de pensamento e de vontade. Em J.C. Salgado *A idéia de justiça em Hegel*, São Paulo, Loyola, 1996, p. 239: "A vontade é um modo particular do pensar; o querer é exclusivamente humano porque é também representar pelo pensamento o que se quer, convertido ao mesmo tempo em objeto do pensar".

[34] L. Bicca, op. cit., p. 138.

lha com um procedimento dedutivo não pode, por princípio, ter uma fundamentação última, o que manifesta o momento de verdade do falibilismo contemporâneo.

O cerne do argumento de fundamentação última consiste em demonstrar a existência de algo que é condição de possibilidade de todo e qualquer conhecimento com pretensão à verdade, e isso, conseqüentemente, precede o conhecimento empírico. Por essa razão, não é possível admitir que exista algo no mundo que não seja determinado pelas categorias implícitas na fundamentação última, uma vez que elas explicitam, precisamente, a estrutura racional de tudo. Numa palavra, a estrutura do pensamento não é algo simplesmente subjetivo, mas algo que subjaz a todo e qualquer ente, e é isso que tem, na reflexão filosófica, prioridade lógica e ontológica. Isso significa dizer que, em última instância, no absoluto, ser e pensar coincidem, isto é, a reflexão da reflexão é uma determinação ontológica, o que explica por que nós, na esfera do finito marcada pela diferença entre ser e pensar, podemos conhecer as estruturas do real e, portanto, captar as essencialidades do mundo ideal,[35] que constituem as essências do mundo real. Isso explica, em primeiro lugar, a liberdade negativa: na medida em que espírito significa

[35] A tradição metafísica do Ocidente sempre apontou esse conhecimento como condição de possibilidade da vontade livre. É o conhecimento que nos mostra possibilidades de nos decidir de acordo com nossa essência, portanto, o conhecimento nos oferece orientações no nosso mundo e no todo da realidade. Como diz E. Coreth, ele nos mostra valores ou não-valores, possibilidades autênticas ou não-autênticas, verdadeiras ou falsas de nosso próprio ser. Nós mesmos, no entanto, temos de escolher, decidir. Somos livres em nossa auto-realização. Cf. E. Coreth, *Was ist der Mensch?* Grundzüge einer philosophischer Anthropologie, Innsbruck/Wien/München, Tyrolia-Verlag, 1976, p. 100.

presença do incondicionado,[36] nenhum bem particular se impõe, obrigatoriamente, à sua adesão de tal maneira que o sujeito espiritual escapa às injunções de qualquer objeto, ou seja, ele é capaz de uma transcendência permanente, o que implica a superação do determinismo e nos permite entender a liberdade negativa como um indeterminismo subjetivo. Precisamente pelo fato de o ser humano ser presença do incondicionado, ele é capaz de transcender qualquer condicionado, qualquer valor particular de ser e, assim, está sempre para além de si mesmo. É a presença do incondicionado que lhe dá o poder de pôr em questão qualquer objeto, até a si mesmo enquanto objeto de si mesmo.

---

[36] Para Tomás de Aquino, só o bem pleno, Deus, pode saciar o apetite humano. (*S. Th.*, I-II,5, 8 ad 3). Coreth, repensando a tradição no horizonte da filosofia transcendental moderna, articula, assim, o que denomina a "essência metafísica" da liberdade: o espírito humano capta qualquer objeto enquanto é ente no horizonte do ser. Seu objeto formal, isto é, a perspectiva sob a qual ele conhece, é o ente enquanto tal. Seu objeto material é todo e qualquer ente, a totalidade da realidade. Entre o conhecimento e a vontade há uma correspondência necessariamente rigorosa, pois a vontade é a faculdade de apetite intelectual que é, essencialmente, correspondente ao conhecimento intelectual. Assim, o objeto formal da vontade é o bem enquanto tal, a totalidade dos bens e valores. O objeto material é qualquer bem, qualquer valor. Portanto, seu horizonte é caracterizado por uma infinitude virtual, isso é, uma infinitude de uma antecipação ainda vazia e aberta. Isso implica uma orientação dinâmico-final à plenitude infinita do ser e do valor. Assim, se na esfera do conhecimento o entendimento transcende qualquer objeto finito na direção da verdade do ser, mesmo na infinitude de sua plenitude e de sua riqueza, assim também a vontade, na dinâmica de seu movimento, ultrapassa qualquer bem finito singular e nunca pode encontrar neles sua plenitude. Só o bem supremo, o valor supremo plenificam seu horizonte. Nenhum bem finito pode, portanto, forçar nossa decisão. Nessa indeterminação está a essência da liberdade (cf. E. Coreth, *Was ist der Mensch?,* op. cit., pp. 108-110).

A liberdade enquanto engajamento

O ser humano pergunta pela realidade em sua totalidade: se a liberdade transcendental, enquanto possibilidade de transcender tudo,[37] enquanto o poder de pôr em questão qualquer objeto, valor ou quadro de valores, até de pôr a si mesmo em questão, o que o constitui como ser espiritual, manifesta sua distância radical em relação a tudo, revela, também, seu vazio e, por isso, aponta para outra dimensão da liberdade.[38] Enquanto liberdade transcendental, o ser humano revela-se como o ser da distância e, com isso, da possibilidade universal: nada, em princípio, o prende.[39] Mas, como ser do vazio,[40] misto de ser e não-ser, ele se revela como aquele interpelado a ser, a passar da possibilidade à efetividade, a se construir, a construir o seu próprio ser,[41] a

---

[37] De tal modo que tudo se torna objeto de uma afirmação ou negação. A liberdade transcendental, portanto, torna a objetivação possível (Cf. M. Müller, *Philosophische*, op. cit., p. 117.

[38] Precisamente porque essa postura é contraditória: a abstração de toda determinação já é uma determinação; contradição entre o que é afirmado e o que ela de fato é, o que leva o processo para a frente.

[39] Em J. de Finance, Essai sur l'agir... cit., p. 200: "Objectivés, projetés devant nous comme un possible entre les possibles, le parti à prendre, l'action à poser apparaissent détachés, enveloppés d'une *aura* de doute. Notre champ pratique n'est plus rempli: il y a du vide, du flou, sur les bords [...] Il va falloir *choisir*". E em L. Bicca, op. cit. P. 126: "Neste primeiro momento da vontade ela é, portanto, pura possibilidade, potência absoluta: o eu transforma cada conteúdo em algo meramente possível, em algo que é só pensamento, universalidade".

[40] Hegel chama de "liberdade do entendimento" a liberdade negativa "pois o entendimento significa a faculdade das abstrações, das formas consideradas em oposição a ou separadas do que pertence ao mundo sensível"(em L. Bicca, op. cit., p. 126).

[41] Na idéia de liberdade encontra sua plenitude, o momento do "para-si" na personalidade (cf. W. Pannenberg, *Anthropologie*, op. cit., p. 233).

sair da distância da liberdade transcendental, portanto, a negar a negação de determinação e a conquistar a si mesmo,[42] a dar a si mesmo, por suas ações, uma forma de ser através da qual ele se produz,[43] de tal modo que o vazio se revela, agora, como o horizonte que possibilita ao ser humano assumir, enquanto liberdade produtiva, a gestação de seu ser,[44] até porque nele, em princípio, já estão incluídas todas as possibilidades[45] de determinar a si mesmo, de atualizar

---

[42] O ser humano é, enquanto espírito, diz Hegel, unidade de teoria e prática. Em J. C. Salgado, op. cit., p. 238: "Na acepção de Hegel, pensar é intelecto e vontade a um só tempo. Recupera-se a posição originária de Platão (criticada em Kant), para quem a idéia é o dever-ser, o ser da realidade total, seja prática ou teórica, por ser o bem e a própria verdade". Na p. 239: "[...] o prático é o modo pelo qual o pensar se exterioriza na sua obra [...] como prático o sujeito autodetermina pelo pensamento e, como teórico, o objeto se determina no pensamento". Para M. Müller, Hegel pensou a história precisamente enquanto passagem de uma liberdade transcendental, vazia para uma liberdade absoluta, realizada (cf. M. Müller, *Philosophische Anthropologie*, op. cit., pp. 131-132).

[43] É nesse sentido que Pannenberg vincula o conceito de pessoa ao conceito de liberdade no sentido de que liberdade, significa mais do que a capacidade formal de distanciamento de tudo, que é dada com a abertura ao mundo, que caracteriza o ser humano. No sentido mais profundo, liberdade é possibilidade real de ser eu mesmo como expressão de minha identidade enquanto ser racional. Ser pessoa e liberdade se pertencem mutuamente, na medida em que "personalidade" designa a presença do "si" no eu (cf. W. Pannenberg, *Anthropologie*, op. cit., p. 233).

[44] Na fantasia, o ser humano se experimenta tanto como criador quanto como dependente. Daí a íntima vinculação entre fantasia e liberdade (cf. W. Pannenberg, *Anthropologie*, op. cit., pp. 365ss).

[45] Em *J. de Finance*, op. cit., p. 208: "[...] la volonté, entant qu'elle s'ouvre à l'absolu, enveloppe déjà, en quelque sorte, des déterminations particulières. Son indifférence à leur égard n'est pas de passivité et d' inertie mais de domination et dépassement: une indifférence *active*". M. A. de Oliveira, Direito e Sociedade, in J. E. Pinheiro et al., orgs., *Ética, Justiça e Direito; reflexões sobre a reforma do judiciário*, Petrópolis, Vozes 1996, p. 82): "A liberdade é, assim, também, o horizonte a partir do qual se pode pensar o mundo como o espaço onde o que está em jogo, em última instância é precisamente a liberdade humana: a liberdade transcendental de si mesma aponta para o mundo como o espaço de sua efetivação".

o apenas possível, de ser o autor de seus próprios atos, de dar a si mesmo as razões de seu agir e dos fins por ele buscados[46] (*libertas arbitrii*, "liberdade de decisão" ou "liberdade existencial").[47]

O ser humano se experimenta engajado em um mundo que ele pode, em sua reflexão, pôr em questão, mas que ele sabe ser sua realidade: ele conhece a si mesmo como inserido em um todo natural e humano e, de diferentes formas, condicionado por esse todo, o que faz com que sua liberda-

---

[46] Cf. J. de Finance, op. cit., p. 209. Em J. Ladrière, *Ética e pensamento científico*; abordagem filosófica da problemática bioética, São Paulo, Letras & Letras, [1995], p. 35: "[...] o ser do homem jamais lhe é dado, senão como apelo a si mesmo [...] O ser humano é, ao mesmo tempo, um ser atualmente advindo e um ser ainda a vir, apenas prometido a si mesmo".

[47] Cf. Tomás de Aquino, *S.c.G*, II, 48. M. Müller considera essa experiência de que tenho de me assumir em um processo de gestação de mim mesmo, mais originária do que a experiência da soberania espiritual e da distância. A liberdade só é experimentada aí onde há necessidade: eu tenho de ser, eu devo ser apesar de esse poder ser ameaçado e, em parte, vazio. Esse vazio é, contudo, diferente do vazio da liberdade transcendental, pois o vazio é, aqui, experimentado como a necessidade, em que estão minha missão e minha chance. A liberdade é experimentada na missão com a chance de seu cumprimento e a possibilidade do fracasso (cf. M. Müller, *Philosophische Anthropologie*, op. cit., p. 134; cf. tb. H. Rombach, Entscheidung, in *Handbuch philosophischer Grundbegriffe*, editado por H. Krings; H-M Baumgartner; Ch. Wild; München, 1973, v. II, pp. 361-373). Tomás de Aquino procura explicar a fonte do possível fracasso pela distinção entre o "bonum existens in se" (I-II, 8, 1 c) e o "bonum apprenhensum"(I-II, 8, 1 c: non requiritur quod sit bonum in rei veritate, sed quod apprehendatur in ratione boni"). Assim, o objeto da vontade pode ser algo verdadeiramente bom, mas pode, também, ser algo apenas aparentemente bom, de tal modo que existe a possibilidade de a pessoa humana enganar-se na consideração do verdadeiramente bom, pois aqui não se trata simplesmente daquela bondade que compete a cada ente enquanto é ente, uma vez que, nesta perspectiva, tudo pode ser objeto da vontade, já que tudo, enquanto é ente, é bom, mas na relação entre o objeto em questão e a pessoa. Numa palavra, para Tomás, o objeto da vontade não é simplesmente a coisa encontrada ou aquilo que se captou da coisa em uma perspectiva puramente teórica, mas entra em consideração, aqui, a avaliação da coisa em relação à pessoa como um todo (cf. Kl. Baumann, op. cit., pp. 210ss).

de seja essencialmente limitada, de tal modo que, em primeiro lugar, ela é fruto de uma conquista na medida em que o ser humano pode, a partir de seus condicionamentos, da situação que preexiste a ele, do mundo já decidido e feito, pleno de determinações, da esfera da singularidade, da individualidade, da particularidade, da materialidade, elevar-se à liberdade, ou seja, agir de modo a não ser simplesmente determinado por sua essência, por seus impulsos e disposições, pelas gerações que o precederam, pela história mundial, pelos eventos sociais — o que significa dizer que não há liberdade sem processo de libertação,[48] ou seja, sem a tarefa de o ser humano conquistar a si mesmo como ser humano, de produzir, criativamente, uma configuração de si mesmo, de autodeterminar-se em face das determinações prévias (*libertas a coactione*).[49] Numa palavra, o vazio da liberdade transcendental manifesta-se como a necessidade de construir a si mesmo, de se pôr na esfera da existência, da finitude, da particularização, ou seja, de uma configuração específica do próprio ser e do ser do mundo, decidindo sobre si mesmo e sobre as possibilidades de sua própria existência,[50]

---

[48] Em L. Boff, O que é propriamente processo de libertação? Uma reflexão sobre a estrutura, in *Teologia do cativeiro e da libertação*, Lisboa, 1975, p. 87 [ed. bras.: Petrópolis, Vozes, 1985]: "A condição humana como a liberdade não é nem totalmente in-dependência nem totalmente auto-determinação. O homem não é simplesmente livre das injunções de seu mundo (*libertas a coactione*), nem livre para auto-realizar-se plenamente (*dominium super se ipsum*). É senhor livre enquanto se liberta das conjunturas que o prendem, mas é cativo enquanto está sempre preso a uma situação e mergulhado no mundo com o qual con-vive, depende de suas leis e a elas está sujeito".

[49] Cf. Tomás de Aquino, *S. Th.*, I, 83, 2 ad 3.

[50] A tradição tomista distingue, aqui, entre a capacidade de agir assim ou assado, de escolher esta ou aquela possibilidade (*Libertas specificationis*, a captação de um fim determinado para a ação) e a capacidade de pôr um determinado ato ou não *(Libertas exercitii)*; a capacidade de realizar ou não uma ação, na medida em que o ser humano

como chance e, portanto, tarefa histórica da construção[51] do ser pessoal e social (*liberdade transcendente*), e, conseqüentemente, como possibilidade do fracasso. Tem a ver, portanto, com auto-identidade e auto-realização. Enquanto transcendência, o ser espiritual é possibilidade universal; mas só somos enquanto determinados, enquanto a partir da possibilidade universal se apresentam a nós possibilidades determinadas, tarefas determinadas, e é por meio delas que nos podemos fazer, concreta e efetivamente livres nas situações históricas, pela produção de uma configuração sensata de nossas relações com a natureza e com os outros seres humanos.

---

pode refletir sobre o fim captado. Em *S. Th*, I-II, 6, 2 c: "prout scilicet, apprehenso fine, aliquis potest, deliberans de fine et de his quae sunt ad finem, moveri in finem vel non moveri". Na liberdade de especificação, trata-se da esfera de determinação e, aqui, a inteligência pode mover a vontade. Ela apresenta o objeto à vontade (I-II, 9, 1 c), aquilo que ela conheceu não só como ente e verdadeiro (razão teórica), mas que avaliou como bom para a pessoa (razão prática) e, portanto, como algo que se pode ambicionar. Ocorre, aqui, um movimento da vontade a partir do objeto. Quando ao exercício, a inteligência não move a vontade, mas a vontade move a si mesma (I-II, 9,3). Portanto, na ação humana, inteligência e vontade estão intimamente imbricadas. (cf.: J. de Finance, op. cit., pp. 210ss; E. Coreth, op. cit., p. 103; G. Haeffner, op. cit., pp. 144ss; Baumann, op. cit., p. 207; E. Schockenhoff, Wozu gut sein? Eine historisch-systematische Studie zum Ursprung des moralischen Sollens. I. Thomas und Kant, in *Studia Moralia* 33, 1995, pp.87-120). Isso significa dizer que, com a motivação do ato de vontade, não se suprime a liberdade, mas, antes, ela se torna possível, pois só posso decidir racionalmente quando capto a racionalidade das diferentes possibilidades. Esse conhecimento motiva, ou seja, fundamenta a minha decisão, não a determina. Além disso, a pessoa pode experimentar, conscientemente, a vivência do conflito entre diferentes avaliações de sua inteligência: uma segue a disposição produzida pelas paixões e a outra, a disposição reflexiva da inteligência (cf. E. Coreth, op. cit., p. 110 e Kl. Baumann, op. cit., p. 221).

[51] Em J. Ladrière, op. cit., pp. 34-35: "[...] o ser humano [...] descobre a si mesmo, em sua ação, como um ser partilhado, como que cindido interiormente. Num certo sentido, ele já é o que poderia ser, de certo modo sendo igual ao que é. Por outro lado, porém, em outro sentido, ele só existe à maneira do devir, ainda não é o que pode ser, aquilo que é chamado a ser, não sendo plenamente o que é. Portanto, tudo indica que existe, no ser humano, uma tensão interior fundamental entre o ser, tal como ele é dado no presente a si mesmo e o ser tal como ele aparece a si mesmo: como ser futuro".

É exatamente a presença do incondicionado que torna a liberdade positiva possível, na medida em que se possibilita uma determinação racional e autônoma do ser humano: a ação humana tem um fundamento, isto é, um fundamento inteligível, já que ele tem acesso ao mundo ideal da validade pura e, por isso, pode questionar toda a validade empírica, fáctica. Sem dúvida, essa liberdade é mediada por disposições de ordem biológica, cerebral, sociocultural etc.[52] O fundamental, no entanto, é que, aqui, se trata de uma posição a partir da captação dos motivos, ou seja, da orientação na esfera da validade pura,[53] o agir de acordo com a razão, numa palavra: liberdade, no sentido positivo, implica que o sujeito determine a si mesmo, que seja ele mesmo o autor de seus

---

[52] Para Tomás de Aquino, na ação humana está presente necessariamente o apetite sensível, precedendo, acompanhando e seguindo o apetite intelectual e independentemente do fato de o homem ter consciência disso ou não. A forma de captar e de avaliar o captado é o lugar de mediação para as influências internas e externas do ato humano. As influências externas, a partir do encontro com pessoas, eventos, coisas, são internamente captadas, avaliadas e dinamicamente respondidas com uma inclinação da ação, primeiro de forma espontânea, no nível do sensível e, depois, com uma avaliação da inteligência. Ambas as fontes, a sensível e a inteligível, constituem, para Tomás, a raiz, a condição de possibilidade da liberdade humana (cf. Kl. Baumann, op. cit., pp. 205ss).

[53] O acesso à esfera da validade pura nos torna capazes de conhecer uma hierarquia de bens e de fins, o que é indispensável para a ação livre no sentido da liberdade positiva. Trata-se de um elemento necessário, embora não suficiente, para a compreensão de nossa liberdade. É por essa razão que, segundo M. Müller, nossa decisão concreta radica-se em duas raízes, ou seja, em nossa perspectiva, é síntese de opostos: no conhecimento da ordem essencial universal e no saber da decisão momentânea. A ordem universal nos diz o que não devemos fazer, o que *a priori* está excluído, e sem esse saber corremos sempre o perigo de cair no caos subjetivo, pois não temos critério para distinguir o que é interpelação do ser e o que é voz de nossos próprios desejos. No entanto a liberdade, só é verdadeira quando, é liberdade, criativa na situação, efetivação da ordem essencial dentro das exigências de um momento histórico, o que implica a necessidade de sua tradução no momento específico (cf. M. Müller, *Existenzphilosophie*, op. cit., pp. 86-87).

atos (*dominium super se ipsum*),[54] que seja a causa de seu movimento e de sua operação, que dê a si mesmo suas razões de agir e os fins que ele busca,[55] que seja ele mesmo o princípio de seu agir.[56] Portanto, liberdade, em sentido pleno, é autodeterminação: a ação livre é aquela em que o ser humano determina a si mesmo ao invés de ser determinado

---

[54] Cf. Tomás de Aquino, *S. c. G.*, II, 48. E. Tugendhat entende liberdade como a capacidade de comportar-se deliberadamente, o que nos distingue de um puro produto de uma causalidade cega. Em E. Tugendhat, Ética e justificação, in *Veritas*, op. cit., p. 26: "No caso fictício desse fatalismo real, nos converteríamos em puros espectadores do que ocorre em nós, de maneira algo semelhante à pessoa compulsiva que se vê impotente diante de uma parte de suas motivações; ali como aqui, a pessoa se converte em puro espectador — aqui completo, ali parcial — diante de um jogo puramente causal de forças que a arrastam sem nenhuma possibilidade de ação própria. Isso é, talvez, o pesadelo errôneo do filósofo que crê que para todo ser causado a liberdade seria impossível. Poder-se-ia dizer, de modo quase paradoxal, que a liberdade mesma é causada, é um fenômeno causal, mas com isso não perde suas características. O essencial para mim consiste em darmo-nos conta de que o oposto de ser livre não é o ser necessitado (determinado), mas o ser compulsivo".

[55] Para Tomás de Aquino, o fim, determinado pela vontade que deliberou, especifica, enquanto bem ambicionado, a forma e o caráter ético da ação humana. O fim é a primeira causa que movimenta a vontade para uma ação (cf. Tomás de Aquino, *S. Th.*, I-II, 1, 3 c e I-II, 1, 1 c e 1, 3 ad 2). Em uma argumentação análoga à que é apresentada na esfera da razão teórica, Tomás afirma que toda ação humana orientada para um fim, necessariamente (ou seja, para evitar o *regressus ad infinitum*) exige um fim último (cf. I-II, 1, 4 c. e J. de Finance, op. cit., p. 209). Para M. Müller, a escolha da ação é sempre motivada, ou seja, é determinada por uma escolha prévia, a opção fundamental e, nesse sentido, a maior parte de nossos atos não é livre, isto é, indeterminada, e quando nossos atos parecem indeterminados, portanto, como ações insensatas do arbítrio — na realidade, ações determinadas pela perplexidade, pelo desespero e pela casualidade —, com muita razão podemos dizer que nossas ações concretas, de certo modo, são determinadas (cf. M. Müller, *Philosophische Anthropologie*, op. cit., p. 170).

[56] É nesse sentido que M. Müller diz ser a liberdade do ser humano o princípio primeiro incondicionado de seu agir, ou seja, *liberdade de espontaneidade* e, enquanto tal, imagem do absoluto (cf. M. Müller, *Freiheit*, op. cit., p. 302). Sobre a relação dialética entre determinação e indeterminação, necessidade e liberdade, veja G. Haeffner, op. cit., pp. 144ss. Tugendhat, por sua vez, na ótica da filosofia analítica, defende a tese do compatibilismo entre determinação e liberdade: "A imputabilidade é a carac-

por outros poderes; unidade, portanto, de indeterminação e determinação,[57] numa palavra, ação em que o ser humano não é simplesmente o produto de causas fora dele mesmo, mas determinado pelo que é racional (*liberdade de espontaneidade*). Pode-se dizer que a autodeterminação pressupõe que a totalidade do ser e do comportamento humano não estejam previamente fixados, portanto, que a não-determinidade é condição de possibilidade da liberdade. No entanto, ela não constitui a essência da liberdade, mas apenas a sua pré-condição,[58] o que já se mostra no próprio sistema instintivo humano fracamente desenvolvido, o que tem como conseqüência que o ser humano não é fixado de antemão por seus instintos, portanto, que a determinação biológica do comportamento humano é aberta a uma possível autode-

---

terística dos que podem deliberar e a compulsividade é o caso em que essa capacidade é inibida. A liberdade em que consiste a imputabilidade não tem como contrário o comportamento determinado, causado, mas um comportamento causal particular ao qual a deliberação não tem acesso. Mas a deliberação é igualmente um comportamento causalmente determinado; depende de motivações causadas [...] Se a pessoa não continuasse a deliberar, porque sabe que objetivamente está predeterminada se vai deliberar ou não, ocorre um contrasenso. A atitude que ele então adotaria chama-se fatalismo. Fatalismo é a opinião que para o que se faz não faz uma diferença se delibera ou não. Mas é óbvio que faz uma diferença e que o fatalismo é falso; se eu venho a deliberar porque sou fatalista, isso é uma maneira livre de mudar as coisas e é uma maneira autodestrutiva. Da doutrina de que tudo está determinado não segue o fatalismo, quer dizer, a renúncia à própria liberdade" (em E. Tugendhat, Ética e justificação, op. cit., p. 24).

[57] Cf. G.W.F. Hegel, *Grundlinien*, op. cit., pp. 37-41.

[58] Cf. J.B. Lotz, op. cit., p. 109. Nesse sentido, a ausência de causalidade ainda não significa, propriamente, liberdade. K. Larenz afirma que determinismo e indeterminismo coincidem enquanto necessidade exterior e contingência. Ambos dizem, no fundo, o mesmo: a casualidade da vontade (cf. em K. Larenz, *Hegels Zurechnungslehre und der Begriff der objektiven Zurechnung*, Leipzig, Neudr. d. Ausg., 1927, p. 47).

terminação.[59] Assim, o que caracteriza a ação livre é que, por sua mediação, o sujeito espiritual configura seu próprio futuro[60] de tal modo que sua indeterminação é a abertura do espaço para sua autodeterminação.

Nisso se revela, mais uma vez, o paradoxo de o ser humano ser tanto natural como espiritual. Enquanto ser de natureza, ele sempre se sabe inserido no todo da natureza, do mundo, da história, da comunidade com outros seres humanos e determinado por esse todo. Inserção significa, aqui, determinidade, condicionalidade, dependência e, nessa perspectiva, o ser humano é amplamente um ser não-livre. Enquanto ser espiritual, contudo, ele transcende tudo pela distância absoluta, revela-se como o ser da possibilidade universal e, enquanto tal, ainda nada determinadamente. É enquanto tarefa no mundo que a liberdade emerge propriamente como liberdade humana, enquanto liberdade das decisões, que ocorrem enquanto escolha de um ato determinado no espaço de muitos outros possíveis no seio do mundo, o que

---

[59] Uma consideração dessa problemática na antropologia moderna pode ser encontrada em M. Müller, *Philosophische Anthropologie*, op. cit., pp. 70ss: "Uma motivação que eu tenho vai comportar-se de outra maneira, se a tenho sob controle de minha deliberação: ela, então, não age cegamente, simplesmente por meio do mecanismo de mais ou menos prazer ou dor, senão é vista como mais ou menos boa; eu posso pôr, então, a motivação ou o desejo em uma relação evalorativa às outras motivações e desejos. O desejo, então, não me determina simplesmente, não me domina, mas eu domino o desejo" (E. Tugendhat, Ética e justificação, op. cit., 25).

[60] Para Tomás de Aquino, enquanto o animal, não havendo nenhum empecilho, traduz os componentes dinâmicos automaticamente, num movimento exterior, no ser humano ocorre necessariamente a participação da inteligência e da vontade: o fim e o caminho para o fim são de alguma forma pensados, a ação é escolhida pelo menos com uma aprovação da vontade aos impulsos sensíveis (cf. Kl. Baumann, op. cit., p. 181). Isso significa dizer que, para Tomás, a ação humana só pode ser entendida pela complementaridade entre apetite sensível e apetite intelectual (cf. Kl. Baumann, op. cit., pp. 182ss).

revela que o ser humano é a um só tempo condicionado e incondicionado, ente contingente e não-contingente.

É precisamente o sentido positivo da liberdade que permite compreender que o puro arbítrio não é, propriamente, liberdade, pois isso significa submeter-se aos caprichos do acaso. Nesse sentido, o libertinismo pretende que a ação humana parta da distância absoluta da liberdade transcendental sem nenhum fundamento, portanto, sem necessidade interna. Ora, é a afirmação de um sentido racionalmente captado que garante a autonomia do espírito diante das forças cegas do arbítrio. Por essa razão, a liberdade sempre implica motivação, ou seja, deliberação racional[61] a respeito dos motivos a favor ou contra a escolha de determinado valor. Numa palavra, a ação livre é orientada e determinada por razões, cuja influência não exclui a autodeterminação, mas, antes, a prepara.[62] A ação escolhida só é livre quando

---

[61] Uma deliberação sobre o que queremos, e nela, em última instância, sobre quem queremos ser (cf. E. Tugendhat, Ética e justificação, op. cit., p. 219 e Tomás de Aquino, *S. Th.*, I-II, 1, 1 ad 3). Para J. B. Lotz é importante distinguir entre o objeto material e o objeto formal da vontade quando consideramos a liberdade enquanto escolha. O *objeto material* é aquilo sobre que se faz a escolha, os entes que atraem nosso apetite ou nossa vontade, de acordo com sua bondade. Cada ente participa no ser de acordo com sua essência; conseqüentemente, seu grau de bondade é correspondente à sua essência. Daí porque a deliberação sempre tem de considerar os motivos a favor e os motivos contra para a escolha de um bem específico. O *objeto formal* é sempre o mesmo, a bondade enquanto tal, o incondicionado, o ser em si mesmo, o que torna qualquer escolha possível, isto é, precisamente pela infinitude do objeto formal nossa liberdade é aberta a todos os bens finitos e nenhum escapa à sua escolha e, ao mesmo tempo, nossa vontade é livre em relação a todos eles, uma vez que nenhum deles consegue saciar a amplidão de seu horizonte. Assim, o ser humano é tanto mais livre em relação ao finito quanto mais se radica no infinito, ou seja, a presença do infinito, nele, é condição de possibilidade de sua liberdade. O absoluto é a raiz da liberdade (cf. J. B. Lotz, op. cit., pp. 124-128).

[62] Cf. J.B. Lotz, op. cit., p. 112.

portadora de um sentido, isto é, quando está dotada de um valor que temos razões para preferir a outros valores, numa palavra, a escolha livre sempre é fundada, ela implica uma referência, embora tal referência não possa motivar totalmente a escolha, uma vez que, em princípio, pode haver várias possibilidades de efetivá-la de tal modo que a decisão, em certo sentido, sempre é um salto, já que não podemos ter a certeza plena de qual é o melhor caminho.

Em nosso caso específico, é valioso aquilo que, em primeiro lugar, revela-se como realizador de nossa essência: quando agimos, queremos realizar a nós mesmos, realizar a nossa essência.[63] É nesse sentido que, para M. Müller,[64] a escolha de nossas ações e dos entes aos quais elas se relacionam é precedida por uma opção fundamental (*libertas electionis,*[65] "liberdade essencial" ou "eidética") que, no sentido estrito da palavra, poderíamos chamar de *decisão*, ou seja, uma escolha a respeito de nosso próprio projeto de vida, da configuração de nosso ser. É somente a partir dessa decisão fundamental que algo pode revelar-se como fundamento de determinação ou motivo de nossas ações.

---

[63] Como o ser humano é, diz Lotz, fundamentalmente, abertura ao ser enquanto tal, e só se entende através dessa relação, toda decisão em face do ser também é uma decisão sobre o ser humano e vice-versa. E é precisamente a partir daqui que se entende a liberdade enquanto autodeterminação, pois a presença do ser enquanto tal torna a distância de si mesmo e a disposição sobre si mesmo possíveis e também a liberdade perante todos os outros entes (cf. J. B. Lotz, op. cit., p. 136). Para Oeing-Hanhoff, a consideração necessária do fim da vontade, em Tomás de Aquino, implica que a liberdade, sem dúvida, seja auto-realização em um duplo sentido, isto é, no sentido de realizar-se a partir de si, e através de si pela mediação de uma determinação própria e, igualmente, no sentido da realização da própria essência na direção de seu ser pleno (cf. L. Oeing-Hanhoff, Zur thomistischen Freiheitslehre, in *Scholastik* 31, 1956, p. 177).

[64] Cf. M. Müller, *Philosophische Anthropologie*, op. cit., p. 143.

[65] Cf. Tomás de Aquino, *2 Sent.*, 15, 1.30.

Quando se fala em essência, fala-se em sentido fundamental, em posição fundamental do ser humano no todo, de tal maneira que a afirmação de uma essência significa, igualmente, afirmação do mundo, da totalidade em que essa essência, esse sentido fundamental tem significação e validade, de tal modo a decisão por um sentido fundamental da própria existência, a decisão por seu próprio ser implica, sempre, uma decisão pelo mundo, por uma configuração específica da ordem do todo do ser (*liberdade ontológica*).[66] Todos os nossos motivos situam-se no horizonte da liberdade essencial e da liberdade ontológica: nessa liberdade de decisão situa-se, propriamente, a *liberdade pessoal*,[67] em que o ser humano concretiza sua transcendência sobre o mundo na direção da configuração ativa do mundo através da afirmação de uma essência e de uma totalidade, o que faz com que sua liberdade nada tenha a ver com o arbítrio caótico e infundado. Assim, podemos dizer que o ser humano, enquanto ser espiritual, ser da transcendência e do engajamento, não simplesmente tem liberdade, mas *é*, no mais profundo de si mesmo, *liberdade*.[68]

---

[66] Cf. M. Müller, *Freiheit*, op. cit., pp. 303-304. Para Lotz, por trás de cada decisão há, não só uma decisão sobre o próprio eu e a totalidade histórica na qual ele está inserido, mas em relação ao ser enquanto tal. A liberdade de decisão implica, assim, o ser mesmo, juntamente com a dimensão mais profunda do ser humano, uma vez que o profundo do ser humano é abertura ao ser enquanto tal, ou seja, à esfera do incondicionado, que atematicamente está sempre co-presente em nossas decisões (cf. J. B. Lotz, op. cit., pp. 130-133).

[67] Que é um processo permanente de libertação, uma vez que o pessoal está inserido no não-pessoal e emerge sucessivamente, a partir daqui, na proporção de seu amadurecimento (cf. J.B. Lotz, op. cit., p. 113).

[68] Lotz denomina a liberdade do ser humano, em face de todo finito, de "liberdade derivada", que se radica na liberdade originária que constitui a própria essência do ser humano, isto é, a presença do absoluto. Liberdade frente aos entes só é possível pela relação por meio da qual a vontade é liberada da violação pelos entes (cf. J.B. Lotz, op. cit., p. 138).

A liberdade enquanto institucionalidade

A liberdade transcendente, a liberdade da ação, é passagem da distância absoluta para a configuração de nossas vidas históricas, que se efetivam enquanto construção das relações que nos caracterizam: relação com a natureza e relações com os outros humanos. O processo reflexivo mostra o ser humano como presença do incondicionado que não pode ser negado em nível proposicional sem ser pressuposto em nível pragmático, portanto, como princípio que fundamenta a si mesmo, então, princípio de todo pensar, de todo agir, de todo ser, numa palavra: princípio de toda a esfera do real, do mundo natural e do mundo espiritual, do mundo subjetivo e do mundo intersubjetivo. Sendo presença do incondicionado, o ser humano está fundamentalmente aberto a toda e qualquer realidade, relação a tudo, comunhão ontológica com o todo da realidade, explicitação e articulação do sentido de tudo e, portanto, capacidade de captar o valor intrínseco de tudo, conseqüentemente, possibilidade de um relacionamento com tudo de acordo com o valor intrínseco de cada realidade.[69] Mas, antes de mais nada, enquanto presença autopresente do incondicionado, ele pode comunicar-se com o outro sujeito, que, enquanto tal, também é presença do incondicionado e, assim, aberto ao sentido de si mesmo, do outro, de si e do mundo.

---

[69] O formalismo ético, de tipo kantiano, é capaz de demonstrar a validade absoluta das sentenças éticas na medida em que mostra que tal validade não tem fundamento empírico, ou seja, que não depende de localização nem da cultura. No entanto, é incapaz de dirimir os conflitos humanos concretos nas situações históricas específicas, nas quais ocorre a colisão de normas e é necessário um princípio que indique a prioridade. Tal princípio só pode ser o valor intrínseco de cada ente, o que nos leva a uma *ética material de valores* que nos torne capazes de estabelecer uma hierarquia de bens e de valores (cf. V. Hösle, *Moral und Politik,* op. cit., pp. 154ss).

A primeira conseqüência disso é que a liberdade humana só é liberdade efetiva enquanto liberdade no mundo da natureza e da sociabilidade, ou seja, quando ela se faz o fundamento que alicerça a relação com a natureza e a vida comum dos sujeitos entre si, quando ela se faz o princípio e o fim de todas as configurações que mediatizam o ser comum dos sujeitos[70] e de sua relação com a natureza. Então, se a liberdade, no primeiro momento é transcendência, autonomia do eu sobre toda facticidade, a liberdade do vazio e da destruição pois diante dela toda positividade se dissolve; e se, num segundo momento é decisão, tomada de posição perante uma multiplicidade de possibilidades, ela só se plenifica na medida em que se exterioriza, se faz mundo, se autoconfigura como ser efetivo na natureza e na sociedade, enquanto expressão do incondicionado que a interpela na exterioridade, na esfera do mundo objetivo, isto é, na medida em que se faz o evento da produção comum de configurações do ser humano que medeiam seu ser como ser da autodeterminação, portanto, enquanto síntese de subjetividade e intersubjetividade, de interioridade e exterioridade.[71] Assim, por exemplo, no conhecimento, em seus diversos níveis, o exterior a mim se faz presente em minha intimidade, torna-se minha

---

[70] Hegel fala da conciliação entre as vontades particulares e a vontade substancial, o que ocorre, em última instância, no Estado, onde se efetiva a correspondência de direitos e deveres (cf. G. W. F. Hegel, *Grundlinien*, op. cit., p. 148).

[71] Em A. M. de Oliveira, *Direito e sociedade*, op. cit., p. 83: "A liberdade humana, enquanto liberdade finita, é um processo: parte da liberdade transcendental para uma opção fundamental sobre a configuração de si mesma e sobre seu mundo e daí para as opções individuais do dia-a-dia em que o ser humano pode ir construindo-se por meio da construção de obras que medeiam seu ser".

essência, e, desse modo, se efetiva a síntese entre interioridade e exterioridade.[72]

M. Müller[73] distingue, nesse contexto, liberdade da natureza, que existe, aí, onde a natureza é, em parte, indeterminada, ou seja, tanto no microcosmo como na esfera do orgânico, da liberdade do ser humano, em que emergem propriamente a necessidade histórica e a liberdade histórica. Aqui, a liberdade está sob a necessidade de produzir uma configuração, que ainda não está dada, *a priori*, em todas as partes. Nesse sentido, o ser humano é ser do futuro, porque liberdade interpelada a produzir uma configuração futura de nós mesmos e do mundo comum.

Numa palavra, liberdade efetiva é liberdade enquanto construção intersubjetiva de relações, a construção do ser pessoal como ser-com-a-alteridade, decisão a respeito da configuração específica desse ser-com. Assim, o que está em jogo no processo de libertação, e que torna possível a constituição dos sujeitos enquanto sujeitos, é esse processo de construção de comunhões como espaços de efetivação da liberdade na contingência dos eventos, das situações e das coisas, o que só pode emergir quando ela se faz produtiva:

---

[72] A respeito dessa problemática no pensamento de Hegel, veja em A. M. de Oliveira, Hegel: normatividade e eticidade, em *Ética e sociabilidade*, op. cit, 1993, pp. 219-220: "A liberdade só é efetiva enquanto 'mundo livre', existência exterior, mundo produzido pelo espírito como segunda natureza. Esse mundo é novo à medida que é produzido e resulta da vontade livre dos homens. Em contraposição, portanto, ao conceito moderno da ciência do etos, elaborado pela filosofia transcendental (Kant, Fichte), em que a ação ética é reduzida à esfera da ação interior, Hegel mobiliza seu pensamento para situar a ação na 'substância' das relações éticas e, assim, superar a contraposição entre o mundo da experiência e o mundo da razão".

[73] Cf. M. Müller, *Philosophische Anthropologie*, op. cit., pp.118-120.

a busca de uma configuração em um momento histórico determinado e, por isso, único. Por essa razão, interioridade pura e exterioridade pura não podem constituir a liberdade: ela se efetiva enquanto síntese de opostos, do interior e do exterior. A liberdade, então, só é livre enquanto história da luta pela produção das obras que constituem formas da efetividade de nossa vidas. Por essa razão, uma liberdade apenas interior não é propriamente liberdade, mas ela é efetiva quando é unidade de ambos os aspectos, da universalidade e da particularidade, do pensamento e da ação, da transcendência e do engajamento, da possibilidade e da realidade, da forma e do conteúdo que são momentos de uma mesma totalidade.

A ação no mundo medeia transcendência e engajamento: a liberdade só é real pela mediação das obras no mundo, portanto, enquanto processo de sua efetivação nas contingências da história através de suas produções. Nessa perspectiva, o processo de libertação emerge como um processo circular, sempre recomeçado, entre o horizonte de infinitude da liberdade enquanto transcendência e a finitude das realizações contingentes da liberdade enquanto engajamento, que é produção de um mundo enquanto conjunto de obras que gestam o espaço da liberdade efetiva.

A obra é a síntese que constitui a liberdade enquanto liberdade: por um lado, pertence ao mundo das objetividades exteriores aos sujeitos, mas, por outro lado, é sua produção comum, encarnação, exteriorização de sua autodeterminação interior. Sem a síntese de seus dois momentos constitutivos, a liberdade não passa de possibilidade. Além disso, como todas as sínteses são contingentes e finitas, a história é, por essência, um processo aberto, já que nenhum mundo histórico pode ter a pretensão de efetivação plena do horizonte de absolutidade, que marca a existência humana: toda realização histórica da liberdade implica a possibilidade de outras realizações na medida em que todas elas são marcadas pela contradição entre a infinitude do horizonte e a finitude da efetivação.[74] Daí porque pertence à estrutura da liberdade a necessidade permanente da escolha de novas configurações de nosso ser e do mundo que nos medeia, pois só assim podemos escapar ao vazio da universalidade abstrata de nossa transcendência sobre todos os mundos.

A primeira dessas configurações é nossa relação com a natureza: se o incondicionado revela-se como princípio de toda a esfera do real, então ser humano e natureza não podem ser pensados como esferas totalmente separadas e sim como essencialmente relacionados entre si, ou seja, marcados por uma comunhão ontológica fundamental. O ser espiritual transcende a natureza[75] na medida em que é presença autopresente do

---

[74] Para Tomás de Aquino, o primeiro princípio da vontade tem de ser, a partir da própria essência da vontade, um fim último. O ser humano busca esse fim último em todo querer e em toda ação, já que, em cada querer particular, busca um bem particular na direção de sua própria plenitude e esta é, na ordem da causalidade dos fins, a que movimenta todo querer particular, mesmo que o agente não tenha consciência desse fim último (cf.: Tomás de Aquino, *S. Th.*, I-II, 1, 5; I-II, 1, 6 e Kl, Baumann, op. cit., p. 151). Tomás admite que, facticamente, há uma diversidade de interpretações desse fim último da vida humana (cf. I-II, 1, 7 c); no entanto, objetivamente, o fim último de todo ser criado, portanto, também do ser humano, só pode ser Deus. A forma como o ser humano atinge o fim último — conhecer e amar a Deus, o que se plenifica na visão beatífica (I-II, 3, 8 c) — é o que distingue essencialmente o ser humano, enquanto ser racional, de todas as demais criaturas.

[75] É nesse sentido que Hegel dizia que o universal está na natureza apenas em si e só; no homem em si e para si, pois só o homem é capaz de se reconhecer como um indivíduo que é particular e universal, um representante do gênero humano, ou seja, ele é ao mesmo tempo idêntico e diferente de todos os outros (cf. G. W. F. Hegel, *Enzyklopädie der philosophischen Wissenschaften im Grundrisse (1830)*, editada por F. Nicolin & O. Pöggeler, Hamburg Meiner, 1959, § 24, Zusatz, p. 58).

incondicionado, e nisso consiste seu privilégio: ser capaz de conhecer a alteridade e, portanto, o valor que cada ente tem enquanto presença do incondicionado, de tal modo que seu relacionamento com a natureza precise ser pautado pela captação de seu sentido, ou seja, pelo respeito por sua alteridade, pelo cuidado por sua conservação e integridade.[76]

Se a liberdade é um processo que se efetiva enquanto síntese de opostos, ela encontra seu grau supremo de efetivação na conquista da subjetividade dos sujeitos[77] na esfera da cultura,[78] isto é, do mundo das relações sociopolíticas construído pelo ser humano, o que só pode acontecer na medida em que os sujeitos efetivam, em suas vidas, o universal, que significam, que superam qualquer perspectiva de coisificação, e se reconhecem, mutuamente, como seres fundamentalmente iguais e livres, isto é, cada um é para si pela mediação do outro, e se respeitam como entes que não são apenas meios, mas fins em si mesmos. Com isso tocamos o cerne do processo de libertação que é a vida humana: ser homem significa conquistar-se como ser livre e o caminho para chegar lá é cada individualidade negar-se como

---

[76] Cf. Boff, L. *Saber cuidar: ética do humano, compaixão pela terra*. Petrópolis, Vozes, 1999. pp. 133ss.

[77] Hegel explicitou esse processo com a parábola do senhor e do escravo (em J.C. Salgado, op. cit., p. 255): "O significado mais profundo da dialética do senhor e do escravo é mostrar a emersão do homem do seu mundo natural e biológico para o mundo da cultura e espiritual, sua morada como ser livre". Cf. tb. Weber, T. *Hegel: liberdade, estado e história,* Petrópolis, Vozes, 1993, p. 95.

[78] Hegel, retornando aos gregos, vai recuperar o que denomina "a dimensão objetiva da liberdade", ou, liberdade objetiva, que é o conjunto de instituições e comunidades por meio das quais a liberdade se efetiva no mundo da cultura criado pelo ser humano (cf. A. M. de Oliveira, Hegel: normatividade e eticidade, *Ética e sociabilidade*, op. cit., pp. 207ss).

realidade isolada e construir um mundo que seja efetivador da liberdade,[79] onde cada um existe para si enquanto existe pelo outro e para o outro, isto é, onde se constitui uma intersubjetividade simétrica que "é síntese da identidade (todos são considerados como fins em si mesmos) e da diferença (todos são conhecidos nas diferenças que não destroem a igualdade básica)".[80] A subjetividade, assim, constitui-se enquanto subjetividade pela mediação do encontro com a outra subjetividade, o que se faz possível porque cada uma é presença autopresente do incondicionado, que é o espaço de possibilitação da comunhão das subjetividades. Tem razão Hegel quando sabe que, ali onde o humano se divide em senhor e escravo não é possível emergir a liberdade verdadeira.

A liberdade como síntese de opostos é unidade de universalidade e particularidade, o que significa dizer que a liberdade é conquistada quando o ser humano é capaz de elevar sua vida individual empírica à esfera da universalidade,[81] isto é, do reconhecimento mútuo da igual dignidade,

---

[79] Hegel considera o trabalho o elemento mediador desse processo (cf. A. M. de Oliveira, A dialética do senhor e do escravo: a parábola do processo de humanização enquanto processo de libertação, in *Ética e sociabilidade*, op. cit., pp. 192ss).

[80] Cf. A. M. de Oliveira, Desafios éticos da globalização, in *Consecratio Mundi, Festschrift em homenagem a Urbano Zilles*, editado por R.A. Ulmann, Porto Alegre, EDIPUCRS, 1998, p. 523.

[81] Nessa perspectiva, Hegel ataca o formalismo kantiano caracterizado pela contraposição entre vontade universal (forma) e vontade individual (conteúdo): "Um princípio ético, segundo Hegel, é resultante da determinação e mediação das vontades livres dos sujeitos agentes. Constitui-se de historicidade e temporalidade. Implica, portanto, forma e conteúdo. Ou seja, um conteúdo também é universalizável" (cf. T. Weber, *Ética e Filosofia Política;* Hegel e o formalismo kantiano, Porto Alegre, EDIPUCRS, 1999, p. 59). No entanto, pode-se e deve-se falar, também, de um *a priori material* e não só de uma dimensão apriórica e de uma dimensão empírica na ética. (Cf. V. Hösle, *Moral und Politik*, op. cit., pp. 154ss).

a afirmação recíproca do outro como sujeito, o que não significa eliminação da individualidade, verdadeiramente, mas sua constituição como individualidade, livre, que se sabe como ser único e, ao mesmo tempo igual, isto é, aberto à comunhão das liberdades. Numa palavra, a gênese da liberdade é a gênese de uma sociabilidade solidária[82] enquanto reconhecimento mútuo de liberdades, o que significa dizer que a subjetividade se constitui pela comunhão de pessoas livres e iguais, ou seja, por meio de uma ordenação social radicada no reconhecimento universal, o que implica a eliminação de qualquer tipo de negação da subjetividade[83] e luta pela afirmação da individualidade do ser humano em sua relação com o outro enquanto construção de uma vida social radicada na solidariedade universal.[84] Portanto, a liberdade se gesta, em última instância, na esfera da intersubjetividade,[85] através da configuração de formas simétricas de relacionamento que possam garantir a autonomia de todos. Liberdade plena é liberdade historicizada, mundificada,

[82] "Trata-se, sempre de novo, de refazer o processo pelo qual o indivíduo singular pela mediação da participação no 'logos universal', gesta-se como indivíduo universal, rompendo o isolamento em sua vida e abrindo-se ao processo universal de reconhecimento da dignidade das liberdades" (A. M. de Oliveira, Leitura hegeliana da Revolução Francesa, in: *Ética e sociabilidade,* São Paulo, Loyola, 1993. p. 232).

[83] Para Hegel, o solipsismo que caracteriza a postura moderna é destruidor da subjetividade (cf. A. M. de Oliveira, *A dialética do senhor e do escravo*, op. cit., p. 194).

[84] Em D. Rosenfield, *Política e liberdade em Hegel*, São Paulo, Brasiliense, 1983, p. 143: "[...] a segunda natureza do homem é a história ética do indivíduo, isto é, a história do movimento ativo dos indivíduos chegando à consciência de si mesmos como membros de uma comunidade".

[85] Hegel desloca o processo de constituição da subjetividade da esfera da interioridade, que havia constituído o horizonte de pensamento da modernidade, para a esfera do mundo intersubjetivo (cf. A. M. de Oliveira, Secularização e ética, in *Ética e práxis histórica*, São Paulo, Ática, 1995, pp. 125-126).

exteriorizada em instituições que regulam as relações constitutivas do ser humano enquanto ser humano e, assim, manifestam-se como mediações históricas inelimináveis no processo de conquista da liberdade.

M. Müller[86] denomina o produto visível de uma ação comum nas contingências históricas, aquela configuração que regula a convivência entre os sujeitos de "instituição" de tal modo que podemos dizer que a instituição é a síntese entre transcendência e engajamento; e a instituição, que perpassa todas elas como regra fundamental de sua configuração em uma situação histórica específica é, na linguagem da tradição, o direito que assim só pode ser entendido como uma instituição da liberdade, ou seja, como a instituição cuja função específica é abrir o espaço para a efetivação da liberdade. Daí porque a dupla raiz do direito: por um lado, a liberdade e seus princípios e, por outro lado, a história.

Os princípios da liberdade só se efetivam na medida em que produzem diferentes configurações do direito nas diferentes situações históricas. Nessa perspectiva, os princípios da liberdade constituem o horizonte normativo das produções históricas que podem não efetivar a liberdade. Aquilo que a tradição ocidental chama de direito positivo é a formulação expressa da constitucionalidade do agir comunitário de uma sociedade livre. Mas o direito positivo pode ser falso: pode se contrapor à consciência de liberdade já historicamente conquistada. Por isso, a partir do direito funda-

---

[86] Cf. Müller, M. *Philosophische Anthropologie*, op. cit., p. 187. Cf. tb. Schelsky, H. ed. *Zur Theorie der Institution*, Düsseldorf, Bertelsmann-Universitäts verlag1970. pp. 10ss.

mental, enquanto direito da liberdade, que a tradição chamou de *direito natural*,[87] pode-se e deve-se resistir às normas jurídicas formuladas no direito positivo e protegidas pelo poder do Estado na medida em que elas constituem obstáculos à efetivação da liberdade, já que sua função fundamental é exprimir a liberdade, que constitui o ser humano enquanto ser humano, no plano da convivência histórica das pessoas, isto é, no nível da finitude, da limitação, das relações intersubjetivas, das chances abertas pela história para a organização racional da vida em comum, como dizia Hegel, na esfera do mundo da cultura, do espírito objetivo, de tal modo que possa ocorrer a unidade entre subjetividade (indivíduo livre) e objetividade (intersubjetividade igualitária), que constitui a liberdade em seu sentido pleno, liberdade concreta, subjetiva e objetiva. Com isso revela-se que a liberdade só é real enquanto unidade de todas essas liberdades, portanto, como síntese de opostos.

[87] O conceito de direito natural é normativo, diz respeito, portanto, ao fundamento de validade das normas que regem as relações sociais. Direito natural, nessa perspectiva, é aquele conjunto de normas que, por razões éticas, pode-se exigir por meio de sanções. Nesse sentido, o direito natural é a medida para o julgamento do caráter ético do direito positivo (cf. V. Hösle, *Moral und Politik*, op. cit., pp. 777ss).

Parte II

Globalização:
novo desafio ético da humanidade

Capítulo 1

UMA CRÍTICA DO CAPITALISMO A PARTIR DAS VÍTIMAS

Quem fala da América Latina fala do "capital". A América Latina, o Brasil de modo particular, constituiu-se como realidade sócio-histórica e emergiu para o contexto mundial como resultado da expansão da primeira forma de sociedade moderna: a sociedade capitalista. É impossível explicar o Brasil a partir dos pressupostos das formações sociais tribais aqui preexistentes à vinda dos europeus. O Brasil é fruto de uma invasão situada no processo contraditório da acumulação primitiva do capital, cujo centro dinâmico era a Europa ocidental. O que significa, então, a formação econômico-social que aqui se gestou? Há uma grande discussão entre os teóricos a esse respeito. Contudo, uma coisa se deve reter como fundamental: o Brasil deve sua existência ao processo de expansão do capital mercantil, numa palavra, nossa formação coincide com o desenvolvimento do mercado em nível mundial.

O objetivo fundamental do colonialismo, na época do capital mercantil, consistia em apropriar-se de valores de uso produzidos pelas economias não-capitalistas dos povos colonizados, com a finalidade de transformá-los em valores de troca no mercado internacional.

É nesse sentido que não podemos considerar nossa exterioridade como exterioridade absoluta, mas antes como exterioridade contraditória: a periferia do sistema é precisamente periferia do sistema. A relação existente entre processo de autovalorização do valor, em curso na Europa, e a formação social pré-capitalista que se gestou entre nós, é uma relação dialética, isto é, uma *Aufhebung*: as relações dominantes suprassumem as relações dominadas. Numa palavra, as relações dominadas, embora negadas, subsistem enquanto relações negadas. A relação, assim, transfigura a parte, fazendo dela um momento todo; nesse caso as relações não capitalistas são suprassumidas em relações capitalistas. No caso do Brasil há um problema especial: aqui, o próprio capital criou sua periferia, foi necessário criar um processo produtivo articulado com o mercado mundial, já que a produção interna era incapaz de fornecer os excedentes ao processo de circulação do capital.[1]

O Brasil, portanto, é o resultado do capital; só se entende a partir do processo de sua autovalorização. Esse é o pressuposto fundante de nossa formação sócio-histórica, pois constitui o quadro de base, o pressuposto de nossa atualidade.

Nossa história mais recente, nos últimos cinqüenta anos, consistiu no estabelecimento de uma sociedade, aqui também capitalismo, com a introdução da indústria moderna. Hoje vivemos o trágico resultado desse processo: a característica fundamental de nossa formação social é seu pro-

---

[1] Cf. Coutinho, C.N. *Cultura e democracia no Brasil*; a democracia como valor universal. São Paulo, s. ed.1980. pp. 61-92.

fundo dualismo.[2] Por um lado, temos uma sociedade industrial moderna, com alto desenvolvimento tecnológico, apesar do atraso das últimas décadas, resultado do não-acompanhamento da revolução tecnológica ocorrida nos países do capitalismo desenvolvido. Os indicadores econômicos o situam entre os países mais ricos do mundo. De outro lado, os indicadores sociais o revelam como uma sociedade primitiva, mostrando padrões de pobreza, miséria e ignorância comparáveis às sociedades mais atrasadas da África e da Ásia. Hoje as duas sociedades convivem nas mesmas cidades e se confrontam. Em nenhum país do mundo os contrastes sociais são mais aberrantes: 15% das famílias brasileiras com rendimento *per capita* de até um quarto do salário vive em estado de miséria; 35%, com rendimento *per capita* de até meio salário, vive em estado de miséria ou de estrita pobreza. Das pessoas que trabalham, 65,1% recebe uma remuneração mensal de até um salário mínimo. O 1% mais rico tem cinqüenta vezes a renda da metade mais pobre. A miséria e a pobreza afetam particularmente as crianças até 14 anos de idade. Esse estado de miséria corresponde a um elevadíssimo grau de ignorância. O analfabetismo absoluto ainda afeta cerca de 20% da população e o relativo, mais de 40%. A qualidade de vida da população é necessariamente muito baixa: mais da metade dos domicílios não tem luz elétrica, mais de 71% não possuem canalização e 79% não tem geladeira.

---

[2] Cf. Jaguaribe, H. et al. *Brasil, reforma ou caos*. Rio de Janeiro, Paz e Terra, 1989.

O processo de industrialização e crescimento econômico foram acompanhados pelo aparecimento de imenso contingente de trabalhadores de baixa remuneração e desprotegido pela legislação trabalhista. Dadas as características da população e da economia brasileira, o trabalho não qualificado recebe, no Brasil, uma das mais baixas remunerações do mundo. A produtividade média da economia brasileira é um terço ou um quarto da obtida nos países do sul da Europa, enquanto o salário mínimo brasileiro é um décimo do destes mesmos países.

O descompasso entre a industrialização e a urbanização gerou uma enorme marginalidade urbana quando o país já estava entrando na fase pós-industrial. Basta verificar que o déficit atual de moradias é de sete milhões. Hoje, deslocar-se nas cidades brasileiras é algo bastante penoso; a população é submetida a profundos desgastes físicos e psíquicos, pelo imenso tempo gasto em viagens, pelas longas e crescentes distâncias e pela péssima qualidade dos veículos. O transporte interfere diretamente na saúde física e mental dos trabalhadores, reduzindo-lhes a produtividade e até concorrendo para a elevação dos índices de acidentes no trabalho, encurtando o tempo disponível para a família, para o lazer e para as atividades sociais, políticas e religiosas.

Ora, essa situação tende a piorar, pois a população urbana brasileira deverá crescer cerca de cincoenta milhões até o ano 2000. Não há ainda uma consciência clara em relação à responsabilidade com o meio ambiente, a violência urbana e rural chega a cifras assustadoras. Numa palavra, o resultado de toda essa situação é que indivíduos sujeitos à fome e às carências materiais e espirituais mais elementares vêem seus espaços de realização pessoal extremamente reduzidos. O homem do Brasil é o não-homem.

Como entender tal situação? Muitas são as razões apresentadas como causadoras. Entre elas podemos destacar três: *a)* a causa primeira do dualismo social brasileiro foi a formação social escravista que permitiu uma reprodução no nível da própria família, da ignorância e da miséria e que, fundamentalmente, provocou a separação entre participantes e excluídos dos benefícios da civilização brasileira; *b)* o fato de o Brasil ser um país de industrialização tardia já utilizando um alto grau de desenvolvimento tecnológico, incapaz, portanto, de absorver o enorme contingente de mão-de-obra — só nos últimos dez anos, 15 milhões de pessoas, que migraram do campo para a cidade, ficaram sem emprego; *c)* o elevadíssimo estado de ignorância da população que a torna incapaz de participar de um processo produtivo complexo e altamente desenvolvido.

Tudo isso é verdade, mas estas são condições circunstanciais dentro de um quadro básico que é a razão de ser de tal situação: o sistema capitalista de produção, que produz o não-homem. O capitalismo significa uma configuração histórica específica do processo de produção através do qual o homem, apropriando-se da natureza, apropria-se também do seu ser, conquista-se como homem. Ocorre que a ação do homem sobre a natureza se faz no interior e pela mediação de uma forma social determinada, isto é, no seio de determinada configuração das relações dos homens entre si. Por isso, pode-se dizer que o trabalho é uma categoria natural-histórica: a natureza se efetiva historicamente, isto é, assumindo determinações sociais. Ora, o que caracteriza o capitalismo é que as relações sociais aqui se radicam na transferência de coisas: a socialização dos homens que, em primeiro lugar, são produtores individuais, se dá pela troca. Assim, nesse modo de produção, as coisas são a mediação das relações sociais entre pessoas. Elas adquirem, no capitalismo, determinações novas, propriedades sociais; elas são o elemento decisivo no processo de constituição da sociabilidade, uma vez que no capitalismo o mecanismo da troca medeia a sociabilidade; as conexões reais e a interação entre os homens, entre as empresas individuais, efetivam-se pela comparação do valor dos bens e de sua troca. Já que se trata de uma produção individual, marcada pela ausência de qualquer regulação social direta do processo de trabalho, a sociabilidade é posterior ao processo de produção e se faz na esfera da circulação, pela mediação da troca privada dos produtos individuais do trabalho. No capitalismo, a condição de possibilidade das relações sociais são as relações entre as coisas, de modo que nessa forma de produção as relações sociais não são apenas simbolizadas pelas coisas, mas constituídas por elas.

Para Marx, essa forma de organização do trabalho conduz a uma ilusão objetiva[3] das determinações sociais, que consiste precisamente no fato de a mercadoria, produto do trabalho humano, emergir, em virtude de sua função social, como que dotada de vida própria passando a dominar seu criador. O capitalismo, portanto, é uma sociedade invertida: os produtos do trabalho do homem submetem os homens a seus imperativos: na medida em que a mercadoria é condição *sine qua non* da sociabilidade, ela aparece como tendo o poder da sociabilidade; vale dizer, na medida em que a propriedade das coisas é condição de possibilidade da consti-

[3] Cf. Marx, K. Schiften, Das Kapital, Kritik der polotischen Okonomie. In: Lieber, H. J. ed. *Marx Werke*, Darmestadt, s. ed., 1962. pp. 46 ss. v. IV.

tuição das relações sociais entre os homens, então a coisa emerge como sendo a fonte da socialização. Ora, isso significa uma materialização das relações sociais e, em última análise, uma personificação das coisas: as relações dos homens entre si adquirem a forma de uma relação social entre produtos do trabalho.

O que constitui, então, o capitalismo, em última análise, é, assim, uma forma específica de constituição de sociabilidade, que poderíamos chamar com Zimmermann[4] de "sociabilidade objetivo-coisal". A totalidade do social emerge como algo pré-dado, que se subtrai ao controle dos próprios homens e assume a forma de um movimento de coisas. Porém, enquanto permanecermos na esfera da aparência, a produção se revela tendo como finalidade o valor de uso, isto é, a satisfação das necessidades humanas. A essência, contudo, é outra coisa: ela tem como fim a valorização do valor, independentemente das necessidades reais dos homens reais. Aqui, ocorre uma mudança de sujeitos:[5] na circulação simples, a mercadoria é sujeito e o valor sua determinação seu predicado. A passagem da circulação simples para a produção capitalista significa, então, que o valor, que era predicado, se torna sujeito, tornando-se um processo autônomo, auto-reflexivo, um movimento que existe em função de si mesmo: tudo se refere a ele, até mesmo os homens, cuja força de trabalho transforma-se em instrumento de sua valo-

---

[4] Cf. ZIMMERMANN, R. *Utopi-Rationaliar-Politik*, Zu Kritik, Rekonstruktion und Systematik einer emanzipatitischen gesellschaftstheorie bei Marx und Haberms. Friburg-München, s. ed., 1965.

[5] FAUSTO, R. *Marx: lógica e política*. Rio de Janeiro, Brasiliense, 1983. pp. 141 ss. v. I.

rização. Quanto mais desvinculado da questão da satisfação das necessidades dos homens reais, tanto mais o valor se impõe como sujeito de todo o sistema.

Assim, o sistema capitalista de produção revela-se um sujeito autonomizado, que determina as relações entre seus momentos constitutivos. Na medida em que esse movimento de autovalorização do valor é considerado como movimento contínuo, então a relação entre capitalista e operário não aparecerá mais como um contrato livre entre dois agentes, e sim como um ato forçado que desemboca na apropriação, por parte do capitalista, de trabalho não-pago. Aqui emerge a crueza do modo de produção capitalista: o capital literalmente se alimenta de homens. O trabalhador perde sua condição de sujeito, transforma-se em "órgão do trabalho" enquanto membro do sistema de produção, na medida em que contribui para o processo da valorização de valor. O trabalho humano é reduzido a meio de valorização do valor. Na sociedade capitalista, o trabalho é fundamentalmente privado, isolado, e só pode tornar-se social pela mediação da igualação com todas as outras formas de trabalho, o que ocorre através da igualação de seus produtos pelo mecanismo da troca. Assim, o trabalho objetivado nos produtos é igualado a todas as outras formas de trabalho, o que significa que ele é despojado de sua forma concreta específica e se torna trabalho indeterminado, uma contribuição à massa global de trabalho social, homogêneo, um momento do sistema global de produção. A condição de possibilidade de socialização é, aqui, um processo de abstração, de despersonalização do trabalho, de sua desvinculação com o mundo vivido dos trabalhadores.

O que caracteriza a sociedade capitalista é que aqui os produtores individuais de mercadoria não estão diretamente vinculados ao processo de produção como totalidade das atividades concretas de trabalho, mas tal vinculação só se faz pela mediação da troca, isto é, por um processo de abstração real. É a troca como mecanismo de socialização que gesta a indiferença do produtor para com o trabalho concreto. O valor é a determinação histórico-social de um produto do trabalho, cujo fundamento ontológico é o trabalho abstrato, sua substância social. Sendo assim, o processo de valorização do valor pode significar tão-só a coisificação do homem, a produção do não-homem. A produção adquire, no modo de produção capitalista, uma dinâmica de exploração: quanto mais a produção da riqueza social se faz um sistema auto-reflexivo, tanto mais essa forma específica de sociabilidade se manifesta falsa, irracional, e então tanto maior é o abismo entre a produção genuína e o processo de reprodução do capital.

A totalidade concreta, gestada através da mediação da troca, emerge como a negação do homem, cuja visibilidade entre nós se manifesta no adualismo fundamental que marca nossa sociedade. O social tem, aqui, um caráter negativo, perverso, já que se constitui como relação coisificante. Nessa perspectiva, a lógica de funcionamento do sistema impõe-se até aos capitalistas como uma força externa, que os move à concorrência, de tal modo que a acumulação do capital se processa em uma escala cada vez maior e dentro do contexto de uma luta recíproca provocadora de um processo de centralização. A dinâmica do processo de centralização leva o capital a romper os limites geográficos nacionais de sua efetivação.

Ora, o próprio desenvolvimento do capitalismo criou sua forma atual: a de um processo produtivo dimensionado, articulado e definido em escala mundial. Numa palavra, a característica fundamental da particularidade que define a efetivação atual do capital é a internacionalização do sistema produtivo, que, por sua vez, constitui uma tendência inata ao capital enquanto tal. O capitalismo, hoje, ultrapassou os limites nacionais do mundo econômico e político e atingiu o mundo sob a forma de um sistema mundial contínuo de relações de produção, de industrialização do mundo, de apropriação do espaço econômico, social, político do mundo, através e em função do capital mundial, o que se tornou possível graças, entre outros fatores, ao desenvolvimento fantástico da ciência e da tecnologia.[6]

Hoje, portanto, o processo de concentração do poder econômico faz-se no plano da economia mundial, com a capacidade de ação global cada dia mais autônoma em relação aos Estados nacionais; a burguesia mundial está postulando ou o controle hegemônico sobre os Estados nacionais ou a reorganização do sistema de poder político em escala mundial. Daí porque, para essa burguesia, as estruturas políticas atuais se revelam inteiramente obsoletas. O capital mundial emerge, assim, como a forma mais avançada de produção capitalista, conseqüentemente nele se realiza, em sua forma mais avançada, a tendência histórica que marca o capital: crescimento ininterrupto do capital constante, decréscimo relativo e constante do capital variável. A realização histórica dessa tendência vai se efetivar diferentemente, conforme as situações concretas dos espaços nacionais onde o capital mundial vai se efetivar. O fato básico é que, hoje, em termos relativos, o trabalho direto para manter o crescimen-

---

[6] Cf. Souza, H. J. de. *O Capital transnacional e o Estado*. Petrópolis, Vozes 1985.

to da produção é cada vez menos necessário.[7] O capital mundial goza de enorme flexibilidade e mobilidade, enquanto o trabalho normalmente permanece imóvel dentro das fronteiras nacionais. O capital mundial pode, assim, utilizar a força de trabalho em diferentes regiões a diferentes preços, isto é, ele incorpora a força de trabalho de acordo com seus próprios imperativos. Se a tendência do capital é a internacionalização, a força de trabalho está fortemente condicionada e limitada pelas condições locais, regionais ou nacionais. O capital é mundial, o trabalho é local. Assim, a tendência ao desemprego é estrutural e constitui atualmente um fenômeno global do sistema capitalista mundial. Por sua vez, a força de trabalho se submete, cada vez mais, ao comando direto ou indireto do capital mundial. Além disso, a internacionalização do sistema produtivo leva o capital a articular os sistemas de instrumentos de trabalho de diferentes graus de produtividade, isto é, de diferentes idades tecnológicas. Assim, ele articula o sistema avançado com sistemas atrasados, utilizando a força de trabalho vivo no lugar das máquinas ou da automação. O capital mundial opera com sistemas nos quais coexistem e se articulam a última expressão tecnológica com os instrumentos mais simples de trabalho. Temos, aqui, pelo menos três níveis: as unidades centrais, que concentram os sistemas de máquinas altamente desenvolvidos e de onde sai, em última instância, o produto final; as unidades subordinadas, articuladas às unidades centrais, onde se encontram os sistemas de máquinas mais atrasadas,

---

[7] Cf. Offe, C. "*Arbeitsgesellschaft": strukturprobleme und Zukunflsperpetiktiven*. Frankfurt am Main/Campus-Verlag, 1984.

porém funcionais ao processo produtivo dirigido pelas unidades centrais; por fim, as unidades periféricas, que operam quer como unidades subordinadas quer como áreas de reserva potencial.

Portanto, o processo produtivo do capitalismo contemporâneo articula sistemas avançados e atrasados de produção sob o comando do capital mundial. Isso significa dizer que, sob todos os aspectos, assistimos, hoje, a um processo acelerado de complexificação do sistema produtivo: o capital mundial articula suas unidades produtivas centrais com milhares de unidades subsidiárias e complementares, o que, por sua vez, implica uma rede imensa de organizações administrativas como possibilitadoras de seu processo global de realização como capital, e, na internacionalização do processo de produção em mercado mundial, as corporações globais devem poder tomar dinheiro emprestado em qualquer parte do mundo. Emerge, então, um sistema bancário mundial como conseqüência imediata de uma produção internacionalizada. Isso tem conseqüências graves no quadro dos Estados nacionais, pois a integração financeira internacional tem retirado das mãos do Estado sua capacidade de planejar a economia, tornando cada vez de menor importância as políticas monetárias e fiscais. A globalização do sistema financeiro reforça a autonomia do capital diante dos Estados nacionais.

A dimensão mundial do sistema produtivo combina todos os elementos do capital em função da produção em escala global. Sua primeira característica é a nova forma de realização do capital: trata-se, aqui, do caráter monopólico ou oligopólico de sua realização, o que significa dizer que só capitais de magnitude mundial têm condições de participar da competição em nível mundial. Além disso, fica muito claro o caráter sistêmico do capitalismo: ele constitui uma totalidade de diferentes elementos que se articulam entre si num processo movido por contradições. Daí porque hoje, na fase da internacionalização, acontece uma articulação, em âmbito mundial, dos sistemas produtivos de capitais de diferentes grandezas sob a égide do capital mundial. Assim, temos, atualmente, dentro de um mesmo espaço nacional, diferentes tipos de capital. Então, dependendo do nível de desenvolvimento do capitalismo em cada país, a entrada do capital mundial se faz de modos diferenciados, quer pela implementação de um sistema produtivo operado diretamente pelo capital mundial, quer pela articulação de capitais nacionais operando como unidades subordinadas ao processo produtivo do capital mundial. As diferenças entre os capitais dizem respeito às possibilidades ou não de disputar espaços de autonomia em face do capital mundial. Na realidade, com o avanço acelerado do capital mundial fica cada vez mais reduzido o espaço econômico para o desenvolvimento e a reprodução de um sistema produtivo nacional autônomo. Normalmente, nos países atrasados, esses capitais operam na produção de bens de consumo não duráveis, ou seja, nos setores onde seus produtos têm condições ou espaços relativamente livres de competição ou ocupação do capital mundial e do capital nacional associado ao capital mundial.

Como o Brasil se integrou ao processo de internacionalização da produção? O Brasil é, hoje, uma economia fundamentalmente urbano-industrial: a grande indústria é a fonte principal de fornecimento dos bens e serviços necessários à satisfação das necessidades. A industrialização brasileira já se fez sob processo crescente de internacionalização da produção e do sistema financeiro. Daí a dialética da integração do Brasil à produção internacionalizada: por um lado, trata-se de uma industrialização voltada para o mercado interno, mas, por outro lado, financiada ou controlada pelo capital mundial. A problemática desse processo manifesta-se na necessidade de divisas para recambiar parte do excedente para o circuito internacional do capital. A saída encontrada para a solução dessa questão foi, ao longo das últimas décadas, reorientar parte da produção para o mundo externo e integrar o sistema bancário nacional ao sistema financeiro internacional. É aqui que a solução encontrada faz emergir outra, capaz de explicar o dualismo que caracteriza atualmente nossa formação social: trata-se de combinar as necessidades de crescimento interno com as necessidades e demandas do capital mundial, por um lado, e as demandas do desenvolvimento social, por outro lado. É precisamente essa articulação com o capital mundial, sobretudo o entrelaçamento do setor financeiro nacional com o mundial, que limita, profundamente, o poder de intervenção para assumir a política de desenvolvimento voltada para os interesses das grandes massas.

A integração, portanto, ao processo de internacionalização do sistema produtivo tem, em nosso caso, uma dimensão perversa. Essa realidade perversa se visualiza em fenômenos como a dívida externa, desequilíbrio radical nas relações internacionais, índices inflacionários explosivos, privatização do Estado, o que significa dizer: a instrumentalização do Estado pelo capital em benefício próprio e exclusivo, a superexploração da força de trabalho, a incapacidade de um desenvolvimento auto-sustentado etc.

Como se situam, dentro desse quadro, as perspectivas de futuro? Tem o Terceiro Mundo algum futuro? Se considerarmos as tendências do capitalismo nas últimas duas décadas, parece que não. A partir da segunda metade da década de 1960, os países desenvolvidos empreenderam importantes ajustes em suas estruturas produtivas, que têm as seguintes características:[8] *a)* a promoção de indústrias "intensivas em conhecimento" e aquelas ligadas às tecnologias de automação flexível decorrentes do progresso da microeletrônica e da informática aos processos da mecânica (mecatrônica) — seriam enfatizados, nesse âmbito, os segmentos de bens de capital, robótica, informática, telecomunicação e aeronáutica, e, ainda no âmbito das indústrias intensivas em conhecimento, destacar-se-iam as biotecnologias e os novos materiais; *b)* a eliminação da sobrecapacidade das indústrias em declínio, como a siderúrgica, a de construção naval e a química pesada; *c)* o rejuvenescimento das indústrias tradicionais, como as automobilística, têxtil, vestuário, calçados, plásticos e borracha.

Tudo isso vai implicar mudanças substanciais pela adoção de formas alternativas de organização do processo de trabalho e de tecnologias de automação flexível. A política econômica dos países capitalistas avançados vem exercendo a função de regular as ações dos agentes econômicos para reestruturar o sistema capitalista como um todo. Vivemos a euforia de uma nova revolução tecnológica, que está

---

[8] Cf. Miranda, J. C. et al., Políticas de gestão do sistema produtivo: uma resposta possível do Estado à crise brasileira. In: *PT, um projeto para o Brasil*. São Paulo, Economia, 1989. p. 129.

conduzindo ao processo de reestruturação do capitalismo, que se manifesta, em primeiro lugar, em dois fenômenos:

a) Um processo de reconcentração do capital no hemisfério norte: hoje, são os Estados Unidos que recebem o maior volume de investimentos estrangeiros no mundo; o capital moderno informatizado não tem mais necessidade nem de mão-de-obra barata nem de matérias-primas normalmente adquiridas no Terceiro Mundo; agora ele precisa é de um mercado rico, capaz de consumir. No fim do século XX, a competitividade internacional se baseava, fundamentalmente, na introdução de elevado coeficiente tecnológico na produção e requeria níveis crescentes de qualificação de mão-de-obra. Daí a queda violenta nos investimentos estrangeiros e a reversão da situação: na década de 1970, o setor externo contribuía com 4% do PIB para a poupança brasileira; hoje, ao contrário, cerca de 4% do PIB é levado para o exterior, o que significa mudanças nas relações de poder e riqueza. Começaram a definir-se os projetos para o século XXI: no final do século XX já estavam concentrados no hemisfério sul 80% da população mundial com apenas 9% da indústria instalada em nível mundial e 25% do PIB atualmente produzido.

b) A criação de grandes blocos econômicos, como EUA-Canadá, a comunidade econômica européia, Japão e países recém-industrializados da Ásia, que passam a trocar entre si.

No entanto, a reestruturação do capitalismo não é tranqüila: antes de tudo, o mito do desenvolvimento econômico sem limites começa a manifestar-se com mais clareza: a água, o ar, os recursos naturais são limitados e terão de ser considerados um valor de desenvolvimento do futuro. Além disso, uma série de questões permanecem em aberto. Em primeiro lugar, a questão das mudanças nos estados nacionais no processo de reestruturação. A tendência é o deslocamento progressivo dos mercados domésticos para os macromercados e o mercado global. Ora, isso tende a reforçar agências coordenadoras supranacionais e novos espaços de poder transnacionais. Tais questões, contudo, tornam todo esse processo extremamente problemático: não há políticas coordenadas no plano internacional, e cada vez mais perdem legitimidade os organismos que nasceram para universalizar e democratizar as decisões políticas internacionais. Há, praticamente, um abismo entre o poder e a ordem econômica e a ordem jurídica capitalista internacional. Em segundo lugar, as dívidas externas, tanto a enorme dívida da economia americana como as da grande maioria dos países do Terceiro Mundo são fonte permanente de instabilidade nesse processo de reestruturação desordenado e imprevisível da economia capitalista internacional. Em terceiro lugar, é cada vez mais profundo o fosso entre a economia real e a chamada "economia simbólica", ou seja, as diferentes formas de especulação estão crescentemente desvinculadas da produção real das riquezas.[9] O PIB mundial está hoje em torno dos 13 trilhões de dólares, o comércio de bens e serviços em 3 trilhões, enquanto o montante global das transações financeiras no mercado de Londres, que concentra todo o sistema de eurodólares, tem atingido 75 trilhões de dólares por ano.

[9] Cf. Oliva, A. M. O vento e a vela. In: *Teoria e debate*. 7, 1989, pp. 14-20.

Como fica a América Latina em tal contexto? A América Latina vive um dos momentos mais difíceis de sua história, pois seu desenvolvimento econômico chegou a um beco sem saída. A renda *per capita* caiu 6,5% nos últimos dez anos, alguns países retrocederam a níveis de vinte anos atrás e praticamente todos os outros se estabilizaram nos níveis do decênio de 1980. O capital está retornando do Sul para o Norte, contribuindo para financiar parte da modernização tecnológica enquanto condena os povos do Terceiro Mundo à sua condição histórica de subdesenvolvimento. Só com a dívida externa são transferidos anualmente 5% do PIB latino-americano. Ora, precisamente a dívida está impedindo novos investimentos que permitiriam acompanhar a revolução tecnológica. Como todo o comércio mundial será cada vez mais marcado por novas tecnologias, a perspectiva é que nossos povos vão sendo pouco a pouco eliminados da participação nos progressos da humanidade. O futuro dos povos do Terceiro Mundo é não ter futuro, mantendo-se a situação atual de inserção no sistema capitalista internacional, isto é, a não-participação na revolução tecnológica e na nova divisão internacional da economia mundial. Daí o quadro trágico: no começo deste século, é provável que 15 milhões de pessoas, sobretudo crianças, morram anualmente de fome no Terceiro Mundo e 500 milhões se encontrem em estado grave de subnutrição. Todo o progresso tecnológico poderia eliminar esse quadro, mas o avanço tecnológico aponta para maior concentração de poder e de riqueza.

No seio da crise prolongada que vem marcando o sistema capitalista de produção, agora verdadeiramente internacionalizado, as forças conservadoras articulam-se em torno de um projeto estratégico e de uma "nova" proposta político-econômica: neo-liberalismo.[10] Tal proposta leva a sério, de maneira nova e dogmática, o automatismo do mercado: as crises econômicas não são o resultado do automatismo do mercado, e sim de sua implantação imperfeita. O mercado é uma instituição perfeita: o que ainda falta, hoje, é implementá-lo em termos globais. A realidade desumana (pobreza, desemprego, subdesenvolvimento, destruição do meio ambiente) só pode ser transformada pela universalização dos mecanismos de mercado. Trata-se, então, de transformar o mercado em mecanismo exclusivo de socialização.

O capital mundial, efetivando-se na América Latina, no Brasil, encontra uma realidade sócio-histórica na qual um elemento sólido se constitui como uma raiz ainda não erradicada pelo processo de secularização: a fé do povo. Precisamente desses espaços de fé brotam perguntas, interpretações dessa situação e práticas novas que se sedimentaram na teologia da libertação e na pastoral libertadora. A partir de sua fé, muitos cristãos estão tentando ler essa situação e, por incrível que pareça, ela se lhes manifesta como uma forma de religião. Visto a partir da ótica da fé, o sistema capitalista de produção manifesta-se como uma forma de transcendência para o absoluto,[11] só que um absoluto que esmaga o homem, torna-o escravo, o faz sua vítima. Na tradição do cristianismo, esse tipo de religião chama-se "idolatria", que consiste precisamente em adorar o não-adorável, em

---

[10] Cf. HINKELAMMERT, F. J. *Crítica a la Razón Utópica.* San José, 1984 [ed. bras.: *Crítica à razão utópica.* São Paulo, Paulinas, 1986].

[11] Cf. ASSMANN, H. HINKELAMMERT, F. J. *A idolatria do mercado.* Petrópolis, Vozes, 1989. Ensaio sobre Economia e Teologia.

absolutizar o relativo, em estabelecer como valor radical e último da vida o que não é absoluto.[12]

No sistema capitalista de produção, a produção não se faz em função da satisfação das necessidades humanas, mas em função da própria valorização infinita do capital: a natureza, o homem, tudo está em função do capital e de sua lógica. Nada tem mais uma existência para si, mas transforma-se em instrumento de autovalorização do capital. A vida dos homens deixa de ser fim para se fazer meio: o processo de produção é entendido como um processo natural e que funciona a partir das leis naturais, que nada têm a ver com as necessidades e as aspirações humanas. O capital é o absoluto, que instrumentaliza todo e qualquer diferente de si: ele se transforma em valor supremo. Defender a vida humana e a natureza contra a lógica de autovalorização do capital é absurdo, pois significa defender valores que, dentro desse círculo, são antivalores. Idolatria, na tradição bíblica, sempre significa culto aos deuses que oprimem, aos ídolos que matam o homem. Idolatria é sempre sacrifício de vidas humanas: o homem é negado, sacrificado à lógica do sistema. O capital é, absolutamente, auto-reflexivo: tudo refere a si e, neste sentido, é autonomia plena. Sua religião é uma religião realmente universal, pois sua tendência, hoje efetivada, sempre foi romper com todas as fronteiras nacionais e todas as outras fronteiras na vida humana. Ela se torna, assim, como dizia Marx, a religião da vida cotidiana: esse deus exige tudo para si, todos os atos da vida do dia-a-dia tornam-se atos

---

[12] Cf. Taborda, F. Sociedade e escola, a função contra idealógica da católica. In: *Cristianismo e ideologia*. São Paulo, Loyola, 1984. pp. 214ss (Ensaios teológicos).

devocionais ao ídolo. Essa transcendência é uma transcendência introjetada nas relações sociais: capital é uma divindade visível, encarnada na história do homem para instrumentalizar o homem e seu mundo.

Assim, esse novo deus do homem proclama a produção da mais-valia como o único e o último sentido da vida dos homens. No entanto, o capital é um deus estranho, pois só vive à custa da vida dos homens: ele é o grande baal da modernidade, que exige, para viver, o sacrifício de homens.[13] No cerne desse sistema existe a compra e a venda da vida, já que o homem se faz mercadoria: ele não vale mais nada em si mesmo, só vale enquanto produtor, isto é, na medida em que pode contribuir para o processo de autovalorização do capital. Assim, a lógica da morte é a manifestação da lógica oculta do capital. Para a Bíblia, os ídolos que exigem o sacrifício das vidas humanas são mera obra das mãos dos homens: eles são apenas o produto do trabalho humano. Assim, são seres finitos absolutizados. Daí a grande tragédia: o finito, quando absolutizado, não deixa a condição de finitude; é limitado, isto é, afirma-se em oposição ao outro de si. Quando um finito é feito absoluto, então tudo deve ceder para que ele possa ser afirmado como valor supremo. Daí por que todo ídolo é insaciável, esmaga e humilha o homem: o homem é sacrificado para que se possa fazer a autovalorização do capital. A vida humana é valor secundário, perfeitamente sacrificável no altar do capital. O caráter trágico da idolatria se mostra no fato de que ali, onde não emerge o verdadeiro absoluto, o homem deixa de ter valor

---

[13] Cf. H. Assmann, F.J. Hinkelammert, op. cit., pp. 291ss.

em si. Só o Deus verdadeiro pode ser adorado, garantindo a autonomia e a dignidade do ser livre. Somente o verdadeiro absoluto, ao contrário, e não o sacrifício de vidas humanas, é a fonte última de sua dignidade. Nosso Deus é o Deus da vida, por isso o Deus da vida humana, o Deus da possibilidade humana de viver.[14] Por essa razão, nosso Deus é o Deus da opção preferencial pelos nobres.

A teologia da libertação sempre insiste em dizer que a opção pelos pobres não tem sua raiz mais profunda em uma razão antropológica, e sim em uma razão teológica: em última análise, é por optar por Cristo e pelo Pai de Jesus Cristo que o cristão opta pelos pobres. Não é por acaso que Deus assumiu a história humana assumindo a condição social de um pobre. Foi por meio de um pobre que o Pai foi revelado, e foi um pobre que salvou o mundo. Mas, afinal, por que Deus opta pelos pobres? O Deus de Jesus é o Deus da vida, por isso um Deus ético, justo.[15] A existência dos pobres põe em questão o próprio desígnio de Deus: dar a vida. Na existência dos oprimidos, o plano de Deus é objetivamente contrariado. A opção de Deus pelo pobre significa o restabelecimento da justiça na história, a destruição do pecado, pois a ofensa máxima a Deus se dá aí onde o homem é privado de sua possibilidade concreta de viver. A opção preferencial pelos pobres nada mais é do que a expressão de Deus como Deus da vida. Se Deus é o Deus da vida, isso implica que ele é o Deus dos elementos materiais da vida, cuja produção e

---

[14] Cf. Sobrino, J. O aparecimento do Deus da vida em Jesus de Nazaré. In: *A luta dos deuses;* os ídolos da opressão e a busca do Deus libertador. São Paulo, 1982. pp. 93-142.

[15] Cf. Pixley, J. & Boff, Cl. *Opção pelos pobres*, Petrópolis, Vozes, 1986. pp. 131ss.

reprodução estão sujeitas a seu julgamento. A opção pelo Deus anunciado por Jesus implica uma tomada de posição a respeito da produção e reprodução dos elementos materiais da vida, ou seja, a opção por um ordenamento do processo produtivo de tal modo que, pelo menos, todos possam viver e poder contar com os elementos materiais necessários para a vida. Na ótica do cristianismo é impossível separar o Deus da vida e a vida humana concreta, por isso esse Deus revela-se no pobre: o pobre é a mediação viva do Senhor, sua palavra a nós, manifestação e comunicação de seu mistério. O pobre é o sacramento de Deus, pois ele nos revela o Deus da vida, que nos convoca à luta em favor da vida, ao serviço da solidariedade e da justiça. Ele nos interpela a substituir as relações idolátricas de morte, que caracterizam nossas sociedades, por uma sociedade nova, que submeta todas as relações humanas à finalidade da construção da vida de todos. O Deus dos cristãos e, essencialmente, comunhão:[16] o Deus que Jesus anunciou é Pai, Filho e Espírito Santo, coexistência eterna. Aí ninguém é posterior, nem anterior, nem superior, nem inferior. A unidade divina é comunitária, porque cada pessoa está em comunhão com as outras duas. O Deus dos cristãos, em seu mistério mais íntimo, não é uma solidão, é uma família, e toda a criação significa um desdobramento de vida e comunhão das três pessoas divinas que existem como distintas para poderem estar juntas pela comunhão e pelo amor. Essa comunidade perfeita abre-se para fora e convida os homens, todo o universo, através do homem, a participar de sua comunidade e de sua vida. Ora,

---

[16] Cf. BOFF, L. *A Trindade, a sociedade e a libertação*. Petrópolis, Vozes, 1986.

essa experiência de Deus como mistério de comunhão é fundamental para a experiência da fé em um contexto de opressão e de profundas aspirações à libertação.

No fundo, as vítimas do sistema lutam por vida, por participação em todos os níveis da vida, por uma convivência humana justa e igualitária no respeito pela diferenciação de cada pessoa humana e dos grupos humanos. Lutam por um mundo verdadeiramente universal, onde as culturas não sejam barreiras entre os homens, mas antes oportunidades de comunhão e enriquecimento.

A sociedade capitalista produziu um abismo profundo entre ricos e pobres. Grande parte da desgraça dos pobres de hoje, sobretudo no Terceiro Mundo, é conseqüência do processo ilimitado de acumulação do capital, hoje feito sistema mundial de produção, que tem significado nesses países a marginalização da grande maioria do povo e cooptado a consciência por força da propaganda ideológica. A sociedade capitalista se constrói a partir do indivíduo e de seu desempenho sem ligação essencial com os outros. A sociabilidade é algo acrescentado; por isso, o modo de produção é organizado de tal modo que os bens são apropriados privadamente com a exclusão das grandes maiorias. O indivíduo, e não a comunhão, é a meta desse tipo de sociabilidade.

Nesse contexto, os cristãos são capazes de descobrir, em todos os problemas humanos, um sonho infinito, uma exigência última de vida para todos, de justiça para todos, de inclusão de todos e de comunhão com todos. Aí os cristãos enxergam a emergência do Deus trino, vida eterna, doação e recepção perenes, invenção de si mesmo para dar-se incessantemente. Deus é a comunidade da vida, protetor de toda vida ameaçada, como a dos pobres e injustiçados.

A vida emerge a partir da Trindade como comunhão dada e recebida. Assim, para os cristãos, que vivem nesse contexto de morte, a comunhão trinitária é fonte de inspiração para as práticas sociais. Os cristãos, aqueles que compreenderam que não podem ser cristãos em um mundo de fome e miséria sem se comprometerem com mudanças estruturais de sociedade, encontram na Trindade uma "utopia" orientadora. Na Trindade santa, os diferentes afirmam sua diferença na comunhão: aqui não há dominação, mas aceitação e doação recíproca. Uma sociedade que se deixa inspirar na Trindade não pode aceitar discriminação entre os homens, dominação, humilhação, exploração do homem pelo homem, mas antes se empenha em criar fraternidade, igualdade, solidariedade. Ela se constitui como uma sociabilidade, que é o espaço de comunhão de pessoas. Este seria o mundo em que as pessoas humanas poderiam verdadeiramente conviver e tudo partilhar no mais profundo respeito às diferenças. A Trindade nos aponta para uma sociedade fora da lógica do capital, fundada em outra forma de relação social de produção, isto é, fundada em relações igualitárias e participativas, ao contrário da relação social do capital, que nasce e vive de sujeitos e não de coisas, apesar de usar as pessoas para produzir coisas e coisificar as pessoas. O capital nega a igualdade, a diversidade e a participação. A sociedade alternativa, para a qual nossa fé sinaliza, como negação do capital, é uma sociedade igualitária, diversa, participativa: trata-se de recuperar o mundo dos sujeitos do mundo das coisas, o mundo da vida a partir do mundo dos mortos.

Quanto mais a sociedade alternativa concretiza igualdade mediante processos cada vez mais abrangentes de participação, podemos dizer que mais se traduzirá na convivência humana a comunhão divina. Atualmente, a América Latina está marcada por movimentos populares que traduzem solidariedade e expressam reivindicação, fazem denúncias e atingem conquistas no sentido de responder às grandes aspirações populares. Em todos os lugares há grupo de povo fortalecendo seu poder e assumindo uma consciência crítica de acordo com as lutas pelas quais se fazem sujeitos políticos de resistência. A emergência desses novos sujeitos históricos é um fato político fundamental. Toda essa situação levanta uma questão, como bem exprimiu um pensador brasileiro:

> No Norte o capital deu mais coisas aos homens e deixou menos homens sem coisas. De todo jeito agora trata-se de perguntar a esses homens se eles querem mais coisas ou se pretendem ir além daquilo que fizeram de si mesmos ou para si mesmos.[17]

Ir além daquilo que fizeram de si significa, certamente, empenhar-se na construção de um mundo em que a solidariedade e a justiça sejam os valores que normatizam a convivência.

---

[17] SOUZA, H. J. de *Construir a utopia*; proposta de democracia. Petrópolis, Vozes, 1987. p. 21.

Capítulo 2

A GLOBALIZAÇÃO E A PROBLEMÁTICA DO TERCEIRO MUNDO: DESAFIOS ÉTICOS

O processo de globalização da economia

Uma pergunta que hoje se impõe, a partir de uma série de eventos recentes, é se algo fundamental transformou-se no modo de funcionamento do sistema capitalista de produção[1] nos últimos anos.[2] Fala-se de reestruturação e de reorganização,[3] e o ponto de referência de tais afirmações é o processo de criação e desenvolvimento de mecanismos de regulamentação da economia, que constituíram objeto de preocupação central para os Estados nacionais capitalistas desde a grande crise do início da década de 1930, mas, so-

[1] Para F. Jameson, trata-se da emergência de um terceiro estágio do capitalismo, o capitalismo multinacional, sucessor do capitalismo monopolista e do primevo capitalismo de mercado (cf. F., Jameson, *Pós-Modernismo,* op. cit.).

[2] Cf.: OFFE, Cl. *Disorganized Capitalism: Contemporary Transformations of Work and Politics*. Cambridge, 1985; HARVEY, D. *The Condition of Postmodernity*: An Enquiry into the Origins of Cultural Change. Oxford, 1989; BOYER, R. *Théorie de la régulation*: *une analyse critique*. Paris, 1986; ARRIGHI, G. *O longo século XX*; dinheiro, poder e as origens de nosso tempo. São Paulo, Unesp, 1996.

[3] Trata-se, na realidade, da introdução de inovações técnicas, financeiras e organizacionais. (cf. R. Rangel, *O capitalismo e a nova ordem*, Rio de Janeiro, 1992).

bretudo, depois da Segunda Guerra Mundial.[4] Tratava-se de um capitalismo que soube combinar mecanismos que promoviam a acumulação de capital com mecanismos de proteção social[5], que foram capazes de modificar profundamente as condições de vida da classe trabalhadora, o que implicava que a ação política estabelecia o quadro básico no interior do qual se processava a atividade produtiva.

A partir da década de 1960, ocorre uma profunda inversão nas relações entre política e economia,[6] ligada a um processo de intensas mudanças provocadas pelo impacto das novas tecnologias, ou seja, provocadas por um acelerado desenvolvimento das forças produtivas, que, entre outras coisas, reduziram enormemente as distâncias, tornando possível a organização da produção em nível mundial. Trabalhar a questão do chamado Terceiro Mundo,[7]

---

[4] Cf. Habermas, J. Die Krise des Wohlfahrtsstaates und die Erschöpfung utopischer Energien. In: *Die neue Unübersichtlichkeit*. Frankfurt am Main, Suhrkamp, 1985. pp.141-163.

[5] Cf. Habermas J. *Legitimationsprobleme im Spätkapitalismus*. Frankfurt am Main, Suhrkamp, 1973. pp. 50ss.

[6] S. Lash e J. Urry falam do fim do "capitalismo organizado" e da emergência do "capitalismo desorganizado" (cf. S. Lash & J. Urry, *The End of Organized Capitalism*, Madison, 1987).

[7] Essa expressão é, sob diferentes aspectos, problemática e superada pela nova conjuntura mundial, pois ela se gestou, em primeiro lugar, como uma categoria geopolítica e não somente econômica, no contexto de uma ordem mundial bipolar, sob a regência das duas superpotências A questão de saber qual é o papel do antigo Terceiro Mundo na nova ordem política mundial é central em nosso tempo (cf. M. A. Salmin, Die Desintegration der "bipolaren Welt". Entwicklung und Perspektiven einer neuen Weltordnung, in: K. M. Leisinger & V. Hösle, *Entwicklung mit menschlichen Antlitz*. Die Dritte und die erste Welt im Dialog, München, Beck, 1995, pp.71-88). A expressão é conservada aqui, para indicar os enormes problemas do atual sistema mundial de produção. Cf. a respeito: V. Hösle, Die Dritte Welt als ein philosophisches Problem, in: *Praktische Philosophie in der modernen Welt*, München, Beck, 1992, pp.131-165.

significa, atualmente, situar essa problemática no novo contexto mundial,[8] que levou, até as últimas conseqüências, uma tendência já observável no século XIX: a ciência e a técnica se transformam no fator determinante da produção da riqueza nas economias contemporâneas, o que faz com que o trabalho criativo e intelectual passe para o primeiro plano. Assim, o saber, possuidor agora de primazia no processo de produção, transformou-se em fator de diferenciação no trabalho, superando a força física e as aptidões gerais. Em relação à relativa abundância do capital que circula no mundo, o trabalho criativo e qualificado tornou-se escasso.

O impacto no mundo do trabalho se mostra, com clareza, na reestruturação do mercado de trabalho, provocando a emergência de uma diferenciação interna no mundo do trabalho na medida em que se divide entre um *centro*, constituído pelos artesãos eletrônicos, trabalhador polivalente, altamente qualificado, com mais alto grau de responsabilidade e autonomia, com maior segurança no emprego e possibilidade de reciclagem permanente, e uma *periferia,*[9] constituída de distintos tipos de trabalhadores, onde renascem formas de exploração da força de trabalho que já haviam desaparecido no centro do capitalismo.

---

[8] Uma vez que o próprio debate sobre a problemática do desenvolvimento foi profundamente condicionado pela situação bipolar que marcou, politicamente, o mundo no pós-guerra (cf. M. A. Salim, op. cit., p.78).

[9] Cf. D. Harvey, op. cit., p.144.

Em primeiro lugar, foi criado um novo paradigma de produção industrial, a "automação flexível",[10] possibilitado justamente pela revolução tecnológica que transformou a ciência e a técnica nos principais agentes da própria acumulação do capital, o que, por sua vez, tornou possível um enorme crescimento da produtividade do trabalho humano, estimulando o aumento da importância do intercâmbio de bens e serviços e a formação de blocos regionais de comércio capazes de absorver o aumento dos produtos. Daí o surgimento de áreas regionais de livre comércio e mercados comuns, o que se tornou possível pela mediação do próprio patamar tecnológico novo.[11] A nova revolução tecnológica radica-se na difusão de mecanismos dirigidos por computadores capazes de programar todo o processo de automação.[12] Central nesse processo é a substituição da eletromecânica pela eletrônica, como base nova do processo de automação:

---

[10] Cf. Piore, M. J. & Sable, Ch. F. *The Second Industrial Divide:* Possibilities for Prosperity. New York, 1984. Hirst, P. & Zeitlin, J. Flexible Specialization versus Post-Fordismus: Theory, Evidence and Policy Implications. In: *Economy and Society*, v. 20, 1991, pp. 1-56.

[11] A globalização, entendida enquanto transnacionalização é, em primeiro lugar, o resultado de um novo patamar tecnológico e, nesse sentido, não tem de acontecer necessariamente sob a ótica neoliberal, como de fato ocorreu. Normalmente tal distinção não é feita, como, por exemplo, no caso de A. Touraine (O canto de sereia da globalização. Processo de liberalização da economia esconde seus interesses ideológicos in *Folha de S. Paulo*, Mais, 14-7-1996, p. 6). Para ele, o mundo está dividido atualmente entre dois possíveis modelos: o da globalização, sob hegemonia americana, ou o modelo tripolar, que "é, de longe, mais verossímil que o da globalização. [...] é pouco provável que assistamos a uma crescente globalização da sociedade. Na própria Europa, a época do triunfo liberal é parte do passado".

[12] Para a "escola da regulação", o keynesianismo foi o modo de regulação que tornou possível, ao regime fordista, realizar todo seu potencial, mas, ao mesmo tempo, constitui-se como a causa fundamental de sua crise na década de 1970 (cf. M. Aglietta, La notion de monnaie internationale et les problèmes monetaires européens dans une prespective historique, in *Revue économique*, v. 30, 1979, pp. 808-844).

o eixo fundante no novo processo produtivo é a "tecnologia de informação", que fez surgir uma sociedade informatizada, a nova etapa da sociedade industrial, com a criação e a difusão mundial de indústrias de comunicação, "que modificam cabalmente nossa experiência do tempo e do espaço, a natureza das cidades, a relação entre as culturas".[13]

Numa palavra: informática, automação, biotecnologia, engenharia genética, novos materiais e novas formas de gestão das empresas vão reestruturando as relações entre as nações e as próprias relações sociais básicas.[14] Há, por exemplo, hoje, uma pulverização da propriedade do capital e os fundos de pensão e de investimento possuem posição estratégica no controle do capital e na definição de sua utilização, o que, de certo modo, despersonaliza a relação patrão-empregado nos setores mais dinâmicos da economia. A própria relação empreendedor-empresa sofre alterações: o empresário schumpeteriano cede lugar a empresários que controlam alguma forma do saber especializado ou aos gerentes, cujas decisões se pautam pelos princípios da eficiência e da competitividade.

A produção flexível exige uma nova forma de organização da produção. No modelo fordista,[15] que se consolidou

---

[13] Cf. Touraine, A. A desforra do mundo político. A hegemonia das leis econômicas está em processo de dissolução. In: *Folha de S. Paulo*, Mais, 16-6-1996, p.11.

[14] Cf. Mercadante, A. Movimentos populares e neoliberalismo: para além da resistência. In: Beozzo, J., org. *Trabalho; crise e alternativas*. São Paulo, s. ed., 1995. p.15.

[15] Para A. Lipietz, o fordismo é um regime de acumulação intensiva, radicado no consumo de massa. Isso se tornou possível pela incorporação, *a priori*, na determinação dos salários e dos lucros nominais, de um crescimento de consumo popular em proporção aos ganhos de produtividade. Esse regime cria, assim, seus próprios mercados em contraposição ao regime anterior, de acumulação extensiva, que precisava do Terceiro Mundo por causa dos mercados para seus produtos (cf. A. Lipietz, *Miragens e milagre;* problemas da industrialização no Terceiro Mundo, São Paulo, Nobel, 1988, pp.50ss.

no pós-guerra, a produção concentrou-se em determinados setores industriais fundamentais, dominados por grandes monopólios que empregavam uma mão-de-obra numerosa e predominantemente masculina. Esse processo produtivo era dirigido para um mercado anônimo e concentrado na produção de bens em massa para um público consumidor passivo. Havia uma gestão macroeconômica da sociedade por meio de políticas fiscais, monetárias e sociais, sobretudo na área da previdência e assistência sociais, da moradia e da escola, de políticas de renda e de controle de demanda. Produziram-se mecanismos para o relacionamento entre capitalistas e trabalhadores, que tornavam possível uma negociação da riqueza produzida mediante acordos que procuravam combinar o máximo de produtividade e intensidade de trabalho com salários diretos e indiretos crescentes.

Hoje, no lugar das enormes corporações do passado, com milhares de operários, produzindo desde a matéria prima aos produtos finais, verticalmente estruturadas, com suas imensas redes burocratizadas, faz-se a descentralização do processo produtivo. Tem-se, em primeiro lugar, o núcleo da produção, com tecnologia de ponta[16] onde atua a nova base social da produção, o artesão eletrônico[17] e uma rede imensa de pequenas e micro empresas[18] que têm a tarefa de for-

---

[16] A computadorização do processo produtivo possibilita a resposta às aspirações dos consumidores.

[17] É por essa razão que se fala, atualmente, de um trabalho criativo, apaixonante, semelhante ao trabalho dos artistas (cf. A. Gorz, *Capitalisme, Socialisme, Écologie*, Paris, 1991).

[18] O que significa a fragmentação do processo de produção.

necer os elementos a serem transformados por aquele núcleo de alta tecnologia.[19]

Uma primeira conseqüência disso foi a dificuldade de organização dos trabalhadores nessas novas condições, o que provocou, em muitos lugares, o desmantelamento das burocracias sindicais corporativas. Esse processo tem significado uma diminuição expressiva dos trabalhadores na sociedade e no Estado, uma vez que a mão-de-obra industrial perde espaço para o emprego no setor terciário, um setor com baixa capacidade de mobilização, com maior informalidade e grandes diferenciações de ocupações e de níveis salariais. Observa-se uma conseqüente diminuição da consciência dos direitos sociais.[20] Tanto na vida dos trabalhadores como nos próprios métodos de trabalho os impactos dessas transformações são enormes.

Nos países capitalistas avançados, o mundo dos serviços supera, hoje, com sua lógica específica, o mundo da indústria, e já existe a possibilidade técnica de dispensar a maior parte dos trabalhadores, o que é fruto imediato da posição central que o saber teórico ocupa no novo processo de pro-

---

[19] Como alguns antigos trabalhadores são donos de pequenas empresas, tem-se a impressão de que vivemos em uma sociedade onde todos são proprietários.

[20] O que é um dos frutos da difusão do neoliberalismo, que acusa o estado de bem-estar como o principal responsável pela crise. Sua tese é que "a recessão mundial é fruto da queda de lucratividade e da competitividade decorrente do aumento dos encargos fiscais e dos direitos sociais consagrados pelo estado de bem-estar" (J. L. Fiori, Revolução keynesiana in *Folha de S. Paulo*, Mais, 21-4-1996, p. 7).

dução.[21] A competitividade internacional está, atualmente, cada vez mais radicada no elevado coeficiente tecnológico da produção[22] e exige, por essa razão, qualificação crescente da mão-de-obra ou, simplesmente, a sua eliminação.[23] Na estrutura social das novas sociedades emergem novas elites técnicas e já se fala da passagem de uma sociedade produtora de mercadorias para uma sociedade de informação e de saber, com o processo de produção ficando, cada vez mais, intensivo em conhecimento, o que faz com que a qualificação da mão-de-obra seja elemento decisivo.

Essa nova base técnica tornou possível a globalização da produção e dos fluxos financeiros, cujos autores principais são as empresas e os bancos transnacionais.[24] No modelo anterior, todas as fases da produção eram processadas em um único país e os produtos eram consumidos localmente ou exportados. Nesse contexto, foi possível desenvolver projetos nacionais de desenvolvimento radicados na indus-

---

[21] Tão grande foi o impacto da microeletrônica no mundo do trabalho, que hoje se discute a centralidade da categoria trabalho na constituição da sociabilidade em nossas formações sociais (cf. C. Offe, "*Arbeitsgesellschaft*". Strukturprobleme und Zukunftsperspektiven, Frankfurt ammain, Campus-Verlag, 1984).

[22] O que levou a uma vinculação, cada vez maior, entre empresas, universidades e centros de pesquisa.

[23] A partir dessa mudança no perfil do emprego está ocorrendo a flexibilização das normas trabalhistas, possibilitando o aparecimento de trabalhadores de tempo parcial e trabalhadores casuais.

[24] Tal situação provoca, para R. Kurz, uma transformação da própria moeda. "A moeda tornou-se um 'capital produtivo' que multiplica a si mesmo. Ao contrário dos antigos produtores não-comerciais, o objetivo não é a reprodução material da própria vida, mas o acúmulo de ganhos em forma de moeda" (R. O. Kurz, O programa suicida da economia; crescimento econômico pode inviabilizar em pouco tempo a existência na Terra", in *Folha de S. Paulo,* Mais, 2-6-1996, p. 13).

trialização protegida (na substituição de importações, como se dizia na América Latina), baseada no protecionismo da economia local e no desenvolvimento prioritário do mercado interno.[25] Tal situação transformou-se profundamente: quanto mais sofisticado é determinado bem, tanto maior é a participação de diferentes países em todo o processo de sua produção e comercialização.[26] As diversas etapas do processo de produção são distribuídas[27] em diferentes países,[28] o que se tornou possível não só pela diminuição dos custos de produção decorrentes da revolução tecnológica, mas também pela queda das tarifas de transporte e comunicação.

---

[25] É isso que A. Lipietz chama de "fordismo periférico", isto é, a introdução do regime de acumulação intensiva em alguns países do Terceiro Mundo, o que levou à emergência dos chamados "novos países industrializados", criando uma diferença entre esses países e os demais países do Terceiro Mundo. Trata-se de uma última oportunidade de expansão do fordismo que estava em crise. No entanto, esse fordismo foi incompleto, tanto no que diz respeito ao processo de trabalho, pois máquinas foram importadas, mas não foram mudadas as relações de trabalho correspondentes, como também em virtude das limitações dos mercados, uma vez que o poder aquisitivo das massas era muito baixo, e ainda em relação ao comércio exterior: o crescimento das importações não foi compensado pelas exportações de matérias-prima (cf. A. Lipietz, op. cit., pg. 77-80).

[26] Segundo Souza Braga, "atualmente as grandes empresas criaram uma territorialidade econômica em que o espaço e o mercado nacionais estão subordinados ao espaço e mercado globais. É esse movimento das empresas a *causa causans* da globalização. Nesse sentido, a desregulamentação dos mercados é uma mera resultante das pressões das grandes empresas da tríade, em especial, e, originalmente, das norte-americanas, por mobilidade e flexibilidade de seu capital" (J. C. de Souza Braga, O espectro que ronda o capitalismo; globalização financeira ameaça o sistema com uma crise sem precedentes, in *Folha de S. Paulo*, Mais, 1-9-1996, p. 3).

[27] Uma produção dessa ordem exige investimentos gigantescos, o que tem estimulado a formação de alianças tecnológicas em nível mundial.

[28] É nesse sentido que se fala, hoje, em uma nova divisão internacional do trabalho. Cf. F. Fröbel, J. Heinrichs & O. Kreye, *Die neue internationale Arbeitsteilung*. Strukturelle Arbeitslosigkeit in den Industrieländern und die Industrilisierung der Entwicklungsländer, Reinbeckbei/Hamburg, Rowohlt, 1977.

Uma decorrência imediata desse processo é o crescimento exponencial do comércio intrafirmas, atualmente hegemônico no comércio internacional, que teve uma expansão considerável nas últimas décadas. O critério para os investimentos no exterior é, atualmente, a capacidade dos países de produzir bens intermediários ou finais a preços internacionalmente competitivos, no interior de estratégias corporativas estabelecidas globalmente, o que significa dizer que a produção local dos diversos países é vinculada a cadeias transnacionais de produção,[29] o que, por sua vez, implicou na uniformização das regras econômicas e comerciais, como as da estrutura institucional básica, de modo a impedir a criação de vantagens artificiais em dado país.[30]

Certamente, a globalização significa, em última instância, uma nova forma de acumulação e de regulação[31] do capital,[32] que agora se constitui, em sentido pleno, como

---

[29] Nessa perspectiva, a globalização é, em primeiro lugar, o resultado do *desenvolvimento das forças produtivas*, um novo patamar tecnológico que, de fato, ocorreu como a forma suprema de internacionalização do capital, mas que não está, necessariamente, ligada a ele.

[30] Exemplo mais claro disso é a introdução na Organização Mundial de Comércio de parâmetros internacionais para os direitos de propriedade intelectual e os Acordos de Proteção e Promoção de Investimentos.

[31] Uma nova forma dinâmico-estrutural do capitalismo, na expressão de J. C. de Souza Braga. Nesse sentido, segundo o autor, a globalização é o ápice do desenvolvimento capitalista e de sua irracionalidade (cf. J. C. de Souza Braga, op. cit., p. 3.) No entanto, é preciso lembrar que a globalização tornou-se possível através de uma nova revolução tecnológica que provocou o surgimento de um novo patamar tecnológico para a humanidade e que, portanto, não tem sua existência vinculada ao capital.

[32] Isso provocou a emergência de uma interconexão intrincada de mercados cambiais, de títulos e valores, efetivada pela interpenetração patrimonial entre as empresas dos países ricos.

sistema mundial,[33] com uma capacidade de ação cada vez mais independente em relação aos estados nacionais,[34] o que se visibilizou, em primeiro lugar, pela internacionalização dos fluxos financeiros,[35] possibilitando a interpretação da globalização como uma dinâmica voltada para a valorização do dinheiro,[36] já que o capitalismo transformou-se em um processo autonomizado do dinheiro e das finanças, paralelo à geração de renda pela produção. Para U. Duchrow,[37] o cerne da mudança consiste no fato de que os capitais produtivo, comercial e financeiro puderam transnacionalizar-se, gozando de enorme flexibilidade e mobilidade, enquanto os instrumentos de regulamentação política permanece-

---

[33] O que pode ser qualificado como a passagem da internacionalização para a transnacionalização do mercado mundial (cf. U. Duchrow, *Alternativen zur kapitalistischen Weltwirtschaft.* Biblische, Erinnerung und politische Ansätze zur Überwindung einer lebensdrohenden Ökonomie, Gütersloh: Kaiser, Gütersloher Verl.-Haus, 1994, p. 68).

[34] Segundo D. L. Sheth, os defensores da globalização afirmam que a democracia liberal é a única forma de governo à altura do processo de integração de uma economia globalizada, ou seja, capaz de garantir a governabilidade dos diversos países a fim de assegurar a estabilidade do mercado mundial. Isso, contudo, segundo o autor, não é sem problemas para os países do Terceiro Mundo (cf. D. L. Sheth, Auf dem Weg zur globalen Demokratie-die Welt nach dem Ende des katen Krieges, in K. M. Leisinger, V. Hösle, *Entwicklung mit menschlichem Antlitz*, op. cit., pp. 173-186).

[35] Trata-se de um capitalismo financeiro, que aufere mais lucros na movimentação de capitais do que em investimento produtivo (cf. A. Touraine, op. cit.).

[36] Para Altvater, o desenvolvimento das forças produtivas e com isso o futuro de toda uma geração de africanos, asiáticos e latino-americanos são sacrificados no altar da dolarização dos sistemas nacionais de dinheiro, em função da conservação de um sistema internacional de crédito hipertrofiado. A racionalidade do mercado formal tem efeitos destrutivos em relação às condições de vida dos homens em todos os cantos da Terra (cf. E. Altvater, *Die Zukunft des Marktes.* Ein Essay über die Regulation von Geld und Natur nach dem Scheitern des "real existierenden" Sozialismus, Münster, Verl. Westfälisches Dampfboot, 1992, p. 221).

[37] Cf. U. Duchrow, op. cit., p. 67.

ram nacionais ou internacionais, o que significa dizer que o mercado mundial do capital mundial[38] se estabelece para além dos sistemas nacionais de regulamentação.[39] Os mercados financeiros transnacionais assumem a liderança do processo,[40] de tal modo que a valorização do dinheiro[41] se faz a grande meta de todas as decisões econômicas, sociais, políticas e ecológicas,[42] e isso não simplesmente como fim, mas como mecanismo realmente existente. Portanto, trata-se de uma *financeirização* da riqueza em nível nacional e internacional.[43] Por isso, afirma-se que os bancos centrais são verdadeiros governos paralelos não eleitos.[44] A partir da pressão dos mercados financeiros desregulados tem ocorrido, desde a década de 1980, uma brutal transferência de ren-

---

[38] "[...] a empresa globaliza-se despedindo-se de seus vínculos nacionais enquanto na economia do país vai encolhendo a parcela de empresas de propriedade doméstica, sendo a desnacionalização patrimonial muito mais radical do que a correspondente à internacionalização dos mercados" (J. C. de Souza Braga, op. cit.).

[39] Os Estados singulares, por exemplo, não podem intervir com instrumentos nacionais nas restrições monetárias impostas pelo mercado mundial (cf. E. Altvater, *Gewerkschaften von der europäischen Herausforderung. Tarifpolitik nach Mauer und Maastricht*, Münster, Westfälisches Dampfboot, 1993).

[40] As firmas têm, hoje, a metade de seus lucros como juros nos bancos. Em vez de investirem na produção, põem seu dinheiro nos bancos (cf. E. Altvater, *Die Zukunft, des Marktes*, op. cit., pp. 157ss).

[41] Pode-se falar que a circulação industrial e a circulação financeira passam a ser domínios altamente conexos (cf. J. C. de Souza Braga, op.cit.).

[42] Daí a destruição continuada das condições elementares da vida, o que põe em xeque a própria sobrevivência da humanidade (cf. R. Kurz, O programa suicida da economia; crescimento econômico pode inviabilizar em pouco tempo a existência da Terra, in *Folha de S. Paulo*, Mais, 2-6-1996, p. 13).

[43] Cf. J. C. de Souza Braga, op. cit.

[44] Cf. U. Duchrow, op. cit., p. 82.

da[45] dos trabalhadores para os possuidores de fortunas monetárias,[46] o que tem provocado tensão entre os dois grupos.

Nesse contexto, ganhou corpo a teoria neoliberal,[47] que defende a configuração de toda a vida social pelos mercados auto-regulados,[48] o que significa enfatizar a desregulamentação dos processos econômicos na redução do papel do Estado na economia, na privatização e na liberação do comércio internacional e na estabilidade da moeda; numa palavra, em uma despolitização plena da economia, o que gera o fascínio de um mundo regido unicamente pelas leis impessoais do mercado. Para os neoliberais, a solução da crise passa pela retomada do crescimento econômico, que só será possível mediante um aumento da lucratividade do capital, incompatível com os níveis salariais e os encargos fiscais requeridos pelos sistemas de proteção social obtidos no estado de bem-estar. Como diz A. Touraine: "Não há mais sociedade, existem apenas mercados e grupos unidos em

---

[45] Para não falar da sonegação imensa de impostos tolerada pelos Estados. Desaparecem, cada vez mais, as fronteiras entre o legal e o ilegal (cf. H. See, *Kapital-Verbrechen. Die Verwirtschaftunf der Moral*, Frankfurt am Main, 1992; J. E. Faria, org., *Direito e globalização econômica;* implicações e perspectivas, São Paulo, Malheiros, 1996).

[46] Cf. E. Alvater, *Mahnkopf*, op. cit., p. 64; H. Creutz, *Das Geldsyndrom. Wege zu einer krisenfreien Marktwirscahft*, München, Wirtschaftverl. Langen Müller/Herbig,1993.

[47] Cf. Oliveira, M. A. de. Neoliberalismo e ética. In: *Ética e economia*. São Paulo, Ática, 1995. pp. 59-103.

[48] O mercado fornece, pelo sistema de preços, as informações necessárias para a coordenação indireta da economia; assim, a harmonia da produção se efetiva pela mediação de um mecanismo inconsciente.

rede".[49] Reabre-se, a partir desse novo contexto, o debate sobre as relações entre mercado, Estado e sociedade.[50]

Historicamente, segundo o esquema interpretativo de G. Arrighi, estamos vivendo a crise de um ciclo sistêmico da história do capitalismo. Ele interpreta a fórmula geral do capital em Marx (DMD') como expressão não apenas da lógica dos investimentos capitalistas individuais, mas também como um padrão reiterado do capitalismo histórico como sistema mundial.

> O aspecto central desse padrão é a alternância de épocas de expansão material (fases DM de acumulação de capital) com fases de renascimentos e expansão financeiros (fases MD'). Nas fases de expansão material, o capital monetário "põe em movimento" uma massa crescente de produtos (que inclui a força de trabalho e dádivas da natureza, tudo transformado em mercadoria); nas fases de expansão financeira, uma massa crescente de capital monetário "liberta-se" de sua forma de mercadoria, e a acumulação prossegue mediante acordos financeiros (como na forma abreviada de Marx, DD'). Juntas, essas duas épocas, ou fases, constituem um *ciclo sistêmico de acumulação* (DMD') completo".[51]

O último desses ciclos sistêmicos foi o norte-americano, que teve início no século XIX e que prossegue, agora, em crise, na atual expansão financeira.

---

[49] Cf. TOURAINE, A. A desforra do mundo político; a hegemonia das leis econômicas está em processo de dissolução. In: *Folha de S. Paulo*, Mais, 16-6-1996, p. 11.

[50] A teoria neoliberal defende como o grande imperativo de nossa época liberar o mercado de injunções políticas.

[51] Cf. G. Arrighi, op. cit., p. 6.

O predomínio dos Estados Unidos no comércio e nos investimentos foi abalado pelo fortalecimento do Japão e dos tigres asiáticos,[52] o que provocou o aumento da concorrência intercapitalista e a monopolização dos mercados.[53] Outro sinal de amadurecimento do ciclo sistêmico é que terminou o *boom* do pós-guerra, as taxas de crescimento decaíram, aumentou a supercapacidade, acelerou-se a circulação do capital, como também subiram os preços da energia com a crise do petróleo. Além disso, a expansão do comércio internacional por causa da liberalização do mercado mundial está ameaçando determinados setores e regiões nos próprios países industrializados. A grande resposta do sistema a todos esses problemas foi exatamente a transnacionalização da produção: grupos inteiros de produtos foram transferidos para regiões com mão-de-obra barata e com condições favoráveis em relação à aquisição de matéria-prima e ao pagamento de impostos (especialização horizontal),[54] assim como também se procedeu à integração vertical da produção através da divisão das diversas fases da produção em diferentes países.

O processo de transnacionalização da produção e do comércio fez crescer a necessidade de dinheiro enquanto meio internacional de pagamento e enquanto crédito produtor de

---

[52] Não esquecendo a explosão de crescimento na China, que pode, em breve tempo, transformar sua economia na mais volumosa do mundo.

[53] O mercado do leste asiático tornou-se a zona mais dinâmica de expansão da economia mundial e está ameaçando tirar do Ocidente o controle do capital excedente que marcou a história do capitalismo até hoje (cf. G. Arreghi, op. cit., pp. 356ss).

[54] Cf. Strahm, R. H. *Warum sie so arm sind.* Wuppertal, Hammer, 1985.

juros.[55] Uma série de mecanismos foram introduzidos e provocaram um crescimento rápido do volume de dinheiro nos mercados financeiros transnacionalizados: em pouco tempo criou-se um enorme mercado mundial[56] de riqueza mobiliária,[57] cujo volume passou de 7 bilhões em 1983 para 35 trilhões em 1995.[58] Trata-se de um dinheiro que está livre de controles políticos e de impostos e busca as melhores oportunidades de lucros. Trilhões de dólares giram pelo mundo, criando uma dependência de todos os países no que diz respeito ao financiamento de seus projetos de investimentos.[59]

Mencionam-se duas conseqüências imediatas desse processo:[60] 1) A inundação de dólares transnacionalizados reforçou o processo inflacionário do dólar iniciado com o financiamento da guerra do Vietnã, o que levou ao rompimento da paridade do dólar com o ouro e à livre flutuação das moedas entre si. 2) Os bancos estavam dispostos a financiar a industrialização de países com condições favoráveis aos juros, o que levou os países do Terceiro Mundo ao endividamento.[61]

---

[55] Cf. Schubert, A. *Die internationale Verschuldung.* Frankfurt am Main, 1985.

[56] Como se trata de um sistema global, qualquer distúrbio pode provocar desequilíbrios em cadeia e levar a uma crise financeira global.

[57] Há um mercado secundário que assegura o novo mercado de ativos financeiros: os mercados mundiais de câmbio transacionam a soma de 1,3 trilhão de dólares por dia.

[58] Cf. A. Schubert, *Die internationale Verschuldung*, op. cit..

[59] Fala-se, hoje, de uma autonomização da esfera monetária em relação à esfera da economia real. É isso que se denomina "o capitalismo-cassino" (cf. A. G. Frank, "American Roulette in the Globonomic Cassino: Retrospect and Prospect on the World Economic Crisis Today, in *Research in Political Economy* 11, 1988, pp. 33ss).

[60] Cf. U. Duchrow, op. cit., p. 71.

[61] Cf. Massarat; M., org. Die dritte Welt und wir Bilanz und Perspectiven für Wissenschaft und Praxis. Freiburg, 1993.

Não se pode esquecer, também, o fato de que a multiplicação da riqueza mobiliária agravou a vulnerabilidade da economia real à volubilidade das expectativas.

O capital transnacionalizado pode utilizar-se da força de trabalho em diferentes regiões a diferentes preços,[62] uma vez que a força de trabalho é fortemente condicionada pelas condições locais, mesmo que atualmente ela esteja, direta ou indiretamente, submetida ao capital globalizado. Além disso, a transnacionalização do sistema produtivo leva o capital a articular os sistemas de instrumentos de trabalho de diferentes graus de produtividade, ou seja, de diferentes idades tecnológicas, de tal modo que se faz uma integração entre sistemas avançados com sistemas atrasados, o que constitui um processo de complexificação do sistema produtivo: o sistema global articula suas unidades produtivas centrais com milhares de unidades subsidiárias e complementares, o que, por sua vez, implica uma rede imensa de organizações administrativas como possibilitadoras do processo de globalização, combinando todos os elementos do capital em função da produção em escala global. A perspectiva para as próximas décadas é que haja chances de surgir um mundo muito mais rico do que o atual, porém não necessariamente com menos desigualdades. Daí o otimismo reinante em ambientes empresariais.

[62] A respeito do caso do Brasil, mais especificamente do Nordeste, onde empresas globalizadas se utilizam de formas brutais de exploração da força de trabalho, cf. M. V. Coelho Moreira, *Globalization and the incorporation of women's labor:* the case of garment cooperatives in northeast Brazil, Knoxville (mimeo.), 1996.

A globalização econômica criou um contexto novo para a problemática do Terceiro Mundo[63] na medida em que gestou uma nova ordem[64] internacional.[65] Um primeiro elemento fundamental dessa nova situação é a própria mobilidade crescente dos fluxos financeiros e seu impacto sobre as políticas monetárias e cambiais das diversas economias nacionais.[66] Essa globalização das finanças pode significar uma perda de controle, pelos governos, das economias nacionais: questões que, no passado, eram da competência de cada país, agora estão sujeitas a regimes multilaterais de regras, provocando, assim, uma tensão entre as tendências globalizantes e as identidades nacionais.

A volatilidade dos capitais de curto prazo, o que pode gerar imprevisibilidade e instabilidade financeiras e a possibilidade de seu uso para ataques especulativos contra as moedas nacionais, constitui uma enorme ameaça à estabilidade econômica e ao próprio nível de emprego dos países

---

[63] Para o caso específico da América Latina, cf. C. G. Langoni, org., *A nova América Latina*, Rio de janeiro, FGV, 1996. O livro cita estudo do Banco Mundial, segundo o qual é necessária uma taxa média de crescimento de 3,2% ao ano para reduzir os níveis absolutos de pobreza na América Latina.

[64] Nova em relação à ordem política articulada depois da Segunda Guerra, quando, pela primeira vez na história moderna, todos os Estados capitalistas industrializados se uniram em uma estrutura política e militar (cf. V. Hösle, *Die Dritte Welt als ein philosophisches Problem*, op. cit., p. 147).

[65] Calcula-se que a globalização mobilizou mais de dois bilhões de pessoas a sair dos mercados, anteriormente fechados, em busca de fortuna no comércio mundial.

[66] Segundo Altvater, as diferenças dos níveis econômicos, o pluralismo das formas de vida e de produção, os muitos regimes de tempo em formações sociais diferentes, tudo isso é submetido aos mesmos parâmetros: a dura restrição monetária do orçamento, que deve impor uma eficiência específica monetária e econômica e com ela uma sistematização das ações por meio da construção de instituições sociais adequadas (cf. E. Altvater, op. cit., p. 170).

do Terceiro Mundo.[67] Por outro lado, a existência desse capital volátil vai acirrar a concorrência entre os países do Terceiro Mundo na medida em que se procura, antes de mais nada, oferecer um ambiente nacional atraente para os investimentos externos, indispensáveis para seu crescimento econômico, o que vai aprofundar as diferenças entre os próprios países do Terceiro Mundo, pois os países são selecionados para receber investimentos externos de acordo com as vantagens comparativas que oferecem.

Nesse contexto, uma questão torna-se central: a sustentabilidade da regra cambial. A expansão da demanda interna e da produção passam a ser consideradas uma ameaça potencial à estabilização. Daí as políticas de taxas internas de juros, elevadas para conter a demanda, atrair recursos do exterior e aumentar as reservas internacionais, o que, por sua vez, provoca o crescimento exponencial da dívida mobiliária estatal. Nesse sentido, pode-se perguntar se a globalização está provocando uma nova divisão no mundo: há países que podem participar, ajustando-se à nova ordem internacional,[68] e usufruir de vantagens que advêm do processo, e outros que estão sendo postos à margem, condenados à exclusão, à marginalização e à miséria?[69] Além disso, não

---

[67] Estima-se, hoje, a existência de 800 milhões de desempregados no mundo.

[68] Sobretudo, investindo fortemente em capital humano através da educação e dos serviços sociais.

[69] Essa possibilidade já põe por terra uma das convicções difundidas no pós-guerra de que o problema dos países do Terceiro Mundo era apenas uma questão de tempo, uma vez que todos atingiriam o nível de vida dos países do Primeiro Mundo. Hoje está claro que o número de países que, de fato, não se modernizaram aumentou e, em muitas partes do mundo, o número absoluto dos que vivem abaixo das condições mínimas de vida cresceu, dramaticamente, nas últimas décadas (cf. V. Hösle, op.cit. p.149).

há efeitos dolorosos[70] que atingem a todos, embora de forma diferenciada?

A concorrência se faz, também, em relação aos níveis de produtividade,[71] isto é, de maior produção por unidade de trabalho, o que deixa em uma situação extremamente vulnerável os trabalhadores sem qualificação, que constituem a maior parte das massas trabalhadoras dos países do Terceiro Mundo, o que significa dizer que esses países estão combinando, agora, o desemprego por razões de seu atraso histórico com o desemprego estrutural proveniente de sua modernização, que exige uma competitividade hoje só alcançada através do aumento de produtividade. Trata-se de um tipo novo de crescimento: o crescimento sem emprego, já que, normalmente, os benefícios desse crescimento atingem apenas os já ricos.[72] Todos os países que participam da economia global defrontam-se com o problema do desemprego em massa como conseqüência necessária para a elevação dos níveis de produtividade[73] e de competitividade nos mercados interno e externo. São milhões de jovens no Terceiro Mundo que desejam ingressar no mercado de trabalho e não

---

[70] Sem dúvida, pode-se afirmar que os países do Terceiro Mundo repõem, a seu modo, uma das contradições mais violentas da modernidade, ou seja, a contradição entre a idéia da igualdade enquanto fundamento moral da modernidade e a desigualdade econômica.

[71] Daí se explica a corrida em busca dos padrões mundiais de qualidade.

[72] Segundo o UNDP-1995, no período 1985-1990 a América Latina passou por um processo de relativa recuperação econômica, porém a taxa de pobreza aumentou de 23% para 28%.

[73] Procurando estimular a busca de produtividade, fez-se uma abertura, normalmente acelerada, das economias do Terceiro Mundo ao processo de globalização, o que provocou, em muitos casos, uma desestruturação do parque industrial existente.

têm perspectivas de consegui-lo. A marginalização daí decorrente é, muitas vezes, o caminho para o desencanto, para as drogas, para a desintegração das famílias, para o sentimento de exclusão, para um individualismo desesperado, gerador de solidão, atualmente um dos pressupostos para o equilíbrio do sistema[74] —, para a violência e para a criminalidade.[75]

Numa palavra, para os países do Terceiro Mundo, a globalização, mais do que para os países desenvolvidos, tem significado o agravamento das desigualdades,[76] decorrentes das diferenças qualitativas do trabalho, das competências e habilidades, da perda de prioridade das políticas de emprego, do abandono das políticas sociais,[77] da queda dos preços de seus produtos submetidos a uma grande concorrência em contraposição à subida de preços[78] dos produtos das nações industrializadas,[79] do crescimento real dos juros,[80] do aban-

---

[74] Cf. GENRO, T. Entre a solidão e a solidariedade. In *Folha de S. Paulo*, Mais, 14-4-1996, p. 3.

[75] Sobre a situação específica da América Latina, cf. P. R. Schilling, *Mercosur Integration oder Beherrschung*, Berlin, 1993.

[76] De acordo com o UNDP-1995, 33% da população dos países em desenvolvimento (1,3 bilhão) vivem com menos de um dólar por dia. Destes, 550 milhões estão no sul da Ásia, 215 milhões na África subsaariana e 150 milhões na América Latina.

[77] Uma forte diminuição ocorreu também no Primeiro Mundo (cf. U. Schneider, *Solidarpakt gegen die Schwachen.* Der Rückzug des Staates aus der Sozialpolitik, München, 1993).

[78] As empresas dos países industrializados tornam-se cada vez mais monopólios que forçam a subida dos preços.

[79] Cf. R. H. Strahm, op. cit., pp. 116ss.

[80] Cf. ALTVATER, E. *Der Preis des Wohlstands oder Umweltplünderung und neue Welt(un)ordnung.* Münster, Verl. Westfälisches Dampfboot, 1992. p. 174.

dono dos mecanismos regulamentadores do processo de produção, e agravadas, ainda mais, pela incapacidade de adaptação aos novos padrões de produção da economia globalizada, como também do desemprego. Cada vez mais trabalhadores, nos países do Terceiro Mundo, são expulsos do setor formal da economia para o setor informal[81] dominado por métodos da Máfia.[82] Além disso, a globalização econômica associada à revolução tecnológica provocou uma mudança profunda nas vantagens comparativas entre as nações. Matéria-prima abundante e mão-de-obra barata, que constituíam a grande vantagem comparativa dos países do Terceiro Mundo, perderam significativamente a sua importância. O que constitui, hoje, a relação competitiva de um país em relação aos outros é cada vez mais determinado pela qualidade de seus recursos humanos, ou seja, pela aquisição do conhecimento, da ciência e da tecnologia, o que implica a existência de uma força de trabalho bem treinada e qualificada. Em alguns casos de países do Terceiro Mundo, isso tem provocado a desindustrialização, fazendo-os retornar à situação de exportadores de matérias-prima.

Outro mecanismo para a diferença da posição dos países do Terceiro Mundo em relação aos do Primeiro Mundo são as condições do comércio internacional. Segundo o UNDP de 1995, nos últimos 15 anos o mundo viu espetaculares avanços econômicos para alguns países[83] e declínios

---

[81] É nesse sentido que A. Touraine fala de uma latino-americanização do mundo como um todo (cf. A. Touraine, op. cit.).

[82] Cf. U. Duchrow, op. cit., p. 75.

[83] Houve expansão do crescimento econômico em 15 países com rápidas elevações de renda para seus habitantes.

sem precedentes para outros, declínios[84] que excedem, em alguns casos, a Grande Depressão da década de 1930 nos países industrializados. Os países industrializados defendem a liberdade de comércio para tornar possível sua entrada nos países do Terceiro Mundo, enquanto em relação a seus próprios mercados efetivam medidas protecionistas, claras ou ocultas.[85] A transferência de tecnologia torna-se cada vez mais cara e, conseqüentemente, inacessível aos países em desenvolvimento, e a diferença de renda entre os países ricos e os países em desenvolvimento[86] triplicou entre 1960 e 1993.[87]

Considerados todos esses elementos, a ONU calculou que os países em desenvolvimento perdem meio bilhão de dólares[88] por ano em serviços da dívida, e através das limitações e da monopolização dos mercados.[89] Tal situação tem conduzido esses países à destruição de suas florestas, com conseqüências catastróficas para a atmosfera da Terra. Além disso, a destruição das economias dos países em desenvolvimento e das con-

---

[84] A estagnação econômica afetou cem países, reduzindo a renda de 1,6 bilhão de pessoas.

[85] A diminuição das compras dos países do Terceiro Mundo aos países industrializados do Norte está significando, também, a perda de postos de trabalho nestes países (cf. S. George, *Der Schuldenbumerang. Wie die Schulden der Dritten Welt uns alle bedrohen*, Reinbekbei, Hamburg, Rowohlt, 1993).

[86] Segundo o UNDP-1995, em muitos países da América Latina os mais ricos chegam a deter 15 vezes mais renda do que os mais pobres. O sinal claro disso é, por exemplo, a existência de seis milhões de crianças desnutridas na América Latina.

[87] Cf. *UNDP, Human Development Report*, 1995. Os 20% mais pobres ficam com 1,4 do total da renda do planeta.

[88] A respeito da dívida dos países industrializados em relação aos países em desenvolvimento, cf. H. Sabet, *Die Schuld des Nordens. Der 50-Bilionen-Coup*, Bad König, Horizonte, 1991.

[89] Cf. *United Nations Development Programme*; Human Development Report, New York/ Oxford, 1992, pp. 48ss.

dições de vida tem provocado uma grande migração na direção do Norte. Hoje, uma pergunta se faz inevitável: os países mais atrasados, incapazes de entrar na lógica da globalização, estão condenados a viver na pobreza absoluta?[90]

A resposta a essa questão torna-se ainda mais problemática quando se consideram os efeitos da globalização no tocante às mudanças no papel do Estado: as variáveis externas passaram a ter um lugar central nas agendas domésticas dos diversos países, reduzindo muito o espaço para as decisões nacionais,[91] de tal modo que as políticas se concentram, agora, na aquisição de condições para o ingresso dinâmico nos fluxos globais de comércio e investimentos a fim de que seus países possam ter condições estruturais de competitividade em escala global. Nesse contexto, tanto a opinião pública internacional como o comportamento dos mercados no mundo delimitam, cada vez mais, o quadro das ações possíveis de cada Estado. Um dos resultados visíveis de todo esse processo é a destruição dos fundamentos naturais de toda vida presente e futura através de uma economia centrada na valorização do dinheiro[92].

---

[90] Segundo o UNDP-1995, em 1990, cerca de 110 milhões de pessoas estavam abaixo da linha de pobreza na América Latina.

[91] Daí a pergunta inevitável, hoje, sobre o papel e a possibilidade do Estado nacional de democracia em um mundo globalizado (cf. R. B. Reich, *The Work of Nations. Preparing Ourselves for 21st Century Capitalism*, New York, 1991; P. Kennedy, *In Vorbereitung auf das 21. Jahrhundert*, Frankfurt am Main, S. Fischer, 1993).

[92] Alvater nomeia cinco contradições entre economia e ecologia: a contradição entre quantidade e qualidade; aquela entre o espaço e o tempo e a racionalidade abstrata sem espaço e tempo; a contradição entre reversibilidade e irreversibilidade, lucros e interesse em juros tornam impossível um crescimento zero, enquanto a acumulação de capital com alto emprego de matéria-prima e energia aumentam necessariamente a entropia; a contradição entre racionalidade e irracionalidade (cf. E. Altvater, *Die Zukunft des Marktes*, op. cit., p. 261ss).

Desafios éticos

A intersubjetividade enquanto estrutura ontológica suprema

Nossa reflexão parte, enquanto reflexão filosófica, da aspiração que fez emergir, no Ocidente, a filosofia enquanto tal: a tentativa, sempre renovada, de dar às questões últimas que brotam da vida humana uma resposta racional, isto é, uma resposta que situa, no contexto de uma teoria dos princípios universalíssimos,[93] o lugar próprio de tudo. Isso significa dizer que a filosofia é um discurso diferente do discurso, hoje hegemônico, da racionalidade típica das ciências modernas. Estas selecionam, a partir de seus procedimentos metódicos e de seus horizontes teóricos, livremente criados e estabelecidos, os campos determinados da realidade e as óticas específicas segundo as quais serão considerados.

Nesse sentido pode-se dizer que as ciências pesquisam dentro do mundo, enquanto a tarefa própria da filosofia é tematizar o horizonte de totalidade no qual se inserem o campo determinado e a própria pesquisa do cientista, ou seja, a filosofia tematiza o mundo, a realidade enquanto tal, a totalidade em sua estrutura fundamental,[94] e, nessa perspectiva, é o saber das justificações racionais últimas, portanto, saber que explicita e justifica o fundamento racional das questões

[93] "Filosofia é a ciência dos primeiros princípios que são universalmente válidos e que regem tanto o ser como o pensar" (C. Cirne-Lima, *Dialética para principiantes*, Porto Alegre, EDIPUCRS, 1996, p. 14).

[94] "As ciências, portanto, falam de dentro do próprio mundo e a filosofia, desde uma perspectiva sobre o mundo, fala do mundo" (E. Stein, *Aproximações sobre hermenêutica*, Porto Alegre, EDIPUCRS, 1996, p. 10).

básicas de todos os outros saberes,[95] na medida em que articula, a partir dos princípios universalíssimos, uma interpretação oniabrangente da realidade.[96]

Não sendo pesquisa dentro do mundo, a filosofia não pode valer-se da própria experiência como instância de demonstração, uma vez que seu trabalho específico consiste em tematizar, reflexivamente,[97] a própria condição de possibilidade da experiência, o que significa afirmar que conhecimento não se reduz a conhecimento pela experiência e que esse outro nível do conhecimento, a reflexividade do pensamento, é fundamento e verdade do próprio conhecimento da experiência.[98] Como reflexão filosófica, o pensamento efetiva-se enquanto reflexão sobre si mesmo e seus pressupostos inelimináveis, como demonstração indireta daquilo que não pode ser negado sem que se incorra em uma auto-contradição e, com isso, o pensamento destrua a si mesmo.

---

[95] Foi mérito de Fichter haver retomado, na modernidade, com toda clareza, essa concepção originária de filosofia enquanto metaciência suprema (cf. V. Hösle, *Hegelssystem. Der Idealismus der Subjektivität und das Problem der Intersubjektivität*, Hamburg, Meiner, 1988, pp. 22ss, v. I.). Em nosso século, a Pragmática Transcendental centrou sua reflexão na determinação do que é específico da filosofia em sua distinção das ciências, ou seja, na *fundamentação última* (cf. M. A de Oliveira, *Sobre a fundamentação*, Porto Alegre, EDIPUCRS, 1993, pp. 57ss).

[96] Cf. WEISSMAHR, B. *Ontologie*. Stuttgart, Kohlhammer, 1985. p. 14.

[97] Na filosofia não se conhece derivando o conhecimento de um outro, mas através de um procedimento reflexivo, que tematiza aquilo que torna possível o conhecimento por derivação, como ele se efetiva nas diferentes ciências (cf. M. A de Oliveira, op. cit., pp. 68-69).

[98] Esse conhecimento tematiza o que é universalmente válido, portanto, não o que nos é dado, casualmente, na experiência, e, nesse sentido, é o não-empírico, o absoluto, o universalmente pressuposto, o fundamento comum.

Essa reflexão do pensamento sobre si mesmo não pode ser negada, uma vez que sua negação implica sua reposição, o que significa dizer que, com isso, revela-se o princípio último buscado pela reflexão filosófica, ou seja, o princípio da reflexão, do "pensamento do pensamento",[99] que, enquanto tal, é a estrutura fundamental da realidade, ou seja, não só subjaz ao pensamento do ser humano finito, mas a todo e a qualquer ser. A reflexão da reflexão é a estrutura que emerge como fundamentada em última instância, ou seja, que não pode ser negada sem contradição performativa, portanto como "princípio transcendental", autofundado e enquanto tal condição de possibilidade de sua própria negação.

Enquanto tal, ela nada pode ter fora de si, uma vez que é condição necessária de qualquer conhecimento com pretensão à verdade: o conhecimento fundado é, em última instância, conhecimento necessário, já que nada podemos conhecer fora de suas fronteiras.[100] Com isso a reflexão da reflexão revela-se como a determinação ontológica universal, isto é, como realidade objetiva, o que significa dizer que os princípios universalíssimos são princípios de todo pensar, de todo conhecer e de todo o ser. Assim, o incondicional, o absoluto, está em todas as coisas, em todas as realidades, constitui o mais íntimo de todos os seres, pois o absoluto só pode ser absoluto quando nada tem fora de si.

---

[99] Essa foi a intuição originária de Platão e de todo o idealismo objetivo no pensamento ocidental (cf. V. Hösle, *Philosophiegeschichte und objektiver Idealismus*, München, Beck, 1996, pp. 39ss.

[100] Cf. Hösle, V. *Die Krise der Gegenwart und die Veratwortung der Philosophie.* Transzendentalpragmatik, Letzbegründung, Ethik. München, Beck, 1990. p. 187.

Chegamos a essas determinações básicas na medida em que discutimos com os céticos, que põem em dúvida, hoje, a existência de princípios universalíssimos.[101] Nosso encontro efetivou-se pela mediação de um horizonte comum, o horizonte da linguagem, e nosso procedimento consistiu em uma reflexão do pensamento lingüisticamente articulado sobre si mesmo e sobre suas pressuposições necessárias. Detectamos que a linguagem, empírica, contingente e limitada, é portadora de algo incondicional. É a partir da linguagem que temos acesso às diferentes esferas da realidade: ao mundo natural (a própria linguagem o implica, porque tem uma dimensão física), ao mundo do sujeito que se revela na medida em que, falando, relaciona-se com o mundo dos outros sujeitos.

Se nosso argumento central afirmava que a estrutura fundamental está presente em tudo, não o está, contudo, do mesmo modo. Assim, por exemplo, a revelação da natureza no sujeito é algo maior do que a simples natureza, Por sua vez, a estrutura reflexiva complexa da subjetividade é algo superior à forma de auto-referencialidade que encontramos na vida animal, como também à autoconservação sensitiva das plantas e à inércia da matéria sem vida.[102] Na natureza, como um todo, o absoluto está presente, uma vez que o lógico é determinação ontológica, mas não é presença a si mesmo, o que só ocorre no espírito subjetivo.

---

[101] Cf. M. A. de Oliveira, *Sobre a fundamentação*, op. cit.

[102] Cf. V. Hösle, op. cit., p. 202. Na tradição ocidental, isso constituiu uma das teses centrais do pensamento de Tomás de Aquino (cf. *De verit.* q.1 a 9 corp; q.10 a 9 corp.; S.c.g. IV 11; e os comentários de K. Rahner em *Geist in Welt. Zur Metaphysik der endlichen Erkenntnis bei Thomas von Aquin*, 3. ed., München, Kösel, 1957, pp. 82ss).

A natureza revela, assim, duas características fundamentais: em primeiro lugar, ela aponta para o espírito como a esfera de sua realização plena: aquilo que nela é incipiente, a reflexividade, efetiva-se, em grau pleno, no espírito subjetivo.[103] Por causa disso, em segundo lugar ela é a mediação do encontro entre os sujeitos.[104] Assim, pode-se dizer que o espírito subjetivo se constitui pressupondo a natureza como uma esfera de ser inferior em relação a si, assim como o espírito intersubjetivo, igualmente, pressupondo a natureza e o espírito subjetivo,[105] ou seja, "a existência mundana e natural do homem é suprassumida pela sua *existência histórica e social* [...] a *ipseidade* do eu emerge sobre a simples identidade e se constitui reflexivamente na *reciprocidade* da relação com o outro".[106]

Nesse contexto, a pergunta que emerge é se o encontro entre sujeitos, sem que sejam considerados um meio, mas como fins em si mesmos, não constitui a suprema forma de revelação do absoluto na experiência humana. O que ocorre aqui é um conhecimento mútuo e um reconhecimento recíproco superior à síntese sujeito-objeto, que é, essencialmente, uma relação assimétrica. Sem dúvida, o sujeito se caracteriza por sua possibilidade de abstrair de qualquer coisa, de

---

[103] Daí poder-se falar, como fizeram Platão e Hegel, de um desenvolvimento da natureza na direção do espírito. Cf. a respeito: V. Hösle, Hegels "Naturphilosophie" und Platons Timaios ein Strukturvergleich, in *Philosophiegeschichte und objektiver Idealismus*, op. cit., pp. 44ss.

[104] Cf. LIMA VAZ, H. C. *Antropologia filosófica II*. São Paulo, Loyola, 1992. pp. 73-74.

[105] Cf. V. Hösle, *Die Krise...*, op. cit., p. 214.

[106] H. C. Lima Vaz, op. cit., p. 60.

perguntar por tudo, pelo sentido da totalidade, e, com isso, de transcender toda e qualquer realidade dada. O espírito subjetivo é a capacidade da distância universal: porque presença do ser, automanifestação do absoluto, ele pode transcender tudo, distanciar-se de todo e qualquer ente, até de si mesmo, ele é, essencialmente, "liberdade transcendental".[107]

Sem que se precise negar tudo isso, a relação simétrica entre sujeitos possui uma estrutura positiva que é superior por causa, precisamente, da simetria da relação: a intersubjetividade simétrica é síntese da identidade (todos são considerados como fins em si mesmos) e da diferença (todos são reconhecidos nas diferenças que não destroem a igualdade básica), como diz P. Ricoeur, a síntese do si-mesmo como um outro e do outro como um si-mesmo.[108] Somente as relações intersubjetivas são tanto transitivas como simétricas, pois implicam a afirmação recíproca do outro como sujeito, ou seja, constituem uma unidade na pluralidade, identidade entre o subsistir em-si dos sujeitos e de seu ser-para-o-outro.[109]

Para a tradição, no conhecimento revela-se a unidade entre sujeito e objeto.[110] No entanto, essa unidade é assimétrica, uma vez que o sujeito pensa o objeto, mas não é pensa-

---

[107] Cf. M. Müller, *Erfahrung und Geschichte,* op. cit., pp. 298ss.

[108] Cf. Ricoeur, P. *Soi-même comme un autre.* Paris, Seuil, 1990.

[109] A respeito dessa discussão na filosofia contemporânea, cf. Ch. Taylor, *Sources of The Self.* The Making of the Modern Identity, Cambridge, 1989.

[110] "Intelligibile enim et intellectum oportet proportionata esse et unius generis, cum intellectus et intelligibile in actu sint unum" (Tomás de Aquino, *In Metaph.Prooem*) "[...] idem intellectus et intellectum et intelligere" (*S.c.g* II 98). Cf. tb.: *De verit.* q. 8 a. 7 ad 2.

do por ele; a relação aqui portanto, não é recíproca.[111] Nesse sentido pode-se dizer que não ocorre, aqui, a verdadeira unidade. Além disso, o objeto desse pensamento não é, também, o maior, o que só é possível quando esse também é um sujeito, ou seja, espírito finito (o espírito suprassume as outras dimensões do ser humano), um ser capaz de captar a estrutura fundamental da realidade, aberto à compreensão da totalidade, portanto, outra infinidade intencional.[112]

Enquanto autopresença da razão, o espírito subjetivo é capaz de revelar a presença dos princípios universalíssimos em todas as coisas e captar a unidade e a diferença que perpassam tudo. Ele é, assim, o lugar da revelação das essências. Mas, acima de tudo, enquanto presença autopresente da totalidade, pode comunicar-se com o outro sujeito, que, enquanto tal, é, também, presença da totalidade e, por isso, essencialmente aberto ao sentido de si mesmo, do outro de si enquanto outro, de seu destino no mundo e ao sentido do próprio mundo, portanto, o ser do possível diálogo universal com os seres, cuja tarefa fundamental é forjar, adequadamente, as relações que o constituem.

O espírito subjetivo é presença autopresente do absoluto, enquanto a dimensão universal que gera a comunhão entre todos os seres e, de modo especial, a comunhão recí-

---

[111] Fichte foi o primeiro na modernidade a mostrar que a autonomia da subjetividade pensada a partir de uma subjetividade pura é destinada ao fracasso, e que a subjetividade só conquista a si mesma na práxis de reconhecimento do outro como ser livre (cf. J. G. Fichte, "Die Bestimmung des Menschen", in *Sämtliche Werke,* editada por I. H. Fichte, Leipzig, 1844). Cf. a respeito: W. Schulz, *Fichte: Vernunft und Freiheit*, Pfullingen, 1962.

[112] Na expressão de Lima Vaz, op. cit., p. 65.

proca entre as liberdades. Isso revela que a subjetividade não é subjetividade, em primeiro lugar por sua contraposição à natureza, e sim pela mediação do encontro com outra subjetividade, o que se torna possível, porque cada uma é autopresença da razão que torna qualquer encontro possível. Razão é o espaço de possibilitação da comunhão das liberdades subjetivas na universalidade do sentido último. Aqui se encontram duas infinidades intencionais e é exatamente a reciprocidade da relação entre ambas o que constitui a especificidade da estrutura da intersubjetividade. É nessa perspectiva que Hegel considera a eticidade a forma mais alta de liberdade, ou seja, a liberdade em sua forma mais desenvolvida, pois não mais simplesmente à base de pessoas individuais e sim à base de instituições sociais.[113]

O absoluto revelou-se como princípio a partir do qual toda e qualquer realidade pode ser pensada: Ele é o princípio de todas as estruturas essenciais dos seres. Como pode o absoluto constituir o espírito intersubjetivo, que se revelou como uma estrutura essencial superior à natureza e ao espírito subjetivo, se a intersubjetividade lhe é estranha?[114] Além disso, o absoluto só pode ser absoluto enquanto estrutura reflexiva que fundamenta a si mesma e nada tem fora de si. Assim, enquanto o absoluto pensa a si mesmo, ele pensa as categorias aprióricas que subjazem à natureza, e foi precisamente nesse sentido que Hegel definiu o absoluto como unidade de subjetividade e objetividade. No entanto, essa não pode ser a suprema determinação do absoluto, pois essa uni-

[113] Cf. Weber, Th. *Hegel: Liberdade, Estado e História*. Petrópolis, Vozes 1993. p. 95.

[114] Cf. V. Hösle, *Die Krise*, op. cit., p. 218.

dade é assimétrica. O ponto supremo não é, portanto, a relação sujeito-objeto, mas a relação sujeito-sujeito, o que significa dizer que o absoluto em si mesmo é uma estrutura de intersubjetividade.

A construção da intersubjetividade real como exigência ética suprema

O ser que pergunta por tudo e, portanto, pergunta pelo sentido de seu próprio ser é um ser ontologicamente aberto:[115] ele não é, mas tem de ser, ou seja, o ser humano experimenta a si mesmo como tarefa, como obra a ser realizada. Por essa razão, o ser humano é fundamentalmente práxis, isto é, o porvir do que ainda não é. A práxis é a busca árdua de uma identidade a partir das diferenças, o tornar-se o que ainda não é. Assim, a sua primeira tarefa é a construção de si mesmo, uma vez que, não recebendo uma determinação plena a partir de seus instintos, o que se revela por suas perguntas, é interpelado a dar uma orientação fundamental a seus impulsos no processo de busca de si, ou seja, a articular os princípios de sua ação, e, a partir daí, configurar projetos, nos quais ele se põe como um todo em jogo. Sua efetivação não está garantida de antemão, uma vez que ele transcende a esfera de uma existência simplesmente mundana. Então, a primeira questão é a de criar as condições necessárias para sua efetivação. Já que sua existência social e histórica suprassume a sua existência mundana e natural, o mundo

---

[115] Cf. Oliveira, M. A. de Práxis e Filosofia. In: *Ética e práxis histórica*. São Paulo, Ática, 1995. pp. 61-84.

intersubjetivo é o espaço de sua efetivação possível: sua "necessidade"[116] básica é criar um mundo onde possa viver humanamente.

Ora, essa necessidade básica revela-se como a exigência ética suprema, pois, sendo o ser humano um processo de conquista de si mesmo e esse "si mesmo", em última instância um "nós", intersubjetividade simétrica e transitiva, a exigência fundamental é a construção de uma intersubjetividade que possa ser a suprema revelação do absoluto no universo enquanto processo de reconhecimento recíproco do caráter autotélico do ser humano. Isso significa dizer que, se o processo de conquista do ser humano é uma busca de autonomia, essa autonomia é mediada pelo reconhecimento de todos os seres humanos, isto é, ela passa, concretamente, pela gênese de processos intersujetivos transitivos e simétricos, ou seja, onde a instrumentalização e a opressão sejam substituídas pela gênese de uma intersubjetividade enquanto liberdade solidária.

A antropogênese, enquanto processo de conquista da autonomia, é um processo mediado pela dialética do reconhecimento mútuo:[117] a identidade do ser humano efetiva-se mediante a constituição de uma intersubjetividade que torna real o reconhecimento de todos como seres autônomos, o que significa dizer que a intersubjetividade não é um simples apêndice contingente dos sujeitos, mas a sua forma suprema de efetivação enquanto sujeitos livres e conscientes. Nessa pers-

---

[116] Necessidade é tomada, aqui, no sentido ético de exigência fundamental.

[117] Cf. M. A. de Oliveira, A ética como problema da inter-relação entre teoria e prática: enfoque filosófico, in *Ética e práxis histórica*, op. cit., pp. 93ss.

pectiva, a ética emerge como o processo que tem como objetivo superar o mal existente na vida histórica e conquistar a humanidade do ser humano: ela abre o espaço de conquista, aponta as condições de possibilidade da humanização do ser humano. Trata-se, aqui, de articular a direção fundamental da configuração de um mundo humano, no qual também se situam relações com a natureza que são constitutivas do ser humano como espaço de liberdade intersubjetiva que, enquanto tal, emerge como sentido último do universo.

O sistema globalizado efetivo enquanto intersubjetividade invertida

A intersubjetividade se efetiva de diferentes formas, ou seja, há diferentes produtos do espírito intersubjetivo, como, por exemplo, os diversos tipos de instituições, obras de arte, teorias etc. Sua constituição ontológica é algo muito específico, pois, por um lado, pressupõe uma base natural e atos subjetivos dos sujeitos, mas, por outro lado, não se reduz a objetos físicos nem aos atos subjetivos e constitui uma estrutura ontológica específica.[118] Hegel[119] distinguiu, no seio do espírito intersubjetivo, duas grandes esferas: aquela em que se efetiva a referência ao absoluto, e que, por isso, chamava de "espírito absoluto", ou seja, a arte, a religião e a filosofia, e a esfera na qual essa referência não se explicita, como é o caso, por exemplo, das instituições econômicas e sua terminologia, o "espírito objetivo".

---

[118] Cf. V. Hösle, *Die Krise..*, op. cit., p. 215.

[119] Cf. G.W.F. Hegel, *Grundlinien der Philosophie des Rechts*, op. cit.

Tratando da globalização estamos considerando a forma como a intersubjetividade se efetiva, hoje, na esfera das instituições econômicas. Hegel, aqui, foi, talvez, o primeiro filósofo da modernidade a perceber a novidade da constituição da intersubjetividade econômica nos tempos modernos.[120] Sem dúvida, o econômico é uma esfera de relações intersubjetivas, mas o que distingue as sociedades modernas das tradicionais, sob esse aspecto, é um deslocamento no processo de constituição da intersubjetividade econômica. Nas sociedades tradicionais ela se gestava na esfera da família, enquanto que, nas sociedades modernas, ela se separou da esfera da família e começou a constituir uma esfera própria, autônoma, específica, o que tornou possível o aparecimento de uma ciência econômica nos padrões das ciências empíricas da modernidade, e não mais como reflexão ética, como era o caso na filosofia grega e medieval.[121]

Ao separar-se da esfera familiar, o econômico constitui-se como uma esfera autônoma[122] de relações anônimas, isto é, como uma intersubjetividade sistêmica na expressão de J. Habermas,[123] onde a intersubjetividade se constitui na base de mecanismos funcionais, que independem do processo de entendimento entre os sujeitos e operam, funcio-

---

[120] Cf. G.W.F. Hegel, op. cit., pp. 165ss.

[121] Cf. Bien, G. Die aktuelle Bedeutung der ökonomischen Theorie des Aristoteles. In: Biervert, B. et al., eds., *Sozialphilosophische Grundlagen ökonomischen Handelns*. Frankfurt am Main, Suhrkamp, 1990, pp. 33-64.

[122] Cf. Waibl, E. *Ökonomie und Ethik. Die Kapitalismusdebatte in der Philosophie der Neuzeit*. Stuttgart/Bad-Cannstatt, Frommann-Holzboog, 1984.

[123] Cf. Habermas, J. *Theorie des kommunikativens Handelns*. Frankfurt am Main, Suhrkamp, 1981. V. II pp. 171ss. v. II.

nalmente, sobre as conseqüências dos atos. Para J. Habermas, o específico desse tipo de intersubjetividade é que a coordenação das ações dos sujeitos não se faz através da possível satisfação argumentativa de pretensões de validade e sim através de recompensas ou desvantagens de tipo empírico, o que torna possível uma integração sistêmica entre os sujeitos[124].

Já no início da nova ciência econômica, ou seja, no pensamento de A. Smith, emerge a concepção de que o mercado é uma conexão universal entre os sujeitos finitos, que gera a si mesma por meio da relação entre oferta e procura na base de grande especialização e da divisão do trabalho. Trata-se, na economia moderna, de uma esfera com uma lógica própria,[125] espontânea, uma formação intersubjetiva que se efetiva para além das relações pessoais e das expressões vitais dos sujeitos. Na medida em que se constituem enquanto relações impessoais, tais relações independem, diretamente, da vontade dos sujeitos e se estabelecem como uma conexão objetivo-causal, uma espécie de evento natural no seio da sociabilidade, destinada à geração do máximo de eficiência nas relações dos sujeitos com a natureza. De fato, talvez nenhuma organização da produção anterior tenha conseguido gerar tantos bens e com tanta eficiência.

---

[124] Cf. Herrero, X. Racionalidade comunicativa e modernidade. In: *Síntese nova fase,* v. 37, 1986, pp. 13-32.

[125] É por essa razão que J. Habermas vai distinguir uma racionalidade sistêmica de uma racionalidade da ação. É nessa perspectiva que K-O Apel considera ingênuo pensar que as normas éticas possam abstrair, totalmente, da lógica sistêmica historicamente vigente (cf. K-O. Apel, *Diskursethik als Verantwortungsethik und das Problem der ökonomischen Rationalität*, Frankfurt am Main, 1988, pp. 270-305).

Tudo indica que essa sistemização da intersubjetividade atingiu, em nossos dias, precisamente na forma de uma economia globalizada, uma efetivação estupenda. A globalização, é, em primeiro lugar, fruto das conquistas da nova revolução tecnológica: foi ela que tornou possível o entrelaçamento acelerado de firmas que produziu a globalização na esfera da produção e das finanças a ponto de já se falar de uma "revolução geopolítica", pois, numa economia globalizada tudo parece poder ser produzido e vendido em qualquer lugar e em qualquer tempo,[126] perdendo, com isso, tanto as economias nacionais como os Estados nacionais, seu poder para agentes novos do novo espaço econômico.

Nessa perspectiva, pode-se dizer que a globalização neoliberal acentuou uma das tendências básicas da sociedade moderna: a da hegemonia do sistêmico[127] na vida humana.[128] Em última análise, o ideal da racionalidade sistêmica é uma organização cibernética total da vida social, o que permitiria uma dominação eficiente da história humana, com a possibilidade, porém, de reduzir o ser humano a simples produto de um aparato sistêmico,[129] que funciona por si mesmo. Isso implicaria uma submissão total do ser humano à lógica da racionalidade do controle e da manipulação, uma

---

[126] Cf. THUROW, L.C. *Die Zukunft des Kapitalismus*. Düsseldorf, metropolitan-Verl., 1996.

[127] É inegável que a autonomização do sistêmico, na modernidade, significou um enorme alívio em sua reprodução material e, por isso não pode ser considerada, apenas, como perda de autonomia (cf. V. Hösle, Versuch einer ethischen Bewertung des Kapitalismus, in *Praktische Philosophie,* op. cit., p. 125).

[128] Cf. M. A. de, Oliveira, op. cit., pp. 90ss.

[129] Cf. a tese de J. Monod sobre o conhecimento científico e sua técnica como valores superiores ao próprio homem, citada em: P. Drouin, *L'autre futur*, Paris, 1989, p. 22.

vez que o próprio sistema regula as relações entre processos mecânicos e reações humanas.

Em uma intersubjetividade totalmente sistêmica, desapareceria, por ser um estorvo, qualquer reflexão crítica, pois ela se contraporia ao sonho cibernético de um mundo regido simplesmente por máquinas. A questão se agrava ainda mais quando se considera a conexão entre ciência, técnica, forças armadas e administração.[130] Esse entrelaçamento produz uma administração que se estende a todas as esferas da vida humana e que compreende a si mesma como um sistema isento de crises e em processo de expansão contínua. Diante do sucesso e da eficiência da tecnificação global da vida social, o problema da liberdade dos sujeitos e da legitimação racional de suas ações aparece como algo insignificante. Tudo vai se submetendo, pouco a pouco, a essa lógica total: a política, por exemplo, transforma-se em pura administração cientificamente mediada, de relações objetivadas, o que faz com que a vida social seja tratada como um evento natural.

Aceita-se, aqui, de forma incondicional, a primazia dos mecanismos sistêmicos na vida humana em função da primazia incondicional do crescimento da produção considerado como valor supremo. Na globalização neoliberal,[131] o mercado emerge como a única força capaz de produzir o ser humano enquanto ser livre, pois a condição de possibilidade da realização humana é a renúncia à ação consciente e a submissão incondicio-

---

[130] Cf. Habermas, J. Dogmatismus, Vernunft und Entscheidung. Zu Theorie und Praxis in der verwissenschaftlichen Zivilization. In: *Theorie und Praxis. Sozialphilosophische Studien*. 2. ed. Neuwied/Berlin, Luchterhand, 1967. pp. 231ss.

[131] Cf. Oliveira, M. A. de, Neoliberalismo e ética. In: *Ética e economia*. São Paulo, Ática, 1995. pp. 59-103.

nal a um mecanismo inconsciente e eficaz. O mercado, enquanto conjunto das relações mercantis, emerge como a efetivação intersubjetiva da liberdade. Aqui não há, propriamente, espaço para a ética, uma vez que o seu pressuposto fundamental é a ação livre e consciente por meio da qual o ser humano toma posição a respeito das coisas, das pessoas, em última instância a respeito de si mesmo e de seu mundo. Nesse processo desaparece a transcendência dos sujeitos diante da realidade objetiva de suas vidas, ao contrário, quanto mais desaparecem os sujeitos tanto melhor funciona o sistema como um todo.

A intersubjetividade sistêmica está voltada para a eficiência e, aqui, isso se traduz em sucesso na produção de bens e, em última instância, nos lucros. Aumentar a produção, conquistar novos mercados são objetivos básicos. Sem dúvida, o fato de o avanço tecnológico ser fundamental para a reprodução da vida humana e sua organização sistêmica ser fonte de eficiência no desempenho dessa tarefa mostram o próprio crescimento acelerado da produção e as novas oportunidades para a vida humana abertas por esse processo.[132] A exigência suprema da ética, no entanto, é a construção de uma intersubjetividade transitiva e simétrica. Ora, tudo indica que esse tipo de economia globalizada provocou a emergência de uma intersubjetividade profundamente assimétrica.[133]

---

[132] Referindo-se a Hegel, K-O Apel chama a atenção, nesse contexto, para a diferença essencial entre a necessária exteriorização da práxis humana nas instituições e sistemas sociais e a total alienação que deve ser incondicionalmente evitada (cf. K-O. Apel, Die Diskursethik vor der Herausforderung der "Philosophie der Befreiung". Versuch einer Antwort na Enrique Dussel, in *Diskursethik oder Befreiung?*, editado por R. Fornet-Betencourt, Aachen, 1992, p. 42).

[133] A respeito da origem histórica dessa situação no que diz respeito ao Terceiro Mundo, cf. K-O. Apel, op. cit., pp. 32ss, e V. Hösle, Die Dritte Welt als ein philosophisches Problem, in *Praktische Philosophie,* op. cit., pp. 131ss.

No mundo contemporâneo, cada vez mais rapidamente, surgem produtos novos, melhores e mais baratos e, ao mesmo tempo, podemos observar uma luta sem tréguas por trabalho e salário. Há uma nova distribuição de pobreza e de bem-estar, uma vez que, atualmente, os empobrecidos estão presentes também nos países desenvolvidos. O abismo é cada vez maior entre as empresas, que planejam e agem em nível mundial, e os governos que trabalham, ainda, em perspectiva nacional e que vêem-se forçados, assim o afirmam, pela enorme pressão da concorrência global, a diminuir os gastos sociais. Temos uma economia mundializada, não, porém, uma política mundializada. Milhões de pessoas estão à busca de novos trabalhos e muitos sabem que nunca mais poderão encontrá-los.[134] Já há, entre os economistas, quem anteveja uma sociedade no futuro com 20% de incluídos e 80% de excluídos.

De qualquer forma, na situação atual, há uma minoria que aproveita as enormes chances abertas à humanidade, enquanto a maioria é perdedora.[135] O progresso globalizado, nessa forma de globalização, não é progresso para todos, mesmo se deixarmos de lado a questão ecológica, que é, também, central para o juízo ético. Tudo indica, levando em consideração o caráter hipotético das análises econômicas das causas geradoras da situação atual, que a forma específica de globalização que se efetivou combinou o máximo de eficiência com o máximo de iniqüidade social e ecológica.

---

[134] Cf. Rifkin, J. *Das Ende der Arbeit*. Frankfurt am Main, Campus-Verl., 1995.

[135] Cf. Goldsmith, J. *Die Falle und wie wir ihr entrinnen können*. Holm, Deukalion, 1996.

Ora, se a exigência ética suprema é a construção de uma intersubjetividade transitiva e simétrica, essa exigência aponta sempre para a história como seu espaço de possível efetivação.[136] É mediante as construções históricas de sua práxis que abrem-se ao ser humano as chances de se construir como intersubjetividade transitiva e simétrica. Isso significa afirmar a permanente tensão, na vida humana, entre a exigência ética e as situações históricas específicas, finitas e contingentes, pelas quais ele busca a efetivação de seu ser.

A questão da construção de uma intersubjetividade geradora de liberdade é a questão central de sua história. Já que o ser humano não é posse imediata de seu próprio ser, mas efetiva sua essência pela mediação da construção de mundos humanos capazes de garantir o reconhecimento universal, a tarefa básica do processo de humanização é construir o mundo como o espaço da liberdade possível. Isso não se faz sem que se procure, conscientemente, uma síntese entre a exigência ética básica e as situações históricas específicas. Do universal da exigência ética básica não é possível simplesmente deduzir decisões históricas à altura dos desafios. É necessário "traduzir" o universal no irrepetível da situação.

A ética nos aponta, sempre, para as duas raízes inelimináveis da ação humana: a universalidade da exigência e a particularidade da situação histórica. O universal nos diz *a priori* o que não devemos fazer, o que está excluído de antemão, sob pena de cairmos no caos do arbítrio, puramente

---

[136] A respeito de uma avaliação das tentativas de trabalhar a problemática do Terceiro Mundo do ponto de vista da ética, cf.: H. Schelkshorn, Philosophisch-ethische Zugänge zur Problematik der "Dritten Welt". Eine Auseinandersetzung mit einigen aktuellen Beiträgen, in *Für Enrique Dussel. Aus Anlab seines 60. Geburttages*, Aachen, 1995, pp. 169ss.

subjetivo. Mas a história exige mais de nós: nossa tarefa primeira é buscar a forma adequada de efetivar esse universal nas particularidades da situação, o que interpela a liberdade criativa. Trata-se, sempre, de presentificar de novo o absoluto nas contingências da vida histórica. Isso implica dizer que se faz urgente, em nossa situação epocal, estabelecer discursos em que se possa pôr em relação a exigência ética suprema e o conhecimento das chances e dos perigos que uma economia globalizada traz à vida humana, de modo muito especial às maiorias marginalizadas.

Certamente fundamental nessa discussão é o debate sobre a natureza do econômico enquanto dimensão essencial do agir do ser humano no mundo. O ser econômico é sujeito livre, espírito subjetivo e intersubjetivo. Então, o econômico tem, fundamentalmente, a ver com a reprodução material dos sujeitos livres e na medida em que se institui como sistema, deve guardar sua razão de ser, ou seja, deve gestar um conjunto de instituições por meio das quais seja possível reproduzir a vida humana, o valor mais elementar. Isso revela o sentido originário do econômico na vida humana: estar a serviço da satisfação das necessidades básicas do ser humano e, enquanto tal, é um momento no processo de antropogênese. Nessa perspectiva, o econômico nem pode ser considerado um fim em si mesmo, nem simplesmente um processo sistêmico inteiramente entregue à sua própria dinâmica.[137] Ele é, também, um espaço aberto à intervenção

[137] "Die im argumentativen Diskurs zum Bewubtsein ihrer metainstitutinellen Verantwortung gekommne Kommunikationsgemeinschaft mub die praktisch wirksame Kontrolle und die Organisationsinitiative gegenüber allen funktionalen Systemen letztlich behalten" (K-O. Apel, Die Diskursethik vor der Herausforderung, op. cit., p. 43).

humana, por isso deve ser cuidadosamente planificado, regrado, a fim de poder servir à satisfação das necessidades materiais de todo os homens.

Nesse contexto, passa para o primeiro plano, em vez da simples quantidade de bens, a sua qualidade, aliás não só a qualidade dos produtos, mas a da vida humana e a do meio-ambiente. Isso tudo tem de implicar em algumas perguntas fundamentais.[138] A vida humana está totalmente orientada para a necessidade e para a acumulação de bens materiais? A produção ilimitada e o consumo sem fim constituem os objetivos centrais da vida humana? Isso exige uma intersubjetividade racional? A questão central não é, antes, intervir no sistema mundial, a longo prazo, no sentido da efetivação da justiça social e ecológica em nível mundial? Isso implica a busca de mecanismos que possam se contrapor à lógica excludente global em escala mundial. A exigência ética suprema deve se traduzir, hoje, na exigência de transformação radical de uma economia que exclui e joga uma maioria crescente na miséria mais cruel de todos os tempos.

---

[138] Cf. L. Boff, M. Arruda, Bildung und Entwicklung auf die integrale Demokratie, in Entwicklung mit menschlichem Antlizt, op. cit., p. 89ss.

Capítulo 3

ÉTICA E JUSTIÇA EM UM MUNDO GLOBALIZADO

Desafios de nosso marco histórico

A reflexão filosófica sobre a ação humana compreendeu, desde seu início entre os gregos, que seus princípios são prescritivos precisamente na medida em que devem procurar uma tradução na vida humana, que é sempre uma vida sócio-histórica, marcada por determinada tradição cultural. Assim, a própria reflexão parte da "situação mundana" em que os seres humanos se situam, e retorna a ela no sentido de delinear os imperativos históricos em relação a essa situação de tal modo que repor hoje a pergunta por ética e justiça implica, em primeiro lugar, perguntar-se pela configuração básica da situação sócio-histórica em que estamos inseridos e que constitui o pano de fundo de nossas perguntas.

Alguns fatos chamam imediatamente a atenção, sobretudo quando se tem na memória a nossa situação epocal nas décadas anteriores: por exemplo, o fato de, mesmo nos países ricos, milhões de pessoas sobreviverem na base dos auxílios assistenciais dos Estados e de milhões viverem abaixo dos limites oficiais de pobreza,[1] há uma aceleração do

[1] O presidente do Banco Mundial num discurso perante a junta de governadores do banco em Washington, no final de setembro de 1999, como noticiado pela imprensa internacional, chamou a atenção, citando o relatório do banco, para a crescente pauperização: atualmente, 1,5 bilhão de pessoas sobrevivem com o equivalente a menos de um dólar por dia.

desemprego,[2] porém mais rapidamente ainda crescem os ganhos com ações e os lucros das empresas; o abismo entre Norte e Sul aumenta[3] e explodem conflitos culturais entre o ocidente secularizado e o mundo islâmico teocrático, reações etnocêntricas de populações nacionais contra o estrangeiro, contra os que têm outras crenças, outra cor, contra deficientes e grupos marginais, precisamente num momento em que as migrações crescentes provocam a convivência de populações étnica, religiosa e culturalmente diferentes. As sociedades européias, por exemplo, estão a caminho de se tornarem sociedades multiculturais, o que levanta o desafio da criação de estruturas de convivência política que possibilitem a coexistência igualitária de formas de vida diferenciadas étnica, lingüística e religiosamente. Nesse contexto de heterogeneidade cultural está em ascensão um novo individualismo, que se contrapõe à atitude coletivista das esquerdas tradicionais na medida em que as massas assimilaram valores próprios da sociedade capitalista, como a competição e a realização pessoal, uma vez que mercados globalizados, consumo de massa, comunicação de massa e turismo de massa possibilitaram a difusão mundial dos produtos da cultura de massa provenientes, sobretudo, dos Estados Unidos: os mesmos bens e estilos de consumo, os mesmos filmes, programas de televisão e as mesmas músicas se

---

[2] Cf. Rifkin J., *O fim dos empregos;* o declínio inevitável dos níveis dos empregos e a redução da força global de trabalho. São Paulo, Makron Books, 1995.

[3] Cf. Fröbel, J.; Heinrichs, J.; Kreye, O. *Die neue internationale Arbeitsteilung.* Strukturelle Arbeitslosigkeit in den Industrieländern und die Industrialisierung der Entwicklungsländer. Reinbeckbei/Hamburg, Rowohlt, 1977.

espalham pelo mundo. Emergem, igualmente, processos que destroem a solidariedade, sobretudo quando está em jogo a questão da redistribuição, e que podem conduzir à fragmentação política.[4]

Tudo indica, como diz Habermas,[5] que as democracias de massa do estado de bem-estar social se encontram no fim de um desenvolvimento que começou com o Estado nacional originado das revoluções burguesas da modernidade. Para ele, o conteúdo contrafáctico daquilo que Rousseau[6] e Kant conceptualizaram como "autonomia republicana"[7] encontrou sua realização em sociedades constituídas como Estados nacionais. O Estado territorial, a nação e uma economia constituída em fronteiras nacionais formaram, então, uma constelação histórica em que o processo democrático pode encontrar uma configuração institucional mais ou menos convincente. A idéia fundamental da democracia moderna — que uma sociedade pode atuar sobre si mesma como um todo — até agora encontrou realização apenas no seio do Estado nacional. O que caracteriza nossa época, para Habermas, é que precisamente essa constelação histórica está sendo posta em questão por aquilo que se convencionou cha-

---

[4] Cf. Habermas, J. Die postnationale Konstellation und die Zukunft der Demokratie, in *Die postnationale Konstellation,* op. cit. p. 111.

[5] Cf. Idem, ibidem, p. 94.

[6] Cf. Oliveira, R. J. de. A utopia rousseauísta. In: *Utopia e razão pensando a formação ético-política do homem contemporâneo.* Rio de Janeiro, UERJ 1998. pp. 71-97.

[7] Cf. Habermas, J. *Die Einbeziehung des Anderen.* Studien zur politischen Theorie. Frankfurt am Main, Suhrkamp, 1996. pp. 89ss.

mar de "globalização"[8] que, por sua vez, para Höffe[9] constitui a nova palavra-chave da filosofia política.[10] A palavra é marcada por emoções contraditórias, em parte esperanças, em parte medo, porém, quando se consegue atribuir-lhe um sentido preciso, ela pode ter um grande valor para o diagnóstico de nossa época. Ela tem, acima de tudo, o mérito de explicitar o grande desafio de nossa formação sócio-histórica.

Em última instância, a globalização[11] significa, do ponto de vista econômico e político, uma forma nova de acumulação e regulação do capital, que então se tornou, no sen-

---

[8] Para Höffe, trata-se do desafio fundamental de nossa época, mas não de sua característica única, pois há várias contratendências: por exemplo, há um movimento de regionalização que condiciona a própria globalização econômica. Há também a fragmentação das megacidades em grupos étnicos e culturais separados entre si, o crescimento, nas democracias jovens, de sentimentos nacionalistas e ainda o fato, que não pode ser esquecido, da existência de línguas, costumes e religiões diferentes (cf. O. Höffe, *Demokratie im Zeitalter der Globalisierung,* München, Beck, 1999, pp. 20-21).

[9] Cf. O. Höffe, op. cit., p. 13.

[10] Para Höffe, desde os iniciadores da filosofia do Estado e da filosofia do Direito, Platão e Aristóteles, a filosofia política sempre teve como referência empírica as comunidades particulares. A globalização põe a filosofia política diante de desafios desconhecidos pelo pensamento da tradição (cf. O. Höffe, op. cit., p.14).

[11] É consenso geral que experimentamos, no momento presente, um crescimento drástico das atividades internacionais, sobretudo, embora não exclusivamente, dos fluxos internacionais de mercadorias e de capital. Segundo J. Perraton, D. Goldblatt, D. Held, A. McGrew, um grupo que desenvolveu a pesquisa Globalisation and Advanced Industrial State na Open University, em Londres (cf. Die Globalisierung der Wirtschaft, in U. Beck, org., *Politik und Globalisierung,* Frankfurt am Main, 1998, pp. 134-168), formaram-se dois grupos de intérpretes: para uns, esse desenvolvimento conduz ao desaparecimento dos Estados nacionais e, para outros, nada há de novo, pois não existe propriamente um sistema global. A respeito do segundo grupo, veja: P. Hirst & G. Thompson, *Globalização em questão,* Petrópolis, Vozes, 1998; Globalisierung? Internationale Wirtschaftsbeziehungen, Nationalökonomien und die Formierung von Handelnsblöcken, in U. Beck, org., Politik der Globalisierung, Frankfurt am Main, 1998, pp. 85-133. J. Habermas e O. Höffe se põem para além dessa contraposição na medida em que não afirmam propriamente o desaparecimento dos Estados nacionais, mas sua inserção em um contexto novo, que muda radicalmente as condições de contorno em que se formaram e se desenvolveram as democracias modernas.

tido pleno, um sistema econômico mundial.[12] Ela substitui o sistema de Bretton-Woods, que significou um regime internacional da economia na medida em que, por meio de um regime cambial fixo e da ação de instituições como o Banco Mundial e o FMI, foi possível encontrar um equilíbrio entre políticas econômicas nacionais e regras do comércio mundial liberalizado.[13] Esse sistema foi abandonado no início da década de 1970, surgindo, em seu lugar, um "liberalismo transnacional",[14] que provocou a liberalização do mercado mundial, acelerou a interconexão da vida econômica e a mobilidade do capital, criando para si um espaço de ação cada vez mais independente do espaço dos Estados nacionais.[15]

---

[12] Cf.: OLIVEIRA, A. M. de Die Globalisierung und die Problematik der Dritten Welt: Ethische Herausforderung. In: FORNET-BETANCOURT, R., org. *Armut im Spannungsfeld zwischen Globalisierung und dem Recht auf eigene Kultur:* Dokumentation des VI. Internationalen Seminars des philosophischen Dialogsprogramms. Frankfurt am Main, IKO-Verl. für Interkulturelle, 1998. pp. 155-185. C. FURTADO, *O capitalismo global.* 4. ed. Rio de Janeiro, Paz e Terra, 2000.

[13] Cf.: H. Braverman, *Trabalho e capital monopolista*, Rio de Janeiro, Zahar, 1981; T. Kemp, *The climax of capitalism,* London, 1990; J. Habermas, op. cit., p. 119. Em P. de A. Sampaio Jr. (*Entre a nação e a barbárie;* os dilemas do capitalismo dependente, Petrópolis, Vozes, 1999, p. 17): "O fim do ciclo de difusão da Segunda Revolução Industrial rompeu os parâmetros técnicos e econômicos que durante o pós-guerra haviam sustentado as dinâmicas virtuosas responsáveis pelo progressivo aumento dos salários reais e pela expansão do estado de bem-estar social".

[14] Cf. U. Duchrow, *Alternativen zur kapitalistischen Weltwirtschaft.* Biblische Erinnerung und politische Ansätze zur Überwindung einer lebensdrohenden Ökonomie, Gütersloh: Kaiser, Gütersloher Verl.-Haus, 1994. A respeito das conseqüências desse processo no Brasil, veja R. Gonçalves, *Vulnerabilidade ampliada*, Rio de janeiro, 1999.

[15] Isso provocou a retomada do debate sobre a relação entre poder público e desenvolvimento econômico (Cf. J. L. Fiori, org., *Estados e moedas no desenvolvimento das nações*, 2. ed., Petrópolis, Vozes, 1999), como também o impacto desse processo nos países em desenvolvimento. Em C. Furtado, *A nova dependência,* Rio de Janeiro, Paz e Terra, 1982, p. 132: "Temos que interrogar-nos se os povos da periferia vão desempenhar um papel central na construção da própria história ou se permanecerão como espectadores enquanto o processo de transnacionalização define o lugar que a cada um cabe ocupar na imensa engrenagem que promete ser a economia globalizada do futuro".

A globalização é o resultado de opções políticas determinadas, mas tem inúmeros pressupostos,[16] entre os quais certamente um dos mais importantes é a nova revolução tecnológica[17] que fez da ciência e da técnica as forças impulsionadoras do novo paradigma de produção industrial[18]

---

[16] A respeito de pressupostos culturais, veja E. Hobsbawn, *Era dos extremos;* o breve século XX (1914-1991), São Paulo, Companhia das Letras, 1997, pp. 314-336. J. M. Mardones, *Capitalismo y religión. La religión política neoconservadora*, Santander, Sal Terrae, 1991.

[17] Cf.: M. J. Piore & C. F. Sabel, *The second industrial divide — possibilities for prosperity*, New York, 1984; A. Maddison, *Dynamic forces in capitalist development*, Oxford, 1991. Uma interpretação puramente econômica da globalização, segundo Höffe, é obra comum dos liberais ortodoxos e dos marxistas que só enxergam no mundo a ação de forças econômicas. Ora, para ele, nem mesmo as mudanças econômicas têm causas puramente econômicas, pois dependem também de decisões políticas e de renovações tecnológicas. Ele insiste em uma interpretação não exclusivamente econômica da globalização (cf. O. Höffe, op. cit., p. 15). O pensamento liberal privilegia os aspectos econômicos e interpreta a globalização como uma conseqüência necessária da revolução tecnológica recente, que, aliada à expansão dos mercados, derrubou as fronteiras territoriais e eliminou os projetos econômicos nacionais. A afirmação mais polêmica dessa interpretação é que a própria globalização econômica promoveria uma homogeneização progressiva da riqueza e do desenvolvimento pela mediação do livre comércio e da liberdade completa de circulação dos capitais privados, o que conduziria a humanidade a um governo global e a uma democracia cosmopolita. Para uma crítica dessas teses, veja M. Santos, *Por uma outra globalização:* do pensamento único à consciência universal, Rio de janeiro, Record, 2000. Para C. Furtado, a difusão dos valores dessa revolução tecnológica aprofundou o grau de dependência cultural das regiões periféricas: os avanços nas áreas de comunicação e de transporte exacerbam a tendência ao mimetismo cultural nas classes média e alta dos países periféricos. Trata-se de copiar os padrões de consumo e o comportamento vindos do centro hegemônico (cf. C. Furtado, *A nova dependência,* Rio de Janeiro, Paz e Terra, 1982, p. 132). Além disso, difundiu-se a idéia de que se trata de um processo inexorável. "Neste fim de século prevalece a tese de que o processo de globalização dos mercados há de se impor no mundo todo, independentemente da política que esse ou aquele país venha a seguir. Trata-se de um imperativo tecnológico, semelhante ao que comandou o processo de industrialização que moldou a sociedade moderna nos dois últimos séculos" (C. Furtado, *O capitalismo global,* op. cit., p. 26).

[18] Por essa razão fala-se, hoje, da passagem de uma sociedade de mercadorias para uma "sociedade da informação" (cf. P. F. Drucker, *La sociedad poscapitalista*, Buenos Aires, 1990; Idem, *Las nuevas realidades*, Buenos Aires, 1990). Para Habermas,

e, em última análise, da nova forma de acumulação, a "acumulação flexível", em que ocorre, por um lado, um aumento muito grande da produtividade do trabalho acompanhada de uma mudança significativa nas relações entre o capital e o trabalho e, por outro lado, uma competitividade exacerbada no plano internacional,[19] uma vez que as empresas são forçadas, no mercado aberto, a aumentar sempre mais sua produtividade e a diminuir seus custos, sobretudo com a diminuição da mão de obra.[20] Essa nova tecnologia radica-se em

---

a massa de trabalhadores que durante séculos trabalhou na agricultura, migrou, na modernidade, primeiro para a indústria e depois para os serviços. Hoje, surge um "quarto setor" de campos de atividades, baseados no saber e que dependem da abundância de novas informações, em última instância, da pesquisa e da inovação. Estas, por sua vez, dependem da "revolução do sistema educativo", que levou a uma ampliação drástica dos níveis secundário e superior do sistema de educação (cf. J. Habermas, "Aus Katastrophen lernen? Ein zeitdiagnostischer Rückblick auf das kurze 20. Jahrhundert, in *Die postnationale Konstellation*, op. cit., p. 67). Além disso, em nossas sociedades complexas, cada especialista é leigo em relação a todos os outros especialistas, de tal modo que somos, todos, de alguma forma, marcados por uma "segunda ingenuidade" (na expressão de M. Weber), na medida em que temos de ter familiaridade com um conjunto de aparelhos eletrônicos cuja técnica não captamos e que constituem a acumulação de saber de muitas gerações de cientistas (cf. J. Habermas, op. cit., pp. 69-70).

[19] O que, segundo C. Furtado, tem levado a uma desarticulação dos mecanismos que davam coerência aos sistemas econômicos nacionais e, conseqüentemente, a aumentar o hiato que separa as economias centrais das economias periféricas (cf. C. Furtado, Globalização das estruturas econômicas e identidade nacional, in *Estudos avançados*, São Paulo, v. 6, n. 16, 1992, pp. 55-64).

[20] O que tem provocado uma diminuição dos trabalhadores sindicalizados e, sobretudo, da força dos sindicatos, no contexto político atual. Técnicas de relações humanas procuram facilitar a integração dos trabalhadores na empresa e proclama-se o desaparecimento dos conflitos sociais. Para Höffe, essa competitividade instalou-se, atualmente, em todos os campos da vida humana, na ciência e na cultura, mesmo na linguagem e na religião (cf. O. Höffe, op. cit., p. 19). De modo geral, isto é, com exceção da África abaixo do Saara e da China, o setor agrário foi fortemente mecanizado, o que levou a uma enorme diminuição do contingente de trabalhadores na agricultura e a uma transformação radical nas relações campo-cidade, portanto a uma ruptura grande com as formas de vida predominantes no passado, e até a uma profunda transformação na vida urbana. Nova York está a grande distância do que eram Paris e Londres no século XIX e as grandes cidades de hoje, México, Tóquio, Calcutá, São Paulo, Cairo, Seul e Xangai rompem com as dimensões convencionais da "cidade" que conhecíamos (cf. J. Habermas, *Aus den Katastrophen lernen?*, op. cit., p. 68).

mecanismos regulados por computadores que são capazes de programar todo o processo de automatização de tal modo que a eletromecânica se constitui no fundamento do novo processo produtivo. Numa palavra, o eixo central desse novo processo produtivo é a tecnologia da informação, que transformou profundamente, por meio das indústrias da comunicação, nossas experiências de tempo e espaço[21] e as estruturas das relações entre as culturas.

A informática, a nova automação, a biotecnologia, a intervenção genética, os novos materiais e as novas formas de administração das empresas provocaram reestruturações importantes nas relações entre as nações e nas relações sociais fundamentais. As duas de maiores conseqüências são, certamente, a reorganização do processo produtivo[22] e os enor-

---

[21] Há um processo de construção de uma rede mundial de informações e de meios de transporte que diminui drasticamente as distâncias espaciais e faz com que os eventos sejam conhecidos e assimilados quase que instantaneamente. Trata-se de uma *globalização cultural*, que, de alguma maneira, pode ter efeitos democratizantes: na rede mundial eletrônica são tratados igualmente todos os lugares, todas as pessoas, empresas e Estados. Além disso, tem, também, efeitos ecológicos: quem viaja pela internet, em vez de usar carro ou avião, economiza energia e diminui a poluição do meio ambiente (cf. O. Höffe, op. cit., pp. 18-19). Para Habermas, há, aqui, um deslocamento de grandes conseqüências para o futuro: em vez de corpos reunidos em grandes manifestações, temos, hoje, a "inclusão simbólica" da consciência de muitos em redes de comunicação cada vez mais amplas. A massa concentrada transforma-se no público disperso dos meios de comunicação. Essa unificação eletrônica dos indivíduos está tornando anacrônicos os movimentos das massas nas ruas e praças (cf.: J. Habermas, *Aus den Katastrophen lernen?*, op. cit., p. 67).

[22] Ocorre, hoje, uma enorme descentralização do processo de trabalho, que se divide em dois setores: o núcleo, com tecnologia de ponta, e trabalhadores pouco numerosos e altamente qualificados, os artesãos eletrônicos (cf. A. Gorz, *Capitalisme, socialisme, écologie*, Paris, 1991) e, de outro lado, uma rede enorme de pequenas e micro empresas que trabalham por terceirização a partir de encomendas das empresas centrais (cf. D. Harvey, A transformação político-econômica do capitalismo do final do século XX, in *Condição pós-moderna; uma pesquisa sobre as origens da mudança cultural*, São Paulo, Loyola, 1993, pp. 115ss).

mes impactos no sistema de emprego na medida em que a produtividade do trabalho se fez o motor de todo esse desenvolvimento e o desemprego tornou-se fenômeno estrutural,[23] que constitui provavelmente a questão social mais grave do novo contexto societário. Além disso, o efeito visível mais claro dessas mudanças é o processo de financeirização do capitalismo.[24] Não só há uma aceleração dos movimentos do capital pela unificação eletrônica dos mercados financeiros mas sobretudo a tendência da autonomização dos circuitos financeiros, que desenvolvem uma dinâmica própria, independente da economia real.[25] A produção deixa, então, de ser a função econômica principal e os mercados financeiros transnacionais assumem a condução de todo o processo econômico, de tal modo que a valorização do dinheiro torna-se o grande objetivo e o mecanismo fundamental de regência de toda a vida econômica, social e política,[26] e, assim, a estabilização da moeda transforma-se no ponto cen-

---

[23] O que provocou, no âmbito da sociologia, uma discussão sobre a centralidade da categoria trabalho para a compreensão das sociedades contemporâneas (cf: Cl. Offe, *"Arbeitsgesellschaft". Sturkturprobleme und Zukunftsperspektiven,* Frankfurt am Main/ New York, 1984; F. J. S. Teixeira & M. A. de Oliveira, orgs., *Neoliberalismo e reestruturação produtiva;* as novas determinações do mundo do trabalho, São Paulo, Cortez, 1996). Para Höffe, essa situação faz com que a globalização crie, na vida humana, uma "*comunidade de miséria e sofrimento*". Há, hoje, um desrespeito escandaloso dos direitos humanos, guerras civis, corrupção e desgoverno, fome, pobreza, subdesenvolvimento econômico, cultural e político, grandes movimentos migratórios, em parte de fugitivos (cf. O. Höffe, op. cit., p. 20).

[24] Cf.: Braga, J. C. A financeirização da riqueza. In: *Economia e sociedade,* n. 2, 1993, pp. 25-58. F. Chesnais, *A mundialização do capital.* São Paulo, Xama, 1996.

[25] Cf. J. Habermas, *Die postnationale Konstellation,* op. cit., p. 103.

[26] Cf. Altvater E., *Die Zukunft des Marktes.* Ein Essay über die Regulation von Geld und Natur nach dem Scheitern des "real existierenden Sozialismus". Münster, Westfäl. Dampfboot, 1991.

tral das políticas públicas. O resultado mais imediato é que as bolsas internacionais se transformam em mecanismos de avaliação de toda a política econômica nacional. Para Habermas, o paradoxo dessa situação consiste no fato de que políticas que estimulam o crescimento nunca foram tão necessárias exatamente num contexto em que elas se tornaram praticamente impossíveis.[27]

Pode-se falar, em relação ao capitalismo estatalmente organizado a partir de 1930, de um processo de "politização" da economia.[28] Surgiram economias mistas na medida em que o Estado tinha à sua disposição, através da apropriação de uma boa parte do produto social, um espaço para medidas distributivas e subvenções e para implementar políticas sociais eficientes na esfera da infra-estrutura e do emprego. Ele podia intervir nas condições de contorno de produção e de distribuição, com a finalidade de atingir o crescimento, a estabilidade de preços e o emprego pleno, o que se traduzia em uma política social distributiva por meio dos diferentes projetos no âmbito do mercado de trabalho, da família e da educação, da proteção à natureza e do planejamento das cidades. O objetivo era produzir aqueles bens públicos e as condições sociais, naturais e culturais de vida que conserva-

---

[27] É nesse sentido que J. Neyer afirma que o keynesianismo não funciona hoje mais em nível de um só país (cf. J. Neyer, *Spiel ohne Grenzen,* Marburg, Tectum-Verl., 1996).

[28] Estabeleceu-se uma regulação macroeconômica da sociedade por meio de políticas tributárias, monetárias e sociais, sobretudo no campo da previdência social, das políticas de moradia, escola, aposentadorias e controle da demanda. Além disso, foram criados mecanismos para regular as relações entre empresários e trabalhadores, que possibilitaram acordos a respeito da distribuição das riquezas produzidas, cujo objetivo era combinar o máximo de produtividade e intensidade do trabalho com salários diretos e indiretos ascendentes (cf. M. ª de Oliveira, op. cit., p. 158).

vam a urbanidade, o espaço público de uma civilização diante do risco da destruição.[29] Numa palavra, o Estado regulador podia conseguir, ao mesmo tempo, estimular a dinâmica econômica e a integração social.[30] Isso tinha um pressuposto fundamental: a suposição de que os cidadãos reunidos de uma comunidade democrática podem configurar o seu contexto social. Assim, o conceito jurídico de autolegislação adquiriu uma dimensão política e tornou-se um conceito de uma sociedade que intervém sobre si mesma democraticamente. Isso gerou no Ocidente as democracias de massa dos estados de bem-estar social.[31]

Hoje ocorre uma *substituição da política pelo mercado*[32] na condução dos processos sociais, ou seja, está em andamento um processo de "mercantilização" da vida social como um todo,[33] o que significa dizer que uma economia globalizada se subtrai à ação do Estado regulador e submete

---

[29] Cf. J. Habermas, *Die postnationale Konstellation*, op. cit., p. 118.

[30] Cf. J. Habermas, *Aus Katastrophen lernen?*, op. cit., p. 80.

[31] Cf. J. Habermas, *Die postnationale Konstellation*, op. cit., pp. 93-94.

[32] "Dinheiro substitui poder", na expressão de Habermas. Ora, só o poder pode ser democratizado, o dinheiro não. Então, na medida em que o dinheiro se torna o mecanismo de coordenação da vida social, a democracia se torna impossível (cf. J. Habermas, *Die postnationale Konstellation*, op. cit., pp. 119-120).

[33] Habermas fala de uma mercantilização brutal do mundo vivido (cf. J. Habermas, op. cit., p. 133). Höffe, por sua vez, chama a atenção para o fato de que a globalização não é um fenômeno natural, mas fruto de decisões humanas. Assim, os acordos de Bretton Woods (1944), o acordo geral de comércio e alfândega (GATT, 1947) e a organização para a cooperação econômica européia (OEEC, 1948, depois OECD, 1960) foram as condições para a liberalização e a desregulamentação dos mercados de bens e de finanças. A globalização, que se seguiu a isso, foi acelerada pela intervenção de outros fatores, entre os quais tem papel fundamental a nova revolução tecnológica (cf. O. Höffe, op. cit., p. 18).

ao mercado todos os fatores da produção em um processo acelerado de internacionalização de todos os mercados[34] e a contraposição radical entre metas econômicas e fins sociais e políticos.

> Quanto mais as empresas se globalizam, mais escapam da ação reguladora do Estado, mais tendem a se apoiar nos mercados externos para crescer. Ao mesmo tempo, as iniciativas dos empresários tendem a fugir do controle das instâncias políticas.[35]

Agora as forças do mercado se transformam em forças reguladoras da sociedade e do Estado, e o primado da produtividade e do lucro tornou-se a mediação inevitável das relações sociais e políticas.[36]

---

[34] Ou seja, para Habermas, uma tentativa sistemática de desconstrução do Estado social por meio de uma política econômica orientada para a oferta e para a eliminação dos mecanismos que permitiam a intervenção estatal nas condições de contorno do processo econômico. O resultado é o reaparecimento de tendências de crise e desigualdades, cada vez maiores, que geram exclusões e ameaçam a capacidade de integração de uma sociedade liberal e provocam, conseqüentemente, um processo de destruição da solidariedade social que só pode desfechar no desaparecimento de uma cultura política que constituía a base universalística de sociedades democraticamente reguladas (cf. J. Habermas, op. cit., pp. 80-81).

[35] Cf. C. Furtado, *O capitalismo global*, op. cit., p. 29. No caso da América Latina, esse processo leva a uma pergunta fundamental: Até quando pode acreditar na democracia uma sociedade que vê crescer aceleradamente a riqueza financeira ao mesmo tempo que aumentam o desemprego e a exclusão social? Veja, a respeito, M. Santos, op. cit.

[36] Cf. A. Giddens, *A Terceira Via. Reflexões sobre o impasse político atual e o futuro da social-democracia*, Rio de Janeiro, Record, 2000. "Em suma, o tripé que sustentou o sistema de poder dos Estados nacionais está evidentemente abalado, em prejuízo das massas trabalhadoras organizadas e em proveito das empresas que controlam as inovações tecnológicas" (C. Furtado, *O capitalismo globalizado*, op. cit., p. 29).

O primeiro efeito desse processo[37] mostra-se no fato de que o Estado nacional perde, cada vez mais, sua capacidade de captar impostos, de estimular o crescimento, e, com isso, de assegurar as bases de sua legitimação, pois a base fiscal da política social torna-se cada vez menor e, por outro lado, cresce a incapacidade de regulação macroeconômica sem que se descubra no plano internacional um equivalente funcional, o que significa que o Estado nacional é limitado em seu espaço de ação[38] e inseguro em sua identidade coletiva.[39]

Com uma sociedade mundial interdependente, muito raramente há congruência entre participantes e concernidos nas decisões estatais. Para além dos Estados nacionais for-

---

[37] Cf. F. W. Scharp, Demokratie in der transnationalen Politik, in U. Beck, op. cit., pp. 228-253, sobretudo pp. 243ss. A respeito do caso do Brasil, veja P. A. Singer, em A dominação financeira, in *Folha de S. Paulo*, 5/4/2000, p. 2-2: "As políticas do governo FHC exibem uma clara ordem de prioridades: em primeiro lugar vêm as metas inflacionárias, que pautam a política do Banco Central; em seguida, o ajuste fiscal, negociado primeiro com o FMI e só mais tarde com o Congresso; e depois as políticas agrícola, industrial, de comércio externo, de pesquisa científica e tecnológica etc. As políticas de geração de trabalho e renda, de amparo à pequena empresa e à agricultura familiar, de reforma agrária, de educação, de saúde, de habitação popular etc. vêm na rabeira, constituindo variáveis de ajuste para garantir o cumprimento de metas de inflação e de ajuste fiscal".

[38] "Em um país ainda em formação, como é o Brasil, a predominância da lógica as empresas transnacionais na ordenação das atividades econômicas conduzirá quase que necessariamente a tensões inter-regionais, à exacerbação de rivalidades corporativas e à formação de bolsões de miséria, tudo apontando para a inviabilização do país como projeto nacional". (C. Furtado, *Brasil: a construção interrompida*, São Paulo, Paz e Terra, 1992, p. 35).

[39] Os Estados nacionais sentem-se impotentes também diante de outros movimentos para os quais se tornaram igualmente abertos: criminalidade organizada, comércio de drogas e de armas etc. Além disso, "o desenvolvimento desigual do capitalismo voltou a promover uma brutal concentração espacial do progresso técnico, ampliando o hiato entre desenvolvidos e subdesenvolvidos" (P. de A. Sampaio Jr., op. cit., p. 22).

mam-se blocos militares ou econômicos, que dão origem a outras fronteiras com quase a mesma importância que as fronteiras territoriais: emerge, assim, um governar para além dos Estados nacionais que, de algum modo, compensa a perda de capacidade de ação dos Estados nacionais em determinados campos.[40] Além disso, cresceu o número das organizações governamentais internacionais e aumentou muito a influência de organizações não governamentais, como, por exemplo, a *Worldwide Fund for Nature*, a *Greenpeace* e a *Amnesty International*. No entanto, certamente há, cada vez mais, acordos em nível internacional, mas eles não vão além de uma integração negativa: se não se consegue nem mesmo chegar a um consenso sobre o imposto Tobin,[41] quanto mais a acordos sobre correções do mercado por meio de uma coordenação democrática e social nos campos das políticas tributárias, econômicas e sociais, tanto mais que a regulação política segue critérios diferentes dos da simples eficácia econômica, o que revela a impossibilidade de substituir pura e simplesmente o poder político pelo mercado. Para Habermas, uma questão muito importante, nesse contexto, é que as novas formas de cooperação internacional carecem de legitimação.[42]

O que marca o cenário internacional, hoje, é uma corrida desesperada para a desregulamentação por parte dos governos nacionais temerosos da fuga de capitais e isso tem

---

[40] Cf. Held, D. Democracy, the Nation State and the Global System. In: Held, D., org. *Political Theory Today*. Cambridge, 1991. pp. 201ss.

[41] Cf. Tobin, J. A Proposal for International Monetary Reform. In: *Eastern Economic Journal* v. 4, 1978, pp. 153-159.

[42] Cf. J. Habermas, *Die postnationale Konstellation,* op. cit., pp. 109-110.

conduzido a lucros enormes, como também a disparidades gigantescas de renda, a um desemprego crescente e aumento das populações pobres.[43] Para Habermas, isso é resultado de uma ampla renúncia à configuração política das relações sociais e do abandono de pontos de vista normativos[44] em função de uma adaptação a imperativos sistêmicos, pretensamente inevitáveis. O que implicaria em desembocar em um tipo de economicismo, que Höffe[45] denomina "fatalismo econômico", na medida em que atribui à economia a função de decidir não só sobre os meios, mas também sobre os fins da vida social. A política teria como tarefa apenas reagir a esses fins, isto é, ela não tem mais a tarefa de configurar a vida coletiva, mas apenas a de ajustar-se à economia, ou seja, de subordinar-se às forças do mercado.

---

[43] Cf. P. Bourdieu, org., *A miséria do mundo*, Petrópolis, Vozes, 1997. No caso do Brasil, os analistas acentuam que veio aprofundar a situação de miséria de milhões que não têm acesso à riqueza, à renda, à terra, à educação, à saúde, à moradia, ou seja, aos mínimos sociais inerentes à condição humana. Quanto à inserção do Brasil nesse processo, veja J. L. Fiori, op. cit. e A. Boito Jr., *Política neoliberal e sindicalismo no Brasil*, São Paulo, 2000. O mais recente relatório do Programa das Nações Unidas para o Desenvolvimento (PNUD) afirma que o Brasil avançou muito pouco na redução da miséria, porque mantém um sistema de grande desigualdade social. Os recursos sociais têm sido direcionados em benefício da camada mais privilegiada da sociedade brasileira e não para projetos de redução da pobreza, até em relação às diferentes regiões do país (cf. R. Pilati & V. Oswald, PNUD critica o combate à pobreza no Brasil, in *O Globo*, 5/4/2000, p. 35).

[44] Para Habermas, as tarefas de um Estado social fundamentavam-se na dialética da igualdade jurídica e da desigualdade fáctica e consistiam precisamente em agir com o objetivo de assegurar condições de vida sociais, tecnológicas e ecológicas que possibilitassem a todos a utilização, em chances igualitárias, dos direitos do cidadão distribuídos de forma igualitária. O intervencionismo social do Estado, portanto, se radica nos direitos do ser humano (cf. J. Habermas, op. cit., p. 101).

[45] Cf. O. Höffe, op. cit., p. 26.

Para Höffe,[46] essa é apenas uma das dimensões do fenômeno, que à primeira vista revela-se, antes, como uma ameaça aguda à vida humana e à prosperidade, uma vez que se manifesta como uma violência, que opera em nível mundial. A primeira globalização é a da violência em que o arbítrio e o poder tomam o lugar do direito. A humanidade possui, atualmente, a capacidade de um suicídio coletivo. Além disso, existe uma violência que ultrapassa o nível dos Estados: a criminalidade organizada, como o comércio de drogas, de armas e de seres humanos, e o terrorismo internacional, a destruição do meio ambiente. Em um primeiro momento, portanto, a globalização cria uma comunidade da violência.

Há, ainda, uma série de fenômenos, segundo Höffe,[47] que manifestam o lado positivo da globalização: não existe só a comunidade da violência, mas também a "comunidade da cooperação", em diferentes níveis da vida humana, com efeitos muitas vezes democratizantes. Assim, por exemplo, a pressão da globalização leva a um questionamento de regimes autocráticos, e o desrespeito aos direitos humanos provoca reações fortes em nível mundial. A partir dessa base está se formando uma opinião pública mundial que tem abertura para o mundo e que é fortalecida pela ampliação do direito internacional e do direito dos povos, o que já levou à criação de tribunais internacionais em algumas áreas. Além disso, sempre surgem instituições e atividades em nível global que têm influência importante na vida societária. Tudo isso será sinal de que está em formação uma civilização glo-

---

[46] Cf. O. Höffe, op. cit., p. 16.

[47] Cf. O. Höffe, op. cit., pp. 17-18.

bal na forma de uma combinação de uma economia racional com ciência, medicina e técnica?[48] Ou, antes caminhamos para um luta global de civilizações?[49] Para alguns intérpretes de nosso tempo, as distinções hoje decisivas não se situam mais entre culturas ou religiões, e sim muito mais entre os habitantes do campo e da cidade, entre os que possuem uma formação e os que não a possuem, entre os ricos e os pobres.

De qualquer modo, tal situação constitui o grande desafio, que nos faz repor, em nossa situação sócio-histórica, uma questão fundamental que emerge nas diferentes épocas da vida histórica humana: o que fazer? Como posicionar-se em face dessa situação? Como configurar a vida humana pessoal e a coletiva? Höffe retoma, nesse contexto, a problemática que inaugurou a reflexão ético-política do Ocidente, na República: a forma fundamental de configuração da vida coletiva se efetiva pela mediação do direito e do Estado eticamente fundados. A questão se renova, hoje, no plano mundial: se entre indivíduos e grupos, em vez do poder devem reger o direito e a justiça e os dois serem democraticamente organizados, então o mesmo deve valer para as relações entre os Estados e em nível global. A grande exigência de nosso tempo não é, precisamente, uma ordem mundial, democraticamente organizada, radicada na justiça? Consiste então, a resposta da política à globalização, na ampliação das democracias singulares na direção de uma democracia mun-

---

[48] Cf. O. Höffe, op. cit., p. 29.

[49] Cf. HUNTINGTON, S. P. The clash of civilizations? In: *Foreign Affairs* 72, Cad. 3, 1993, pp. 22-49. Idem, *The clash of civilizations and the remaking of world order*. New York, 1996.

dial, ou seja, de uma república mundial? Como é possível, na constelação pós-nacional, conciliar eficiência econômica, liberdade e seguridade social? O desafio fundamental de nossa época é, para Habermas, pensar as condições de uma política democrática para além do Estado nacional.[50] Como se legitima uma ética dessa "comunidade" mundial?

Historicidade e metafísica: A filosofia enquanto arqueologia e escatologia transcendentais

A reflexão ético-política encontra na situação histórica seu ponto de partida:[51] é aí que o ser humano experimenta a si mesmo como um ser que tem de ser, isto é, como algo que não encontra sem mais seu ser já dado, mas antes como uma tarefa a se fazer,[52] o que suscita o desejo de ser. Como seres

---

[50] Cf. J. Habermas, *Die postnationale Konstellation*, op. cit., p. 134.

[51] Os comunitaristas têm insistido contra uma reflexão que parte de um eu abstrato, desvinculado de seu mundo e de sua história, que não corresponde à situação do ser humano enquanto tal, que é sempre uma situação histórica, mas ao indivíduo construído pela modernidade (cf.: M. Walzer, *Thick and Thin: Moral Argument at Home and Abroad*, Notre Dame/Ind., 1994; M. Nussbaum, *The Fragility of Goodness: Luck and Ethics in Greek Tragedy and Philosophy*, Cambridge, 1986; F. V. Ktratochwil & Vergesst, Kant, Reflexionen zu Debatte über Ethik und internationale Politik, in: Ch. Chwaszcza, W. Kersting, orgs. *Politische Philosophie der internationalen Beziehungen*, Frankfurt am Main, Suhrkamp, 1998, pp. 96-149). Em W. Desmond, op. cit., p. 283: "O indivíduo ocidental moderno possui muitas das características desse eu abstrato: desarraigado do ser, alienado das fontes metafísicas mais profundas de sua própria energia de ser, concentrado no 'eu' como um vazio insaciável de apetite calculador, pressentindo o outro como uma ameaça sempre possível a sua própria autonomia afirmada em alta voz. As fontes dessa abstração incluem as pressuposições ontológicas da ciência/tecnologia e sua tendência a objetivar todo o ser, o *ethos* capitalista que vê a terra meramente como uma coisa que possui valor de uso, um recurso a ser explorado para fins lucrativos, a burocratização da vida cotidiana e o achatamento dos santuários da intimidade produzido por uma mentalidade empresarial desenfreada".

[52] Toda a tradição, desde os gregos, afirmou que a perfeição específica do ser humano consiste no fato de ela ser construída livremente (cf. *Et. Nic.*, 6, 1097 b 24-25). É nesse sentido que se diz que o ser humano, ser de natureza, está sempre para além da

no mundo nos experimentamos como seres, cuja efetividade não é simplesmente um fato acabado, mas inicialmente apenas uma possibilidade de ser, uma promessa de ser, uma tarefa de ser, uma meta a ser atingida, um desejo de ser, o que o leva à pergunta: o que devo fazer para ser? Essa pergunta brota do seio de nossa finitude, que implica a possibilidade de fracasso em nossa autoconstrução:[53] nada nos garante de antemão a efetivação de nossa autoprodução, nosso futuro é aberto e incerto, temos de levar a sério a possibilidade de fracasso. Nossa pergunta inicial mostra assim seu peso histórico: o que aqui está em jogo somos nós mesmos, seres finitos, desejosos de ser.[54] Nosso desejo de ser brota de dentro de nossa situação histórica e sua primeira exigência é a fundamentação da resposta à pergunta sobre o que devemos fazer, pois podemos sempre, em princípio, levantar a questão da validade de todas as nossas representações e de nossos próprios desejos, perguntarmo-nos pela validade de nossas metas e dos meios para atingi-las, o que manifesta um traço característico de nós

---

natureza, pois sua auto-realização específica é uma tarefa ética "[...]o ser ético envolve uma *poiesis* do próprio eu, o autodesenvolvimento do ser humano na práxis tendo em vista sua perfeição ideal" (W. Desmond, *A filosofia e seus outros modos de ser e de pensar*, São Paulo, Loyola, 2000, p. 288).

[53] Em W. Desmond, op. cit., p. 307: "Por meio dessa questão mundana surge uma possível *desconfiança metafísica* do tempo. Somos finitos e não nos é oferecida nenhuma garantia; nosso ser intermediado não é auto-suficiente; o ser da alteridade situa-se para além de nós mesmos e não pode ser dominado; nossa diferença, não obstante a auto-insistência no que diz respeito a seu próprio ser, nos enche de medo da morte [...].O desejo humano é inicialmente auto-insistente e afirma seu próprio ser; mas, devido à nossa finitude, a alteridade do ser pode aparecer como uma ameaça a nosso ser [...]".

[54] "Com efeito, enquanto imanente à práxis, a razão prática é normativa por definição. O fim da práxis é a auto-realização do sujeito pela consecução do bem que lhe é conveniente" (H. C. de Lima Vaz, *Escritos de Filosofia V*, op. cit., p. 33).

mesmos: nossa transcendência sobre toda facticidade. A própria pergunta nos arranca da simples facticidade, faz emergir a esfera do possível e manifesta que o ser humano não é um simples produto do seu mundo, de um passado que o carrega e de um presente em que está inserido, mas é capaz de transformar todo e qualquer estímulo que vem do mundo em proposições e afirmá-las ou negá-las, portanto, ele, ser finito e contingente, eleva-se sobre o mundo fáctico, até sobre si mesmo, pela possibilidade de perguntar, de refletir, de julgar, de avaliar, e, assim, de distanciar-se do mundo e tomar posição sobre ele. O ser humano é um ser com os outros no mundo e ao mesmo tempo acima dele, pois é capaz de submeter toda sua experiência à pergunta pela validade, ou seja, é o ser da possibilidade da reflexão radical.

Nós, seres humanos, temos, a partir de nossa própria situação histórica, uma peculiaridade em virtude da especificidade dessa situação: não podemos, sem mais, para fundamentar nossa resposta, apelar para tradições de vida específicas,[55] pois, além de elas constituírem nossa facticidade histórica, que precisa ser questionada quanto a sua validade, ainda

---

[55] "Com a passagem para o pluralismo de cosmovisões, nas sociedades modernas, a religião e o etos nela radicado perdem a função de fundamento público da moral compartilhada por todos" (em A. M. de Oliveira, A teoria da ação comunicativa e a Teologia, in *Tempo Brasileiro*, n. 138, Jürgen Habermas: 70 anos, 1999, p. 110). Pode-se considerar as éticas utilitarista (que parte do sujeito que apetece) e kantiana (que tem como princípio o eu formal puro) como os dois modelos básicos (uma ética do bem, teleológica e uma ética do dever, deontológica) de uma ética típica da modernidade, que abstrai da comunidade ética formadora do comportamento dos indivíduos e procura, a partir da reflexão, estabelecer os princípios universais do agir humano. Para Habermas, isso significou um deslocamento radical no procedimento de fundamentação da moral. "A razão passou da natureza e da história da salvação para o espírito dos sujeitos que agem, o que significa dizer que os fundamentos, racionalmente 'objetivos' para o julgamento moral e para a ação humana, têm de ser substituídos por fundamentos racionalmente 'subjetivos', isto é, trata-se, agora, de relacionar

existe o agravante de vivermos em sociedades multiculturais com formas de vida diferenciadas, de tal modo que qualquer tentativa de estabelecimento de normas para nosso agir pode, em princípio, levantar a suspeita de absolutização de uma forma cultural específica e de sua imposição às outras.

Nesse sentido, nossa própria situação histórica nos aponta para a necessidade de uma reflexão radical[56] que,

---

a ação humana à vontade e à razão dos sujeitos" (M. A de Oliveira, op. cit., p. 112). A respeito da necessidade de uma síntese dessas duas posições (ética teleológica e ética deontológica) que seja capaz de abandonar suas fraquezas e recuperar seus méritos, veja V. Hösle, *Moral und Politik. Grundlagen einer politischen Ethik für das 21. Jahrhundert*, München, Beck, 1997, pp. 154 ss. Tanto para Heintel como para Lima Vaz, as tentativas de fundamentação da ética no Ocidente podem ser reduzidas a duas posições básicas: "Se deixarmos de lado nesse contexto o modelo empirista que permanece no nível do universal de facto, temos diante de nós, de um lado, o modelo platônico-aristotélico e, de outro lado, o modelo kantiano [...]. O problema filosófico inicial da razão prática formula-se no campo epistemológico definido por esses dois grandes paradigmas e a eles se reduzem, afinal, os diversos subparadigmas que encontramos na história da Ética, incluindo a Ética contemporânea" (H. C. de Lima Vaz, *Escritos de filosofia V;* Introdução à Ética Filosófica 2, São Paulo, 2000, p. 31). Na nota 75 da página 62, Lima Vaz afirma que o que caracteriza a ética clássica é que a obrigação decorre do caráter normativo ou vinculante do bem objetivo enquanto a concepção kantiana se funda na necessidade inerente à boa vontade de agir sempre por dever. A síntese entre lei moral e vontade se efetiva pela liberdade. Para Heintel, temos também no Ocidente dois modelos fundamentais: a fundamentação ontológica aristotélico-escolástica e a da filosofia moderna da liberdade. Para ele, a filosofia de Leibniz tentou levar a sério ambas as posturas e conciliá-las (cf. E. Heintel, *Grundriss der Dialektik.* Ein Beitrag zu ihrer Fundamentalphilosophischen Bedeutung, Darmstadt, Wissenschaftliche Buchgesellschaft, 1984, v. II, p. 217). A posição do idealismo absoluto aqui apresentada é uma síntese do realismo e do idealismo subjetivo da filosofia transcendental da modernidade.

[56] Que Platão, pela primeira vez, articulou no Ocidente. Em H.C. de Lima Vaz, op. cit., p. 98: "Pela primeira vez na história da filosofia, a antropologia platônica introduz a distinção que estará presente como uma encruzilhada teórica decisiva nas concepções antropológicas posteriores e, particularmente, na Ética: a distinção entre o ser humano como ser *natural*, integrado na natureza e submetido às suas leis e ritmos, e o ser humano *espiritual*, aberto pela inteligência e pela liberdade a uma realidade *transnatural*, gnosiologicamente *transempírica* e ontologicamente *transcendente* [...]. A *República* permanece na história da Ética como referência primeira para todas as soluções que serão ulteriormente propostas, tendo em vista fundamentar e explicar a estrutura *objetiva* do agir ético".

sem negar a riqueza das situações humanas específicas, seja capaz de detectar o humano comum do ser humano capaz de orientar nosso ser numa sociedade que se tornou global.

O caminho já foi delineado: como toda facticidade pode ser questionada quanto a sua validade, não será nos fatos empíricos que vamos encontrar a resposta sobre a validade dos motivos que possam reger nossas ações no mundo, nem mesmo nos fatos das intuições, que, em princípio, podem ser sempre negadas. A esfera normativa revela-se, assim, como sendo autônoma em relação a qualquer facticidade,[57] portanto de caráter *a priori*, e o acesso a ela se faz, unicamente, dado seu caráter não empírico, por meio de argumentos reflexivos,[58] da reflexão do pensamento sobre si

---

[57] Essa é uma postura que se pode denominar, em sentido estrito, de "idealismo", na medida em que a validade das normas de nossas ações, isto é, seu caráter categórico, se funda no "ser ideal", que não é empírico e vale *a priori* e sempre e não na particularidade fáctica, empírica dos costumes e das tradições. "[...] a descoberta das idéias como norma transcendente de toda realidade apresenta-se imediatamente como solução para o problema da *objetividade* do *ethos*. Com efeito, as idéias se manifestam, por sua própria natureza, como normativas dos costumes ou da conduta ou como fundamento real do *nómos* ou das leis que regem o *ethos* e a *polis*. Daqui a expressão "modelo ideonômico" para caracterizar a solução platônica para o problema da objetividade do mundo ético" (H. C. de Lima Vaz, op. cit., p. 97).

[58] Nesse sentido, *a filosofia* emerge como a reflexão do pensamento sobre si mesmo e sobre seus pressupostos inelimináveis e, enquanto tal, como *uma lógica que fundamenta a si mesma.* Fundamentar é uma relação lógica, o que significa dizer que a lógica não pode ser fundamentada no sentido de que ela pudesse ser fundamentada a partir de fora por algo independente da lógica. Portanto, fundamentação, aqui, só pode ser pensada como autofundamentação, o que significa dizer que a cadeia de fundamentação não pode ser infinita: para sua fundamentação, a lógica pressupõe apenas a lógica. A fundamentação é, portanto, um *círculo necessário.* Essa reflexão não pode, em princípio, ser negada, pois sua negação a pressupõe: como refutar o lógico a não ser com o próprio lógico? Daí seu caráter irrefutável e, enquanto tal, absoluto (Cf. D. Wandschneider, Die Absolutheit des Logischen und das Sein der Natur. Systematische Überlegungen zum absolut-idealistischen Ansatz Hegels, in *Zeitsch. f. phil. Forschung* 39, 1985, pp. 331-351).

mesmo e seus pressupostos irrecusáveis, cuja especificidade é legitimar os próprios princípios de nosso conhecimento e de nossa ação. Essa reflexão do pensamento sobre si mesmo não pode, em princípio, ser negada, pois, quem a nega, reflete, utiliza categorias, numa palavra, pressupõe o que nega. A reflexividade do pensamento revela-se, assim, como ponto último e irrecusável de todo conhecimento.

A especificidade desses argumentos é que aqui não se trata de derivação de conhecimento a partir de outro conhecimento, o que seria impossível em se tratando precisamente de princípios,[59] mas dizem respeito aos pressupostos necessários do agir. Eles são não apenas necessários em um ato concreto — pois em toda situação concreta de argumentação muitas coisas são pressupostas e, nesse contexto argumentativo, não podem ser negadas sem autocontradição, mas são inteiramente contingentes e podem ser negadas por um outro sem autocontradição, por exemplo, que vivo, que estou acordado etc. Quando se trata, nos argumentos reflexivos, de tematizar os pressupostos necessários, o procedimento não é simplesmente o da contradição entre a dimensão ilocutiva e a dimensão proposicional numa situação de ato de fala contingente e determinada. Trata-se, aqui, do que V. Hösle[60] chama de "contradição dialética", que diz

---

[59] Os *argumentos transcendentais* são a alternativa tanto a uma teoria intuicionista do conhecimento, que se contenta com a simples garantia de suas próprias intuições, como ao modelo hipotético-dedutivo de fundamentação, que inevitavelmente conduz a um regresso ao infinito (cf. V. Hösle, Religion, Theologie, Philosophie, in *Die Philosophie und die Wissenschaften*, München, Beck, 1999, pp. 201-202).

[60] Cf. Hösle, V. "Begründsfragen des objektiven Idealismus. In: Forum für Philosophie Bad Homburg, *Philosophie und Begründung*. Frankfurt am Main, 1987. p. 260.

respeito a *sentenças ou conceitos em si mesmos,* e isso independentemente do fato de serem proferidos por um ser finito, ou seja, independentemente do ato de uma consciência finita. Assim, por exemplo, a sentença "existe verdade" é em si mesma reflexiva, ao contrário da sentença "penso, logo existo" que não fala sobre sentenças e, por isso, não é reflexiva; aqui apenas o ato é reflexivo.

A reflexão revela-se como necessária, uma vez que os princípios, enquanto princípios não podem ser deduzidos, isto é, demonstrados no sentido de uma dedução, sem que a dedução já os pressuponha e, ao mesmo tempo, não podem ser negados sem autocontradição. Por essa razão, argumentos reflexivos distinguem-se da dedução e da intuição, e seu específico é que nos faz captar o incondicionado, o sem pressupostos,[61] e, por isso, absoluto; ou seja, os argumentos reflexivos nos fazem captar *pensamentos objetivos em uma*

[61] Para M. Müller, a tradição denominou essa esfera de "auto-evidente", no sentido de que ela só pode ser compreendida e fundamentada a partir de si mesma, e o que constitui a tarefa própria da filosofia é o retorno a seu próprio fundamento, que é igualmente fundamento do pensar e do falar, de mim mesmo e daquilo com que tenho a ver. Filosofia é "reflexão transcendental" sobre essa esfera primeira, critério último a partir do qual se pode questionar todo simplesmente dado a respeito de sua verdadeira realidade e de sua real verdade. Nesse sentido, a criticidade humana, que é a possibilidade de negar qualquer condicionado, só é possível porque já estamos sempre no horizonte do incondicionado. Por isso, a razão crítica perde sua criticidade quando não mais tematiza o incondicionado, que é sua condição última de possibilidade. Toda verdade tem de ser testada no horizonte da verdade enquanto tal. É a partir daí que o pensamento é propriamente pensamento e não apenas representação. A verdade enquanto tal "nos desliga" perante tudo e assim nos faz livres para levantar a questão da validade de tudo. Filosofia é retorno transcendental dos verdadeiros para a verdade (cf. M. Müller, Die Wahrheit der Metaphysik und der Geschichte, in *Erfahrung und Geschichte. Grundzüge einer Philosophie der Freiheit als transzendentale Erfahrung*, Freiburg/München, 1971, pp. 21-22).

razão objetiva, absoluta.[62] A pergunta de Hösle,[63] nesse contexto, é: Por que falar de razão absoluta? Não seria possível dizer que eles existem independentemente de um pensamento finito, mas que existiriam, de certo modo, como números em um mundo ideal sem que se fizesse atribuir a esse mundo pensamento, subjetividade? Trata-se, nos argumentos reflexivos, de estruturas reflexivas às quais não se pode negar uma existência ideal. Como na matemática, a demonstração de sentenças matemáticas verdadeiras ocorre a partir de sentenças matemáticas verdadeiras, então as demonstrações que constituem a demonstração última têm de ser verdades absolutas como as próprias sentenças demonstradas. Assim, a estrutura associada às sentenças é uma estrutura que demonstra a si mesma, que fundamenta a si mesma; é uma estrutura que fundamenta que ela é uma estrutura que fundamenta a si mesma, que se constitui enquanto constituindo a si mesma e, enquanto tal, qualquer tentativa de negá-la a pressupõe, ou seja, trata-se de uma estrutura ineliminável, portanto, de um ser necessário que fundamenta a si mesmo reflexivamente. Ora, reflexividade e autofundamentação constituem a essência da subjetividade, a argumentação, a essência da razão, de tal modo que se deve falar de subjetividade absoluta e razão absoluta. O cerne do procedimento aqui em questão

---

[62] O que significa dizer que a fundamentação última, enquanto tematiza, pela mediação de argumentos transcendentais, uma estrutura última que fundamenta a si mesma, é a "formulação transcendental" daquilo que, a partir de Kant, se chama o "argumento ontológico" da existência de Deus, que é o cerne da filosofia. A respeito de um entendimento do argumento ontológico, que se aproxima dessa posição, veja B. Weissmahr, *Philosophische Gotteslehre*, 2. ed., Stuttgart Kohlhammer, 1994, pp. 96-100.

[63] Cf. V. Hösle, op. cit., pp. 260-261.

consiste em que ele nos leva a ter de reconhecer não só uma esfera do lógico, do ser ideal (as determinações universalíssimas de qualquer ente irredutível a entidades naturais, como também a estados da consciência ou a processos intersubjetivos de reconhecimento), *mas a realidade da razão absoluta* (ser necessário) *como seu princípio*, que constitui, assim, o mais íntimo e o centro do pensamento, subjacente a todo ente e pressuposto de todo pensar, e que, portanto, é o fundamento ontológico de tudo.

O ser ideal, o incondicionado e absoluto, é reflexividade e autofundamentação absolutas[64] e, nesse sentido, espírito absoluto, inteligência absoluta, saber que sabe de si mesmo[65] enquanto reflexão total sobre si mesmo, revelação a si mesmo, auto-iluminação em si mesmo e para si mesmo,[66] identidade absoluta entre ser e reflexão, verdade absoluta e fundamental, a pressuposição de toda posição que, por isso mesmo, não pode ser deduzida, o chão absoluto

---

[64] O que se faz agora é uma explicitação dos momentos da estrutura que fundamenta a si mesma, portanto, uma explicitação do que já está implicitamente presente no argumento de fundamentação última, o que significa dizer que o argumento ontológico, cerne da metafísica, revela-se como a fundamentação última de todo conhecimento e de toda ação.

[65] Pensamento do pensamento, identidade da inteligência (*noûs*) e do inteligível (*noetón*), como diz Aristóteles, in *Met.* XII, 7, 1072 b 21-23. Veja G. W. F. Hegel, *Enzyklopädie*, op. cit., pp. 44-46. A metafísica moderna pré-kantiana colocou o argumento ontológico como correlato do princípio de razão suficiente, porque aquele princípio só tem sentido se existe uma estrutura última que fundamenta a si mesma (cf. V. Hösle, *Religion*, op. cit., p. 202).

[66] Exprimindo isso na linguagem de Hegel e Heidegger, J. B. Lotz afirma que o ser contém a reflexão plena e o retorno completo a si mesmo e com isso é o puro ser-para-si (*Bei sich*, Hegel) ou a iluminidade plena (*Lichtung*, Heidegger) (Cf. J. B., Lotz, Aletheia und Orthotes. Versuch einer Deutung im Lichte der Scholastik, in *Sein und Existenz. Kritische Studien in systematischer Absicht*, Freiburg/Basel/Wien, Herder, 1965, p. 129).

a partir de onde podem ser revelados os limites de nosso saber,[67] fonte e termo de toda verdade, portanto "o primeiro" de todo conhecimento. O absoluto não se revela enquanto outro perante a razão, mas antes como razão absoluta, identidade plena entre ser e saber,[68] princípio universal de inteligibilidade de tudo,[69] que por isso conhece tudo em si

---

[67] Enquanto ciência do pressuposto de todo saber, Aristóteles denomina a filosofia primeira de "teoria da verdade" (cf. *Met.* A 993 a 30ss). É a partir daqui que se articula o argumento elêntico enquanto refutação do ceticismo (cf. E. Berti, *As razões de Aristóteles*, São Paulo, Loyola, 1998, p. 93ss).

[68] O que, no ser finito, é apenas identidade relativa, intencional, o que significa que, aqui, o conhecimento é fazer emergir o outro na interioridade do sujeito, em uma identificação formal e não real com ele (cf. E. Coreth, *Metaphysik. Eine methodisch-systematische Grundlegung,* 2. ed., Innsbruck/Wien/München, Tyrolia-Verl., 1964, p. 358). Em H. C. de Lima Vaz, *Antropologia,* op. cit., p. 223: "No homem o espírito é *formalmente* idêntico ao ser universal, sendo capaz de pensá-lo. Mas é *realmente* distinto dos seres na sua perfeição existencial: a eles pode livremente inclinar-se, mas não realmente identificar-se com eles, o que configura o paradoxo profundo da contemplação e do amor". Em A. M. de Oliveira, "Filosofia enquanto auto-reflexão da razão, in *A Filosofia na crise da modernidade*, São Paulo, Loyola, 1989, p. 135: "A realidade se manifesta, aqui, na interioridade do sujeito, pois o processo do conhecimento, a teoria, aparece essencialmente como um processo de *interiorização* da realidade [...]. Essa dimensão é antes de tudo uma dimensão de manifestação, pois é à medida que algo se interioriza que ele manifesta o próprio sentido".

[69] Aristóteles, *De Anima*, III, 431 b 21. Cf.: T. de Aquino, *De Veritate*, q.1 a 1c. A.; Marc, *La dialectique de l'affirmation: essai de métaphysique réflexive*, Paris, 1952; E. Coreth, op. cit., p. 354. Em H. C. de Lima Vaz, *Antropologia Filosófica II,* São Paulo, Loyola, 1992, p. 104: "Presença que se descobre [...] *transcendental*, porque nessa e por essa intuição da presença do ser, a inteligência vê aberto o horizonte de inteligibilidade ilimitada, no qual o ser se manifesta, e vê igualmente que é situado nesse horizonte que todo e qualquer ente particular pode ser conhecido". Para J. B. Lotz, o ser é verdade ou *a razão formal da verdade é o ser*; daí porque todo ente, porque e enquanto a ele compete o ser, é verdadeiro (cf. J. B. Lotz, *Ontologia*, Barcelona, Herder, 1963, p. 118). M. Müller diz que o ser, enquanto verdade, é incaptável, inatingível no sentido de que ele precede todo captar, representar, conceituar já que nele é que se formam o espaço, o chão de todos os conceitos e podem ser formados representações e objetos. Assim, o ser, enquanto verdade, é um "pré-conceito" que precede todos os conceitos, o "fundamento"(*arché*) de todo conhecimento verdadeiro. Filosofia é, então, reflexão transcendental enquanto saber "arqueológico", isto é, retorno ao "primeiro" enquanto fonte de inteligibilidade de tudo (cf. M. Müller, op. cit., pp. 20-21).

mesma: todo e qualquer ente é, enquanto principiado do princípio absoluto, em princípio e na medida mesma em que é, inteligível, portador de um "logos", de uma logicidade imanente, uma vez que a universalidade absoluta do lógico implica que tudo lhe seja submetido e, por essa razão, aberto ao saber. Por outro lado, o espírito finito é a possibilidade de captar o inteligível de tudo.[70] E. Coreth[71] denomina a inteligibilidade dos entes de verdade *ôntica*[72] e o saber do espírito finito, enquanto capacidade de captação da inteligibilidade de todas as coisas, de verdade *lógica.*[73] Ambas se

---

[70] Precisamente enquanto ser aberto à esfera absoluta, que é fonte de inteligibilidade de tudo. Nessa perspectiva, o tomismo transcendental fala de uma presença atemática de Deus como fundamento de todo e qualquer conhecimento, até mesmo do conhecimento explícito do absoluto na reflexão filosófica e na religião. Em K. Rahner, *Curso fundamental da fé*; introdução ao cristianismo, São Paulo, Paulus, 1989, p. 71: "Essa experiência atemática e sempre presente — o conhecimento de Deus que sempre temos até quando pensamos e lidamos com outras coisas que não Deus — é o fundamento permanente do qual emerge o conhecimento temático de Deus que exercemos na atividade explicitamente religiosa e na reflexão filosófica". Daí a explicação da tensão ineliminável que marca o ser humano enquanto ser espiritual finito. Em H. C. de. Lima Vaz, *Antropologia,* op. cit., p. 217: "Em primeiro lugar, apresenta-se, pois, a tensão *interior* ao espírito no homem entre a abertura transcendental para o Verdadeiro-em-si e a inclinação transcendental para o Bem-em-si de um lado e, de outro, a limitação categorial ou *eidética* do espírito humano que submete a abertura para o Verdadeiro e a inclinação para o Bem à contingência e finitude do próprio sujeito e à mediação do mundo *exterior*".

[71] Cf. E. Coreth, op. cit., p. 348ss.

[72] Para Coreth, a verdade ôntica consiste em que o ente é adequado ao espírito e enquanto tal pode ser captado pelo saber. O ente é a possibilidade de ser captado e posto pelo espírito; a verdade lógica, por sua vez, consiste na adequação do saber do espírito ao ente, enquanto ele, ao saber, põe o ente como ele é em si mesmo. O espírito finito é a capacidade de pôr o ente no saber (cf. E. Coreth, op. cit., p. 351). A verdade ôntica é a logicidade imanente de cada realidade, a sua essência. É somente a partir do conhecimento das essências que é possível pensar em uma hierarquia de bens, o que é indispensável para nossas escolhas (cf. V. Hösle, *Moral und Politik*, op. cit., p. 154ss).

[73] Para Tomás de Aquino (*De Veritate*, q. 1 a 9), a filosofia encontra seu fundamento na abertura do espírito humano à verdade originária que ele atinge pela reflexão sobre si mesmo (cf. F.X. Putallaz, *Le sens de la réflexion chez Saint Thomas d'Aquin,* Paris, 1991, pp. 189-201). B. Weissmahr afirma que o incondicionado da verdade, que se

radicam na verdade *ontológica,*[74] enquanto verdade do ser mesmo enquanto tal,[75] o "primeiro ineliminável",[76] sem o qual não existe nem verdade ôntica nem lógica.

---

mostra no caráter incondicional da contraposição entre proposições verdadeiras e falsas, não significa que nossas proposições, expressamente formuladas, não sejam condicionadas sob muitos aspectos. Nossas proposições, expressas em sentenças, estão sempre em um contexto e só nesse contexto possuem uma significação precisa. Conseqüentemente, a verdade de cada sentença é condicionada de diferentes formas. Porém, exatamente o fato de conhecermos isso é a prova mais clara da presença do absoluto em nosso conhecimento, pois o conhecimento do relativo, enquanto relativo pressupõe necessariamente o conhecimento atemático do absoluto (cf. B. Weissmahr, *Philosophische Gotteslehre*, op. cit., pp. 31-32).

[74] A revolução copernicana de Kant vai consistir em deslocar o eixo da reflexão filosófica do "ontológico absoluto" para a esfera do epistemológico. Em H. C. de, Lima Vaz. op. cit., p. 104: "[...] arrastado no movimento da crítica da razão que conduz do *ser* ao *sujeito*, o lugar inteligível do 'transcendental' desloca-se do solo *ontológico* para o solo *gnosiológico*, onde a experiência noética da verdade ficará circunscrita às condições da experiência organizadora dos fenômenos, ou seja, à finitude da situação do sujeito no mundo". A conseqüência para a razão prática é radical. Em idem, ibidem, p. 101: "[...] o modelo *ideonômico* da tradição platônico-aristotélica é reinterpretado como modelo *autonômico* (Kant), segundo o qual a *objetividade* do agir ético tem seu fundamento na atividade autolegisladora da liberdade".

[75] Para Espinosa, a substância absoluta é destituída de sabedoria e vontade (cf. *Ética*, Primeira parte, n. XVII, Escólio), pois ambas implicam oposição, o que é incompatível com a substância absoluta. Pode-se dizer, na linguagem de Coreth, que aqui se pensa no horizonte da verdade ôntica e da verdade lógica, que são verdades derivadas, e não propriamente no nível da verdade ontológica, que é a esfera originária a partir da qual se pode entender a verdade ôntica e a verdade lógica. Dificuldade análoga tem Kutschera para falar da bondade de Deus (cf. F. von. Kutschera, *Vernunft und Glaube*, Berlin/New York, de Gruyter, 1990, pp. 51-54).

[76] A expressão é de M. Müller (cf. op. cit., p. 20). O tomismo transcendental afirma, a partir daí, que o absoluto pertence, a partir do fundo, ao conteúdo de nossa consciência. Isso significa: a realidade absoluta está sempre presente em nosso conhecimento como conhecida, porém não na forma de uma essência expressamente conhecida de um objeto, mas antes como o fundamento da objetividade de todo nosso conhecimento expresso. Só temos acesso expresso a essa realidade pela reflexão transcendental sobre as condições necessárias de nosso conhecimento de objetos. Numa palavra, o absoluto pertence ao conteúdo de nossa consciência, embora nunca enquanto um objeto claramente captado. Por essa razão, as tentativas de traduzir esse conhecimento atemático em um conhecimento temático, objetivo, pela reflexão filosófica, são sempre muito precárias (cf. B. Weissmahr, *Philosophische Gotteslehre*, op. cit., pp. 26-27, 36).

O ser ideal, por sua vez, enquanto razão absoluta, sabe de si, intui absolutamente a si mesmo (*nóesis noéseos*) e afirma a si mesmo,[77] põe a si mesmo incondicionalmente e, portanto, é fundamento de si mesmo, tem em si mesmo sua razão de ser (*causa sui*)[78] e é fim em si mesmo, revelando-se, então, como autoposição, autodeterminação e auto-afirmação originárias de si como ser absoluto. Ele mesmo, enquanto razão absoluta que fundamenta a si mesma, é razão que fundamenta sua auto-afirmação, sua amabilidade originária, ou seja, seu valor intrínseco absoluto,[79] que não tem outro fundamento senão a si mesmo, sua bondade absoluta e fontal. Enquanto princípio, a esfera incondicionada é, então, a fonte de toda e qualquer amabilidade dos principia-

---

[77] "A forma do existir do espírito é, portanto, a própria correlação dialética entre razão e liberdade. A razão é acolhimento do ser, a liberdade é consentimento do ser" (H. C. de, Lima Vaz, *Antropologia*, op. cit., p. 219).

[78] *Met.* I, 982 b 26. T. de Aquino, *Summa contra gentiles,* II c. 48. E, assim, liberdade absoluta (cf. Plotino, *En.*, VI, 8). Para Hegel, a essência do espírito é formalmente a liberdade, a negatividade absoluta do conceito enquanto identidade consigo. A definição suprema do absoluto é que ele é Espírito (cf. G. W. F. Hegel, *Enzyklopädie der philosophischen Wissenschaften 1830,* editada por F. Nicolin, O. Pöggeler, Hamburg, F. Meiner, 1959, pp. 382-384).

[79] Cf. Platão, *República*, sobretudo liv. VI, e Aristóteles, *Met.* I, 7; *Et. Nic.* I, 6; VIII, 2-5. Para Tomás de Aquino, o bem é o perfeito. Em *Cont. gent.*, I, 37: "Naturaliter enim uniuscujusque bonum est actio et perfectio". Em *S.th.* I, 5 3: "Perfectum habet rationem appetibilis et finis". J. de Finance comenta a postura de Tomás afirmando que *perfeito é o que realiza sua essência*, é o que é plenamente, e, enquanto tal, é amável. Nesse sentido, o sujeito deseja sua própria perfeição, ou antes, deseja a si mesmo como perfeito, como realização plena de sua essência, e isso por causa um amor mais radical de si, que é adesão a si mesmo em seu ser. O desejo surge da ausência do bem e portanto pressupõe logicamente um momento de adesão pura, de simples complacência. O sujeito se compraz antecipativamente em seu ser acabado ou seu ideal. O desejo se explica por ser o ideal exatamente ideal, isto é, não-real. Conseqüentemente, temos de dizer que a razão absoluta é a adesão plena a seu ser absoluto, amor radical de si enquanto realização plena, portanto enquanto perfeição absoluta (cf. J. de Finance, *Essai sur l'agir humain*, Rome, 1962, pp. 88-90).

dos, ou seja, o fundamento absoluto de todo e qualquer bem,[80] e enquanto princípio imanentemente presente em qualquer bem e, igualmente, transcendente a tudo, e fundamento absoluto de nosso agir, o que significa dizer que nossa ação se situa no horizonte do absoluto, isto é, o ser humano é, em princípio, orientado para a validade incondicional,[81] portanto, para um sentido último e, nesse sentido, tanto mais é ele mesmo quanto mais tem consciência de não ser simplesmente o criador de sua própria liberdade, portanto, consciência de sua finitude radical. Nessa perspectiva, todo bem principiado é relativo e condicionado,[82] porém, afirmado e buscado

---

[80] Em *De Ver.* 24, 7, Tomás chama esse fundamento absoluto de "ipsum universale bonorum principium". Analogicamente ao momento da verdade, se explicita aqui o momento "bondade", implícito, portanto, já no argumento de fundamentação última, o que significa dizer que o *argumento ontológico é o fundamento do caráter categórico da lei moral,* o que marca a diferença com o tipo de fundamentação transcendental articulada pela pragmática transcendental.

[81] O que torna possível ao ser humano perguntar pela verdade de seus conhecimentos e pela correção de suas ações e assim distanciar-se de toda facticidade. Isso o distancia, em sua ação, da submissão necessária às convenções sociais ou ao determinismo da natureza, (cf. M. A. de Oliveira, A liberdade enquanto síntese de opostos: transcendência, engajamento e institucionalidade, in *Veritas*, v. 44, n. 4, 1999, p. 1024). Em H. C. de Lima Vaz, *Antropologia Filosófica I*, São Paulo Loyola, 1991, p. 211: "O espírito finito é *logos* ou ordem necessária de Inteligibilidade e bondade enquanto participa da ordem arquetipal da Inteligência infinita e da ordem e medida da lei eterna da Liberdade infinita".

[82] Em M. A. de Oliveira, p. 1028: "Precisamente porque o ser humano é presença do incondicionado ele é capaz de transcender qualquer condicionado, qualquer valor particular de ser e, assim, está sempre para além de si mesmo. É a presença do incondicionado que lhe dá o poder de pôr em questão qualquer objeto, inclusive a si mesmo enquanto objeto de si mesmo". Por outro lado, é pela mediação desses bens condicionados que o ser humano vai efetivando seu ser. Em H. C. de Lima Vaz, *Escritos de Filosofia V*, op. cit., p.109: "Nessa sua presença no sujeito o *bem* irá torná-lo participante de sua bondade *ontológica* ou da sua *perfeição* como ser. A face do *bem* pela qual ele confere ao sujeito a sua perfeição e, como tal, é por ele desejado e apreciado (*Et. Nic.,* I, 1, 1094 a 2) é designada modernamente com o termo *valor*". Em idem, ibidem, p. 33: "O fim da práxis é a auto-realização do sujeito pela consecução do *bem* que lhe é conveniente [...]. A obra humana por excelência [...] é, sem dúvida, a realização plena da própria vida, orientada pela razão prática".

no horizonte do bem absoluto,[83] isto é, em identidade e não-identidade com o bem absoluto.

Em analogia com a problemática da verdade, E. Coreth[84] distingue, aqui, a bondade *ôntica* (o *bonum onticum* ou *naturale* da tradição), isto é, a bondade de que cada ente é portador na medida em que é principiado da bondade absoluta e, enquanto tal, nunca plenamente bom[85] — trata-se da amabilidade do ente na medida mesma e no grau em que é ente,[86] todo ente, enquanto principiado é inteligível (aber-

---

[83] "[...] sicut Deus, propter hoc quod est primus efficiens, agit in omni agente, ita propter hoc quod est ultimus finis, appetitur in omni fine" (T. de Aquino, *De Ver.*, 22, 2). É nessa perspectiva que B. Welte afirma que no mais profundo de nosso ser-no-mundo encontramos, de forma oculta, o vestígio do bem absoluto, que muitas vezes denominamos sentido ou felicidade enquanto vestígio de um poder infinito e incondicional. Por essa razão, o Incondicionado e infinito vive na raiz mais íntima de nosso existir no mundo e essa abertura à esfera do incondicionado é o fundamento de nossa essência como espírito finito no mundo. Daí porque ser homem significa, de certo modo (ele usa a palavra latina *quodammodo*), unidade com o infinito e o absoluto (cf. B. Welte, Das Gute und die Einheit der Unterschiedenen. Eine tomistische Betrachtung, in P. Engelhardt, org., *Sein und Ethos*. Untersuchungen zur Grundlegung der Ethik, Mainz, Mathias-Grünewald-Verl., 1963, pp. 137-138).

[84] E. Coreth, op. cit., pp. 368ss.

[85] "As categorias que exprimem, na concepção clássica, o horizonte objetivo ao qual se refere o agir ético pensado no momento lógico-dialético da *universalidade* são as categorias de Fim e de Bem entre as quais vigora uma inter-relação análoga à que, na estrutura *subjetiva*, se estabelece entre razão e liberdade. O fim conhecido pela razão é o *bem* do sujeito, e o *bem* ao qual a vontade deve consentir é fim, tal como a razão o conhece" (H. C. de, Lima Vaz. *Escritos de Filosofia V*, op. cit., p. 106).

[86] Para J. B. Lotz, Tomás considera o bem como princípio último que, enquanto tal, não pode ser definido, uma vez que e pressuposto por qualquer definição, mas pode ser descrito como o que convém a algo (*id quod alicui conveniens est*). Tomás de Aquino, no *De Veritate* I, I, diz que o bem, enquanto determinação transcendental, pertence à esfera da conveniência de um ente a outro — *convenientia unius entis ad aliud* — mais especificamente ainda — *convenientia ad appetitum*. Conveniente é o que constitui a perfeição de algo. Ora, o que é sumamente conveniente é o próprio ser do qual participam todas as conveniências. Portanto, todo ente é bom na medida em que corresponde a sua essência, que é sua forma própria de ser (cf.: J. B. Lotz, *Ontologia,*

to ao saber, à inteligência) e estimável[87] (aberto à afirmação do querer, à vontade)[88] — e, por outro lado, distingue a bondade presente na ação humana, que afirma a bondade dos entes em si mesma como valor intrínseco a eles e que ele chama de bondade *realizada* (o *bonum exercitum* da tradição) (poderíamos chamar de bondade ética). A bondade ôntica transforma-se em bondade realizada na medida em que é posta, ratificada pela vontade humana enquanto bondade em si.[89] Ambas as formas de bondade radicam-se na bondade *ontológica*, auto-afirmação, auto-estima do absoluto enquanto absoluto,[90] autodeterminação incondicional

---

op. cit., p. 134). A respeito do sentido de "bom" no contexto da filosofia analítica, veja: F. Ricken, *Allgemeine Ethik,* 2. ed. Stuttgart/Berlin/Köln, Kohlhammer, 1989, pp. 54-66; E. Tugendhat, *Vorlesungen über Ethik,* 2. ed. Frankfurt am Main, Suhrkamp, 1994, pp. 49-64; R. M. Hare, A *linguagem da moral,* São Paulo, Martins Fontes, 1996, pp. 85-158. No contexto da problemática da "vida boa": J. C. Wolf e P. Schaber, *Analytische Moralphilosophie*, Freiburg/München, Albek, 1998, pp. 173-187.

[87] Para Tomás de Aquino, o ato espiritual é a unidade sintética de seus dois momentos: inteligência e vontade (cf. *Suma. Th.,* Ia, q. 19 a 1 c; *De Veritate*, q. 23 a 1).

[88] É nesse sentido que Tomás de Aquino diz que todo ente, na medida em que é ente e, portanto, é principiado do absoluto, possui perfeição, é perfeito em seu grau específico de ser. Em S. Th., q. 5 a 1: "Manifestum est autem quod unumquodque est appetibile secundum quod est perfectum: nam omnia appetunt suam perfectionem. Intantum est autem perfectum unumquodque, inquantum est actu: unde manifestum est quod intantum est aliquid bonum, inquantum est ens: esse est enim actualitas omnis rei".

[89] B. Welte, interpretando o pensamento de Tomás de Aquino no horizonte da filosofia heideggeriana, diz que o ente, pensado isoladamente, enquanto coisa em si fora do horizonte de uma tendência, não poderia ser bom. Por outro lado, o ser humano, sem a consideração de um possível para onde da alma apetitiva, também não poderia ser bom. Só no encontro dos dois, na "conveniência" entre os dois, no ser *uno* enquanto ser-no-mundo há e se efetiva o bem (cf. B. Welte, Das Gute als Einheit des Unterschiedenen. Eine tomistische Betrachtung, in P. Engelhardt, op. cit., p. 130).

[90] Que é, na expressão de B. Welte, o pressuposto para que possamos captar a racionalidade imanente às coisas e afirmar sua bondade objetiva (cf. B. Welte, op. cit., p. 137).

e, enquanto tal liberdade absoluta.[91] O ser ideal se explicita, então, como verdade e bondade originárias e o ser humano é precisamente ser racional enquanto capacidade de retorno transcendental à medida última de toda verdade (verdade primeira) e de toda bondade (fim último).

Pode-se dizer que se fala, aqui, adequadamente, de "fim último",[92] na medida em que ele não é querido diretamente por nenhum ato de vontade humana e não pode ser realizado imediatamente em nenhuma ação: "último" é aquilo por causa de que se faz tudo o que se faz. Por essa razão, já estamos sempre nele, por ser a esfera de possibilitação de todo nosso agir, e, por outro lado, estamos sempre fora dele enquanto radicalmente transcendente. O que é primeiro, enquanto verdade na ordem do conhecer, é o "último", enquanto bondade na ordem do agir; portanto, é "fim último",[93] sempre imanente, como o buscado, em última instância, em todas as nossas ações, mas igual e radicalmente transcendente a todas elas. Filosofia é, então, enquanto reflexão transcendental, tematização da razão absoluta como primeiro (verdade)

---

[91] Para J. B. Lotz, Deus é autodisposição absoluta de si mesmo, o que implica necessidade e liberdade em identidade extrema; na liberdade se cumpre a necessidade e na necessidade se cumpre a liberdade; suprema necessidade é suprema liberdade. Sua atividade necessária provem única e exclusivamente de seu ser absoluto e enquanto tal é liberdade absoluta. Deus é o que diz um sim infinito a si mesmo, é o infinitamente decidido por si mesmo. Em seu agora eterno, realiza sua autodisposição absoluta e com isso a liberdade absoluta (cf. J. B. Lotz, *Person und Freiheit. Eine philosophische Untersuchung mit theologischen Ausblicken,* Freiburg/Basel/Wien, Herder, 1979, p. 141).

[92] Cf. M. Müller, op. cit., p. 25.

[93] Para M. Müller, a presença do primeiro é passado absoluto, a ausência do último é futuro absoluto (cf.: M. Müller, op. cit., p. 25).

e último (bondade),[94] e, nesse sentido, "metafísica", e, enquanto tal, "fundamentação última do conhecimento e da ação (ética)".[95]

Com isso, o que foi feito foi, simplesmente, enfrentar a pergunta de onde partimos, a que brota em cada situação histórica em que seres humanos estão inseridos: o que devemos fazer? Tratava-se, portanto, de explicitar o espaço de fundamentação[96] das normas que nos regem em nossa vida histórica e, sobretudo, o seu caráter categórico. Ora, a verdade fundamental da tese da falácia naturalista de Hume, que se explicitou mediante a reflexão transcendental, está

---

[94] Tomás de Aquino (*Summa Theol.* Ia, q. 82, a 4 ad 1m) fala do entrelaçamento mútuo entre verdade e bondade, entre inteligência e vontade. Em H. C. de Lima Vaz, *Antropologia,* op. cit., pp. 213: "Essas duas intencionalidades do espírito (ou do homem como espírito) enquanto inteligente e livre se cruzam na unidade do movimento espiritual: pois a verdade é o *bem* da inteligência e o bem é a *verdade* da liberdade. É esse o quiasmo do espírito finito que, no espírito infinito, é identidade absoluta da verdade e do bem". Daí a conseqüência: "No espírito teorético o objeto recebe a forma da *universalidade* e da *necessidade* (Razão); no espírito prático, o objeto recebe a forma da *ordenação para o fim* ou do *fim em si* (Liberdade). Na síntese dos dois, a liberdade é racional e a razão é livre (quiasmo do espírito)" (idem, ibidem, p. 232, nota 63).

[95] Para M. Müller, filosofia é "arqueologia e escatologia transcendentais" e, enquanto tal, "teologia" (cf. M. Müller, op. cit., p. 26).

[96] Toda a argumentação teve como pano de fundo um confronto, pelo menos, com outros três tipos de fundamentação transcendental hoje conhecidos. 1) A pragmática transcendental (cf.: K-O. Apel Das Apriori der Kommunikationsgemeinschaft und die Grundlagen der Ethik, in *Die Transformation der Philosophie,* Frankfurt am Main, Suhrkamp, 1976, v. 2, pp.358-435 [ed. bras.: *Transformação da filosofia*, São Paulo, Loyola 2000, 2 v.]; *Diskurs und Verantwortung.* Das Problem des Übergangs zur postkonventionalen Moral, Frankfurt am Main, Suhrkamp, 1998; *Éthique de la discussion*, Paris, 1994. 2). Teoria da ação comunicativa (Cf.: J. Habermas, *Moralbewusstsein und kommunikatives Handeln*, Frankfurt am Main, Surkamp, 1983; Richtigkeit versus Wahrheit. Zum Sinn der Sollgeltung moralischer Urteile und Normen, in *Wahrheit und Rechtfertigung. Philosophische Aufsätze*, Frankfurt am Main, Suhrkamp, 1999, pp. 271-318. 3). O Contratualismo transcendental (cf.: O. Höffe, *Demokratie im Zeitalter der Globalisierung*, München, Beck, 1999).

precisamente em mostrar que o dever ser não se fundamenta no ser empírico (histórico), mas no ser ideal (metafísico), na esfera absoluta, verdade e bondade absolutas, que, portanto, não é empírico, não pertence ao mundo dos fenômenos, vale *a priori* e sempre.[97] O ato subjetivo, porém, com que alguém capta a lei moral intemporal e a relaciona a suas intenções, pertence à ordem causal do mundo empírico. Sendo o ser humano um espírito finito, a consideração de suas intenções, que são intenções de um ser inserido em um mundo histórico intersubjetivamente construído e no contexto da natureza, portanto na esfera da contingência, da particularidade e da mudança, é o ponto obrigatório de partida da reflexão ética. Essas intenções precisam da avaliação crítica a partir do critério universal do ser ideal. Numa palavra, o universalismo é uma dimensão fundamental da ação ética, porque significa a referência explícita da vida fáctica à esfera do fundamento,[98] porém só existe ética na medida em que o universal se efetiva na particularidade das situações históricas que constituem o horizonte objetivo imediato da práxis

---

[97] Pode-se dizer que o que caracteriza a forma dialética de pensar, que Platão nos legou, consiste fundamentalmente no esforço de superar a dicotomia radical e pensar uma síntese entre *historicidade* e *idealidade*. Assim, nosso desafio, hoje, é rescrever a República a partir do contexto de formação de um mundo globalizado. A pergunta que se impõe a partir de nossa historicidade é: como definir o horizonte objetivo de uma ética global?

[98] Para Lima Vaz, a formulação dialética dessa problemática implica uma dupla negação: "Com efeito a relação entre o *agir*, individual e comunitário, e seu objeto se mostra como uma relação *dialética* no sentido de que seus termos se referem um ao outro por meio de uma dupla *negação*: o ato *nega* o objeto em seu teor simplesmente empírico ou indiferente, pois com ele se relaciona justamente sob a razão do *bem;* e o objeto *nega* a autonomia do ato — ou do sujeito — na gênese total do *bem*, pois só ele confere ao bem um conteúdo *real*" (H. C. de Lima Vaz, *Escritos de Filosofia V. Introdução à ética filosófica 2*, São Paulo, Loyola, 2000, 104).

humana, o que manifesta o círculo ineliminável da ação ética: ela parte da particularidade das situações históricas (historicidade), eleva-se à esfera da universalidade ideal (metafísica)[99] e retorna à particularidade histórica (historicidade) na medida em que a ação ética é o esforço de traduzir o universal nas situações.[100]

Daqui se segue o postulado da universabilidade: algo é prescrito ou proibido a um ser racional quando o é igualmente a todos os seres racionais, e contém em si mesmo uma primeira exigência ética básica: a exigência de relações simétricas entre todos os seres racionais. O universalismo é necessário, porém insuficiente:[101] diz que, se existe uma norma para alguém, esta tem de ser universal, mas não diz que há normas e quais. Ora, o espírito finito, enquanto razão e liberdade, capta a racionalidade presente em tudo, e conseqüentemente, a hierarquia dos seres, o que, em decorrência do entrelaçamento da verdade e do bem, implica uma

---

[99] A reflexão transcendental que fizemos nos mostrou o sujeito humano fundamentalmente aberto à estrutura que fundamenta a si mesma e fundamenta tudo mais enquanto princípio de tudo como seus principiados, à razão absoluta enquanto unidade de verdade e bondade, o que significa dizer que o ser humano é ordenado à verdade e ao bem. Em H. C. de Lima Vaz, *Escritos de Filosofia V*, op. cit., p. 35: "[...] a *identidade* perseguida pela razão prática entre o seu *ato* próprio, que é a *práxis*, e seu objeto último, a verdade e o bem, permanece no plano *intencional*, ou seja, como *identidade na diferença*. Nesse caso, a *identidade* da razão prática e do universal se manifesta como simples *forma*, ao passo que a *diferença* provém do *conteúdo* que é sempre *particular*".

[100] Daí a importância fundamental do saber empírico na esfera da ética (cf.: A. M. de Oliveira, *Ética e Economia*, São Paulo, Ática, 1995, pp.; 74ss; V. Hösle, *Moral und Politik*, op. cit., pp. 175ss).

[101] Cf. V. Hösle, *Moral und Politik*, op. cit., pp. 154ss.

multiplicidade hierárquica de bens e valores,[102] sem o que é impossível resolver os conflitos na vida humana. No horizonte dessa forma de reflexão ética, o imperativo categórico kantiano — a expressão mais articulada da ética na modernidade — recebe nova formulação: "realize tantos valores quanto possível e em caso de conflito, prefira o valor maior ao menor",[103] o que significa dizer que toda ética implica uma dialética entre o *universal* (ser ideal, o princípio) e o *particular* (os bens e valores, os principiados). A norma moral emerge como a síntese entre o universal da esfera absoluta e a particularidade das situações históricas.[104]

Entre essas normas que efetivam a síntese entre o universal e o particular, há algumas que podem, ou devem, por razões morais, ser impostas por meios de coerção. É isso que a tradição chamou de direito "natural",[105] precisamente para exprimir o caráter de transcendência em relação ao di-

---

[102] Em H. C. de Lima Vaz, *Escritos de Filosofia V*, op. cit., p. 109: "Nessa sua presença no sujeito o *bem* irá torná-lo participante de sua bondade *ontológica* ou da sua *perfeição* como ser. A face do *bem* pela qual ele confere ao sujeito a sua perfeição e, como tal, é desejado e apreciado (*Et. Nic.* I, 1, 1094 a 2) é designada modernamente com o termo *valor*". "Ao tornar-se *medida real* da liberdade, o bem é *avaliado* pelo sujeito ético como sendo a *forma* efetiva da sua realização como ser livre e assume a forma do *valor*". Em idem, ibidem, p. 110: Hösle segue, aqui, a orientação de M. Scheler e afirma que a diferença entre *bens* e *valores* consiste no fato de que bens são objetos, eventualmente ações e eventos, aos quais são ligados valores como qualidades (cf. V. Hösle, *Moral und Politik*, op. cit., p. 156).

[103] Na formulação de V. Hösle (cf. V. Hösle, Grösse und Grenzen von Kants praktischer Philosophie, in *Praktische Philosophie in der modernen Welt*, München, Beck, 1992, p. 35).

[104] "A *norma* [...] é a forma *objetiva* segundo a qual a *universalidade* do bem e do valor é determinada na *particularidade* das situações" (H. C. de Lima Vaz, *Escritos de Filosofia V*, op. cit., p. 116).

[105] Cf. V. Hösle, *Moral und Politik*, op. cit., pp. 776ss.

reito estabelecido historicamente nas comunidades humanas (o direito positivo) e sua função de critério de julgamento ético do direito positivo. Ele é critério de julgamento, precisamente por exprimir a dignidade incondicional do ser humano enquanto espírito finito,[106] ou seja, enquanto ser racional e livre, ordenado essencialmente para a verdade e para o bem e, por essa razão, portador de um sentido absoluto, que o faz fim em si mesmo.

Nesse sentido, o direito positivo só se legitima na medida em que constitui o esforço, sempre de novo a ser feito, de traduzir, em circunstâncias históricas diferenciadas, o direito natural, o que significa dizer que ele só pode ser entendido e fundamentado enquanto objetivação social do direito natural.[107] Ele é, assim, uma mediação, cujo sentido específico é abrir o espaço para a efetivação do espírito finito, enquanto ser racional e livre, no plano da convivência dos seres humanos entre si e com a natureza. O direito é, então, a regra da configuração histórica do conviver, e, enquanto uma

---

[106] Cf. Oliveira, M. A de. Direito e Sociedade. In: Pinheiro, J. E.; Júnior, J. G. de Sousa; Dinis, M.; Arruda, P. Sampaio de, orgs. *Ética, Justiça e Direito*. Petrópolis, Vozes, 1996. pp. 85.

[107] "Com efeito, se a *norma* se constitui como referência *objetiva* na estrutura interna do agir ético, derivando *imediatamente* a sua obrigatoriedade do bem conhecido e amado, a *lei* pode ser interpretada como a *norma* fixada ou codificada na sua objetividade ao se impor como regra exterior do agir e ao fundamentar sua obrigatoriedade no bem *mediatizado* socialmente e por uma autoridade legisladora e reconhecida como tal" (H. C. de Lima Vaz, *Escritos de Filosofia V*, op. cit., p. 116). "No caso da lei, o bem se comunica ao sujeito pela mediação de uma instância exterior que é o poder socialmente legitimado e a essa comunicação do bem corresponde a obrigação civil [....]. O *Direito* é correlativo à *lei* e, como tal, está presente no horizonte *objetivo* do agir ético" (idem, ibidem, p. 119).

instituição fundamental da liberdade, a "razão reta"[108] das comunidades humanas, cujo exercício efetivo constitui a *justiça,*[109] ou seja, o conjunto de princípios que estabelecem a ordenação da vida social. Dessa forma, o direito natural não substitui o direito positivo, mas, antes, é uma exigência fundamental do direito natural que ele se traduza na forma de direito positivo,[110] de segurança jurídica, que encontre uma determinação compatível com o direito natural, que possa evitar conflitos. Nesse sentido só um Estado que é capaz de vincular justiça e segurança jurídica pode se chamar com razão "estado de direito".[111] Por essa razão, tanto o Estado como o direito positivo podem ser falsos: eles podem, por exemplo,

---

[108] A expressão é de Lima Vaz (cf. H. C. de Lima Vaz, *Escritos de Filosofia V*, p. 121). Para Höffe, pode-se comparar o direito com a gramática. Assim como a gramática, numa língua, estabelece o quadro do uso correto da língua, assim as regras de coerção estabelecem a ordem e a estrutura da convivência entre as pessoas. Nesse sentido, pode-se dizer que o direito é a gramática da convivência humana, uma *gramática social*, universalmente válida, que estabelece a forma jurídica do conviver. Ele põe, assim, as condições de possibilidade da vida em comum (cf. O. Höffe, op. cit., p. 59).

[109] Chama-se "justiça" também a medida a partir de onde o direito positivo, as leis são julgadas (cf. W. Kerber, *Sozialethik,* Stuttgart/Berlin/Köln, Kohlhammer, 1998, p. 75).

[110] "[...] o direito possui duas raízes. A primeira é a liberdade transcendental e os princípios que dela decorrem e a segunda, a própria história, o mundo concreto da comunidade humana em questão. Isso implica dizer que os mesmos princípios conduzem a diferentes configurações do direito através das quais a liberdade, que é essencialmente histórica, se efetiva de acordo, precisamente, com as condições epocais. Trata-se, assim, de encontrar em cada situação histórica específica a configuração do direito que torne a liberdade efetiva" (M. A de Oliveira, op. cit., pp. 83-84).

[111] Cf. V. Hösle, *Moral und Politik,* op. cit., p. 779. É nesse sentido que Höffe afirma existir um princípio de justiça que precede qualquer outro, que é *a exigência universal de direito*: enquanto conjunto de regras universais rigorosamente válidas, o direito emerge como contraposto ao arbítrio pessoal e à violência pessoal, e por essa razão deve reinar, em todos os lugares, entre os seres humanos. O direito é, então, portador de uma força de emancipação, uma vez que nos liberta do arbítrio e da violência (cf.: O. Höffe, op. cit., p. 61).

fixar uma configuração do direito que não mais corresponde à consciência que a comunidade em questão já atingiu: aqui se revela uma contraposição entre a consciência e a configuração existente. Um exemplo disso é o caso do direito de propriedade, quando sua configuração específica não reconhece a hipoteca social, algo que já faz parte da consciência das sociedades ocidentais. Os direitos da liberdade são também direitos históricos e em seu nome é que se deve protestar contra formulações do direito positivo que entram em contradição com eles. Nesse caso, ocorre a perversão do direito positivo: ao invés de mediação de efetivação da liberdade, ele se torna instrumento de repressão".[112]

Tarefa fundamental para a ética e a filosofia do direito contemporâneas[113] é repor a questão dos direitos fundamentais[114] e o problema da busca da configuração jurídica capaz de se fazer mediação de liberdade em um mundo globalizado,

---

[112] M. A de Oliveira, op. cit., p. 485.

[113] Tentativas de efetivação dessa tarefa são, entre outras: K-O. Apel, Transformação da filosofia, op. cit., idem, *Diskurs und Verantwortung,* op. cit., idem; *Éthique de la discussion*, op. cit.; idem, *Estudos de moral moderna*, Petrópolis, Vozes, 1994; D. Henrich, *Ethik zum nuklearen Frieden,* Frankfurt am Main, Suhrkamp, 1990 (o livro foi escrito antes do fim da guerra fria, mas contém elementos ainda hoje fundamentais); H. Jonas, *Das Prinzip Verantwortung. Versuch einer Ethik für die technologische Zivilisation*, Frankfurt am Main, Suhrkamp, 1989; E. Morin B. Kern, *Terre-Patrie*, Paris, 1993; W. Huber & H. R. Reuter, *Friedensethik*, Stuttgart, Kohlhammer, 1990; V. Hösle, op. cit., O. Höffe, op. cit.

[114] A respeito da discussão atual sobre os direitos no mundo de língua, inglesa veja: S. Goyard-Fabre, La philosophie morale et politique: entre le contractualisme et l'utilitarisme, in M. Meyer, org., *La philosohie anglo-saxone*, Paris, 1994, p. 141ss. De modo especial sobre a questão ecológica: P. A. Taylor, *Respect of Nature.* A Theory of Environmental Ethics, Princeton, 1986; T. Regan, *All that Dwell Therein.* Essays on Animal Rights and Environmental Ethics, London, 1982; P. Singer, All Animals are equal, in *Applied Ethics*, Oxford, 1986. No mundo alemão, sobretudo: V. Hösle, op. cit., pp. 792ss e O. Höffe, op. cit., pp. 62-94.

ou seja: de explicitar a orientação básica[115] que abra um espaço de futuro para os seres humanos, uma vez que a globalização constitui um desafio fundamental para a humanidade contemporânea por implicar uma nova distribuição econômica e política do poder em nível mundial, o que cria possibilidades inteiramente novas e, ao mesmo tempo, problemas novos com conseqüências desastrosas para milhões de vidas humanas. Sem dúvida, pode-se falar de grande eficiência na integração do mercado mundial, porém a questão ética fundamental é que tudo indica que não é nada eficiente a distribuição dessa riqueza gerada pela economia mundial, o que leva analistas de nosso tempo a se perguntarem se, nesse processo, o número de perdedores não supera de longe o número dos ganhadores.[116]

Isso implica, em primeiro lugar, a recuperação da dimensão ética da atividade econômica, o reconhecimento do sentido fundamental da atividade econômica na vida humana, ou seja, de uma atividade a serviço da reprodução mate-

---

[115]Ou seja, padrões éticos de validade universal (contra os defensores de éticas regionais, como R. Bubner, M. Foucault, R. Rorty e A. MacIntyre). Tal é a questão central de nossa epocalidade histórica enquanto mundo globalizado (cf.: M. Walzer, *Spheres of justice.* A Defense of Pluralism and Equality, New York, Basic Books, 1983; *Thick and Thin.* Moral Argument at Home and Abroad, Notre Dame/Ind., 1994). Em H. Küng, *Uma ética global para a política e a economia mundiais*, Petrópolis, Vozes, 1999, p. 170: "Mas, por mais diversas que sejam as diferenças nacionais, culturais e religiosas, em toda parte trata-se de *pessoas humanas* e, estas pessoas humanas, hoje, sentem-se, através dos modernos sistemas de comunicação, sobretudo do rádio e da televisão, cada vez mais como uma comunidade de destino sobre essa nossa nave espacial chamada Terra [...]. E aqui se coloca a questão se não pode existir — se não deve existir — um mínimo de valores, normas e atitudes que sejam comuns a todos os homens. Portanto, *um consenso ético mínimo*".

[116]Cf. MARTIN, H-P. & SCHUMANN, H. Die Globalisierungsfalle. Der Angriff auf Demokratie und Wohlstand. Hamburg, 1996. p. 317.

rial do espírito finito, ser racional e livre, e que, por isso, precisa ser configurada de tal modo que ela se subordine aos objetivos éticos da justiça social e ecológica. Numa palavra, importa, hoje, refletir sobre os princípios de uma justiça global, que explicitaria as exigências elementares de uma ordem global a serviço do ser livre. Problemas como condições de trabalho, a propriedade, o direito à subsistência e aos serviços sociais básicos, a questão das gerações futuras, as chances de formação e reciclagem, o tipo de desenvolvimento, a questão ecológica, tudo isso tem de ser repensado na perspectiva da construção de uma economia global comprometida politicamente com objetivos sociais e ecológicos, o que implica também repensar a forma de organização política em nível local, regional e global. O grande desafio que brota de nossa epocalidade é fazer da justiça, entendida como a ordenação racional da convivência livre entre os seres humanos, o horizonte que possa reger nossas ações e as instituições de uma sociedade em processo de mundialização.

Capítulo 4

RELAÇÕES INTERNACIONAIS E ÉTICA DO DISCURSO

O atual contexto mundial como desafio ético

Não estaríamos de todo enganados se afirmássemos que precisamente a nova configuração das relações internacionais constituiu um dos estímulos e desafios mais importantes para a configuração da proposta de reflexão filosófica que veio a denominar-se "ética do discurso", pois a situação do homem de hoje é, na expressão de Apel, um problema ético para o homem,[1] já que os problemas fundamentais de nosso tempo[2] dizem respeito à humanidade enquanto um todo. Tal situação leva os seres humanos, as nações e as culturas, pela primeira vez na história mundial, a se sentirem interpelados diante dos perigos comuns, a assumirem uma responsabilidade moral comum em face da questão da articulação de seu futuro, ou seja, perante as questões funda-

[1] Cf. K-O Apel, Die Situation des Menschen als ethisches Problem, in *Diskurs und Verantwortung. Das Problem des Übergangs zur postkonventionellen Moral*, Frankfurt am Main, Suhrkamp, 1988, pp. 42-68. Veja também, no mesmo volume: Die Konflikte unserer Zeit und das Erfordernis einer ethisch-politischen Orientierung, pp. 15-41.

[2] Apel pensava sobretudo nos perigos básicos que ameaçavam a humanidade no pós-guerra, ou seja, a guerra nuclear e a crise ecológica (cf. K-O Apel, *Die Situation*, op. cit., p. 42).

mentais relacionadas aos grandes objetivos de uma sociedade que se faz planetária.[3]

Nesse ínterim, aprofundou-se a mundialização dos problemas:[4] debates sobre a descolonização, sobre o subdesenvolvimento e a dívida externa, sobre o sentido do desenvolvimento, sobre a atuação das empresas transnacionais, sobre a desigualdade econômica[5] — isto é, o abismo, cada vez maior, que separa os padrões de vida de uma minoria, pequena e relativamente decrescente, em face da pobreza vivida pela maioria da população do planeta —, sobre a distribuição de alimentos, a fome e a miséria no mundo, sobre a moralidade de uma guerra nuclear e a exportação de armas, sobre as mi-

---

[3] Cf. JONAS, H. *Das Prinzip Verantwortung. Versuch einer Ethik für die technologische Zivilisation*. Frankfurt am Main, Suhrkamp, 1989. HENRICH, D. *Ethik zum nuklearen Frieden*. Frankfurt am Main, Suhrkamp, 1990.

[4] Cf. U. Beck, *Was ist Globalisierung?*, Frankfurt am Main, 1997. Para U. Beck, o que subjaz ao paradigma do transnacional é o que ele denomina "a presença do ausente" ou, expresso de outra forma, a "desterritorialização do social": o espaço da sociedade não é mais limitado pela presença num lugar. Assim, proximidade geográfica e social não coincidem mais, uma vez que na experiência da globalização, a comunidade nacional perde suas fronteiras na direção de uma comunidade universal de ausentes (cf. U. Beck Wie wird Demokratie im Zeitalter der Globalisierung möglich? – Eine Einleitung, in U. Beck, org., *Politik und Globalisierung*, Frankfurt am Main, 1998, p. 12). Já N. Luhmann, em um escrito de 1971, defendera a tese de que as fronteiras do sistema social "sociedade" há muito tempo não coincidem mais com as fronteiras geográficas, pois, se comunicação é a unidade fundamental, na maioria dos subsistemas sociais a comunicação funcional se faz para além das fronteiras nacionais, como é o caso da pesquisa e da crítica científica (cf. N. Luhmann, Die Weltgesellschaft, in *Archiv für Rechts und Sozialphilosophie*, LV II/1, 1971, p.7).

[5] Os 20% mais ricos da terra consomem 82% de todos os bens produzidos pela humanidade e os 20% que vivem em pobreza absoluta consomem 1,4% desses bens (cf. *Human Development Report 1992*, Development Programme, United Nation, New York, 1992). Sobre a problemática específica da pobreza na própria Europa, veja E-U. Huster, Armut in Europa, in R. Fornet-Betancourt, org., *Armut im Spannungsfeld zwischen Globalisierung und dem Recht auf eigene Kultur*. Dokumentation des VI. Internationalen Seminars des philosophischen Dialogsprogramms, Frankfurt am Main, IKO-Verl. für Interkulturelle Kommunikation, 1998, pp. 16-45.

grações, as drogas, o terrorismo internacional e a destruição do meio ambiente, sobre a defesa internacional dos direitos humanos e da justiça entre os Estados mostram que a problemática das relações internacionais há muito superou a questão tradicional da guerra justa (*ius ad bellum*). Tudo indica que uma das características fundamentais de nossa época é que a organização da humanidade, em sua forma moderna, baseada em Estados nacionais[6] e suas instituições políticas,

---

[6] Para D. Held, a fisionomia do mundo dos Estados e o modelo da ordem do mundo que vem do acordo de Vestefália tornaram-se obsoletos e suas idéias básicas de uma unidade estatal fechada e da comunidade de destino de sociedades nacionais autônomas estão longe ainda de corresponder à realidade da política mundial de hoje (cf. D. Held, *Democracy and Global Order*, Stanford, Califórnia, Stanford, University Press, 1995, p. 103; M. Albrow, *Abschied vom Nationalstaat,* Frankfurt am Main, Suhrkamp, 1998. Para J. Habermas, são quatro as características fundamentais do Estado moderno: 1) É um Estado da *administração* e dos *impostos*: uma parte do sistema social especializa-se em decisões coletivas obrigatórias. O Estado administrativo, baseado no direito positivo, é o resultado dessa diferenciação. A separação do Estado da sociedade significou também a emergência da economia de mercado, que se institucionaliza por meio dos direitos subjetivos privados. O direito tanto organiza a administração como regula as interações entre a sociedade privatizada e o Estado. É isso que constitui o *Estado de direito*. As duas conseqüências mais importantes dessa separação entre o político e o econômico são: o Estado possui o monopólio dos meios de coerção e é a instância que arrecada recursos, via impostos, do que é produzido na esfera privada. 2) *Estado territorial soberano*: na consideração das condições de efetivação do direito positivo vinculante, a delimitação social da comunidade política tem de ser combinada com a delimitação territorial de uma região estatalmente controlada. 3) *Estado nacional*: é uma nação de cidadãos que assumem seu destino político em suas mãos, o que implica uma integração cultural, uma nova forma de identidade coletiva que torna possível uma solidariedade em nível dos cidadãos. 4) *Estado de direito democrático e social*: o Estado fundamenta-se nos direitos do homem e do cidadão, isto é, em direitos políticos e civis que garantem autonomia privada e política. A constituição estatal democrática é uma ordenação legitimada pelo próprio povo através da formação livre de opinião e da vontade na qual aqueles a quem o direito se dirige são também seus autores. Da diferença entre a desigualdade fáctica e a igualdade jurídica se justifica o *Estado social* para assegurar a todos condições decentes de vida (cf. J. Habermas, Die postnationale Konstellation und die Zukunft der Demokratie, in *Die postnationale Konstellation. Politische Essays*, Frankfurt am Main, Suhrkamp, 1998, pp. 97-101). Para U. Beck, o Estado moderno se radica em um sistema de três princípios fundamentais: princípio do *território*, da *soberania* e da *legalidade* (cf. U. Beck, *Wie wird Demokratie*, op. cit., pp. 15-16).

está sendo questionada por aquilo que se convencionou chamar de "globalização", o desafio fundamental de nossa epocalidade, a nova palavra-chave da filosofia política.[7] Mesmo que não se admita, propriamente, a existência de um sistema global como algo novo no mundo,[8] não se pode negar que o que ocorre hoje, nas diferentes partes do mundo, tende, de alguma forma, a ser influenciado por fatores, como o fluxo financeiro[9] e os mercados de bens e serviços que, às vezes, operam a enormes distâncias da localidade em questão[10] e que agentes políticos não estatais, transnacionais,[11] se organizam, ganham quantitativa e qualitativamente poder, criam sua

---

[7] Cf. O. Höffe, *Demokratie im Zeitalter der Globalisierung*, München, Beck, 1999, p. 13. Habermas denomina essa nova situação de "constelação pós-nacional" (cf. J. Habermas, *Die postnationale Konstellation,* op. cit). É no sentido de uma situação nova que U. Beck fala de "segunda modernidade", em que no lugar da comunidade imaginária da nação surge a comunidade mais imaginária ainda da humanidade (cf. U. Beck, op. cit., pp. 8, 12).

[8] Como é, por exemplo, a posição de P. Hirst e G. Thompson. (Cf: P. Hirst e G. Thompson, *Globalização em questão*, Petrópolis, Vozes, 1998; "Globalisierung? Internationale Wirtschaftsbeziehungen, Nationalökonomien und die Formierung von Handelnsblöcken, in U. Beck, org., *Politik und Globalisierung,* op. cit., pp. 85-133. U. Beck defende a tese de que não se pode negar que, de agora em diante, teremos de nos confrontar com *a realidade da possibilidade* de uma globalização econômica em todas as suas dimensões (cf. U. Beck, *Wie wird Demokratie*, op. cit., p. 23).

[9] Cf. Wahtel, H. M. *Os mandarins do dinheiro:* as origens da nova ordem econômica supranacional. Rio de Janeiro, 1988.

[10] Cf. Giddens, A. *As conseqüências da modernidade.* São Paulo, Unesp, 1991.

[11] Os chamados "global players", como as organizações supranacionais, as Igrejas, os blocos econômicos, as organizações não governamentais, os produtores da indústria cultural global etc., numa palavra, as organizações internacionais que são o fundamento de um trabalho cooperativo em nível internacional que se aprofundam e criam o espaço de emergência da sociedade mundial. A partir daí emergiu um debate sobre as perspectivas de uma democracia pós-parlamentar, ou seja, do metapluralismo da teoria da democracia e das instituições democráticas, e articulou-se a idéia de uma "democracia reflexiva" no sentido da pluralidade de atores e instituições democráticas. Cf.: D. Held, *Democracy and Global Order*, Stanford, California, Stanford University Press, 1995; U. Beck; A. Giddens; S. Lash, *Reflexive Modernisierung,* Frankfurt am Main, Suhrkamp, 1996. F. Scharpf, Demokratie in der transnationalen Politik, in U. Beck, org., op. cit., pp. 228-253.

soberania própria e inclusiva enquanto jogam os Estados nacionais uns contra os outros,[12] o que mostra que os Estados nacionais não são mais os únicos agentes políticos na cena mundial, e que os próprios Estados nacionais estão inseridos atualmente em um contexto novo, que transforma radicalmente as condições de contorno em que se desenvolveram as democracias modernas. Tal situação nova tem conseqüências, oportunidades e desafios em nível mundial.

Do ponto de vista econômico, a globalização constitui uma nova forma de acumulação e regulação do capital, que se tornou, em sentido pleno, um sistema articulado no plano mundial e vinculou-se a uma teoria econômica que defende o mercado como a única e exclusiva forma de coordenação de uma sociedade moderna.[13] Esse processo foi preparado nas últimas décadas por uma série de decisões políticas e acelerado, em sua implementação, pela nova revolução tecnológica, que fez da ciência e da técnica as forças impulsionadoras do novo paradigma de produção que confere ao agir humano um raio de ação planetário. Essa nova revolução tecnológica[14] teve de imediato dois

---

[12] Cf. P. G. Cerny, Globalisierung und die neue Logik kollektiven Handelns, in U. Beck, org., op. cit., pp. 283ss. U. Beck fala, nesse contexto, de uma "politização por meio da despolitização" dos Estados (U. Beck, op. cit., p. 24). Por sua vez, D. Brock fala de um "poder transnacional de escape" — *Entzugsmacht*, já que a ação desses agentes não se limita às fronteiras territoriais (cf. D. Brock, Wirtschaft und Staat im Zeitalter der Globalisierung, in *Aus Politik und Zeitgeschichte*, B 33-34/97, p. 18).

[13] Cf. Friedman, M., *Capitalismo e liberdade*, 2. ed. São Paulo, Nova Cultural, 1985. Oliveira, A. M. de. Neoliberalismo e Ética. In: idem, *Ética e Economia*. São Paulo, Ática, 1995. pp. 59-103.

[14] Que deu origem ao que se convencionou chamar de "automação flexível": a vinculação de computadores às máquinas tornou possível mudar rapidamente o produto em processo sem trocar de equipamento. Cf. M. J. Piore & Ch. F. Sable, *The Second Industrial Divide:* Possibilities for Prosperity, New York, Basic Books, 1984.

efeitos de grandes conseqüências: por um lado, provocou um enorme aumento da produtividade do trabalho, que foi acompanhada por uma mudança significativa nas relações entre o capital e o trabalho, e, por outro lado, fez surgir uma competitividade exacerbada em nível internacional, pois as empresas, agora no mercado aberto, vêem-se forçadas a aumentar, cada vez mais, a sua produtividade e a diminuir seus custos, sobretudo pela adoção de novas fontes de energia, de novos materiais de produção, da automação, de robôs etc., numa palavra, com a diminuição do número de trabalhadores. Todo o processo produtivo é, cada vez mais, regulado por computadores de tal modo que a eletromecânica se faz o fundamento do novo processo produtivo, portanto, a tecnologia da informação transforma-se no eixo central da produção, colocando o conhecimento no cerne mesmo do processo produtivo e tornando o trabalho vivo algo que desaparece das empresas de ponta. Isso transformou nossas experiências de tempo e espaço, provocou reestruturações importantes nas relações sociais fundamentais e mudou radicalmente as relações entre os povos e as culturas da terra, de tal modo que o decisivo agora para o sucesso dos agentes políticos estatais não é a balança do poder, e sim a da economia.[15]

As duas maiores conseqüências desse processo são a reorganização do processo de produção e de trabalho e os

[15] Cf. M. Zürn, *Regieren jenseits des Nationalstaats*, Frankfurt am Main, Suhrkamp, 1998, sobretudo a segunda parte, onde ele defende a tese da "pacificação involuntária" da sociedade mundial, isto é, a desnacionalização; entendida enquanto perda de poder dos Estados nacionais, é um dos motivos porque as duas grandes pragas do século XIX e do começo do século XX se tornaram, hoje, improváveis: as guerras entre os Estados e a supressão desumana da liberdade por meio dos Estados totalitários.

enormes impactos no sistema de emprego,[16] o que constitui certamente a questão social mais grave do novo contexto societário, uma vez que a própria produção deixa de ser a função econômica principal e os mercados financeiros assumem a condução de todo o processo econômico de tal modo que a valorização do dinheiro torna-se o grande objetivo que rege toda a vida societária. Ao mesmo tempo, nessa sociedade de enorme desenvolvimento da capacidade de dominação técnica e da produção de riqueza nos deparamos com o fato de milhões de pessoas viverem abaixo dos limites oficiais de pobreza, vitimadas pela fome e pela miséria, com o crescimento da disparidade na distribuição de renda e riqueza, com o aprofundamento do abismo entre o Norte e o Sul, enquanto mais rapidamente ainda crescem os ganhos com ações e os lucros das empresas.[17] Pode-se falar, com razão, de uma globalização da violência,[18] em que o arbítrio e o poder substituem o direito nas relações entre as pessoas e os povos, marcadas hoje também pela criminalidade organizada, pelo comércio de armas, drogas e seres humanos, pelo terrorismo internacional e pela destruição do meio ambiente.[19]

---

[16] Cf. Teixeira, F. J. S., org. *Neoliberalismo e reestruturação produtiva*; as novas determinações do mundo do trabalho. São Paulo, Cortez, 1996.

[17] A respeito dos fatos mais importantes da situação mundial contemporânea, veja K-O Apel, Die Diskursethik vor der Herausforderung der "Philosophie der Befreiung". Versuch einer Antwort an Enrique Dussel, in *R. Fornet-Betancourt*, org., *Diskursethik oder Befreiungsethik?*, Aachen, Verl. der Augustinus-Buchh, 1994, pp. 32ss.

[18] Cf. *O.* Höffe, op. cit., p. 16.

[19] Que poderá levar à autodestruição da humanidade e do planeta (cf. *V. Hösle, Philosophie der ökologischen Krise. Moskauer Vorträge,* München, Beck, 1991).

Uma das características fundamentais desse contexto societário é a substituição da política pelo mercado na condução dos processos sociais, o que significa uma renúncia à configuração política das relações sociais e o abandono de um horizonte normativo em função de uma adaptação pura e simples a imperativos sistêmicos considerados irrecusáveis,[20] o que tem como conseqüência a mercantilização da vida social como um todo: uma economia globalizada se subtrai à ação do Estado regulador e submete ao mercado todos os fatores da produção. Nesse contexto, a internacionalização dos mercados aparece como a meta fundamental, deixando em segundo plano os fins sociais e políticos. As forças do mercado se transformam, assim, nas forças reguladoras da sociedade como um todo e o lucro, na a grande mediação de todas as relações sociais, o que significa que se desloca para a esfera da economia a decisão sobre os fins da vida social.[21]

O primeiro efeito desse processo se mostra no fato de que o Estado nacional começa a perder sua capacidade de captar impostos, de estimular o crescimento e de garantir as políticas sociais básicas, o que conduz ao questionamento de sua legitimação. Além disso, para além dos Estados nacionais formam-se blocos econômicos ou militares que fazem emergir fronteiras novas com quase a mesma importância das fronteiras territoriais: é o que se tem chamado de "governar sem governo".[22] De forma que emerge, desse con-

[20] Cf. J. Habermas, *Die postnationale Konstellation*, op. cit., p. 101.

[21] Uma situação que Höffe denomina "fatalismo econômico" (cf. O. Höffe, op. cit., p. 26).

[22] Cf.: Rosenau, J. N. Citizenship in a Changing Global Order. In: Rosenau, J. N. & Czempiel, E. O., orgs. *Governance without Government*, Cambridge, 1992. Rosenau, J. N. *Along the Domestic-Foreign Frontier-Exoloring Governace in a Turbulent World*. Cambridge, 1997.

texto, a tarefa da conciliação inevitável entre o nacional e o global, até mesmo no plano cultural que, em tal situação, é marcado por conflitos profundos entre o ocidente secularizado e o mundo islâmico teocrático, discriminações de crença, de cor e de grupos minoritários, precisamente num mundo em que as migrações e os meios de comunicação provocam a convivência de populações étnica, religiosa e culturalmente diferentes.

Para Apel, a situação atual da humanidade constitui o desafio de um nova ética: o que caracteriza essa situação é a expansão planetária e a integração internacional cada vez mais profunda, possibilitada pelo desenvolvimento, também planetário, da civilização técnico-científica. Ora, os efeitos das ações humanas, mediadas pelas ciências, situam-se, em grande parte, no âmbito dos interesses vitais comuns da humanidade: pela primeira vez na história do gênero humano os seres humanos são chamados a assumir, em escala planetária, a tarefa de uma responsabilidade solidária pelos efeitos de suas ações.[23] Como posicionar-se diante dessa situação?[24] Como configurar racionalmente a vida humana no contexto dessa

---

[23] Cf. Apel, K-O. *Transformation der Philosophie*. Frankfurt am Main, Suhrkamp, 1973. v. II, pp. 360-361.

[24] Apel considera a globalização como um fato histórico irreversível e não existe para nós, atualmente, uma opção racional para trás da globalização. Ao contrário, estamos, hoje, diante do problema do desafio da globalização no sentido técnico e econômico, com o problema de responder a esse desafio através de uma *globalização de segunda ordem*, a globalização no campo da cultura, sobretudo da moral e da reorganização da ordem jurídica moralmente fundada. (cf. K-O. Apel, Das Problem der Gerechtigkeit in einer multikulturellen Gesellschaft, in R. Fornet-Betancourt, ed., *Armut im Spannungsfeld zwischen Globalisierung und dem Recht auf eigene Kultur.* Dokumentation des VI. Internationalen Seminars des philosophischen Dialogsprogramms, Frankfurt am Main, IKO-Verl. Für Interkulturelle Kommunikation, 1998, p. 106).

nova situação? Não se põe, inevitavelmente, para a humanidade, o problema de assumir a responsabilidade por seu destino coletivo, pela construção de uma nova ordem global?

Tudo isso explicita a exigência de uma ética profundamente diferente tanto das éticas tradicionais como das morais historicamente hegemônicas, porque estas estão vinculadas à esfera das relações privadas ou das comunidades políticas nacionais, e se tornam, assim, incapazes de pensar os problemas surgidos da interdependência das nações no contexto de uma mesma civilização tecnológica, de uma civilização planetária: as conseqüências da intervenção das ciências na ecoesfera e na bioesfera e dos mercados globais, que deixaram grande parte da população do mundo em condições sub-humanas, condenada à pobreza, à fome e à miséria, são de tal abrangência na vida dos povos que não se pode deixar simplesmente à violência e à guerra a solução dos conflitos. Essa situação põe para a humanidade o problema da co-responsabilidade planetária, portanto, de uma responsabilidade ética global o que exige uma "macroética da solidariedade histórica" em nível mundial, que seja capaz de produzir uma consciência cosmopolita de solidariedade e de recuperar a primazia do político no contexto de um mundo globalizado e ameaçado por um colapso ecológico e social. Dessa situação mesma brota a exigência da pergunta pelos princípios normativos que possam legitimar a obrigação de buscar condições básicas para a sobrevivência da raça humana em um planeta habitável e em uma sociedade mundial em que os seres humanos possam ser reconhecidos em sua dignidade; numa palavra, trata-se de legitimar os fundamentos normativos básicos das estruturas necessárias para uma civilização global.

A ética do discurso enquanto resposta à exigência de uma globalização de segunda ordem

Essa situação nos conduz, por si mesma, a uma pergunta básica: O que significa configurar relações sem que seu fundamento seja o *arbítrio* da particularidade de cada um ou a *força* pura e simples? O que significa razão na convivência dos seres humanos?[25] O que pressupõe, antes de mais nada, a configuração racional de nossa convivência? Seres humanos são diferentes, opostos entre si em diferentes dimensões. A razão tem a ver com o que é comum, universal; aqui, com o que possibilita a unidade da convivência na diferença. Assim, pode-se dizer que uma sociedade é racional quando resolve seus conflitos a partir do reconhecimento de regras comuns, universais. A garantia da universalidade se faz na medida em que a responsabilidade pela efetivação dessas regras não se prende a um poder privado, mas a instâncias públicas.

O problema filosófico fundamental daquilo que, desde os gregos, se chama "razão prática", ou, mais especificamente aqui, "razão política", está na questão do fundamento dessas regras e instituições que só serão racionais, em última instância, se for possível fundamentar seus princípios, isto é, se se puder argumentativamente mostrar sua validade universal. Numa palavra, a filosofia se põe, de antemão, no nível do discurso transcultural, global, portanto, na esfera

---

[25] Cf. Höffe, O. Für und Wider eine Weltrepublik. In: Chwaszcza Ch. & Kersting W. eds. *Politische Philosophie der internationalen Beziehungen*. Frankfurt am Main, Suhrkamp, 1998. pp. 207ss. Idem, *Demokratie im Zeitalter der Globalisierung*. München, 1999, pp. 34ss.

do que Apel denomina "globalização de segunda ordem".[26] No nível que estamos considerando, isso significa fundamentar princípios universais que possibilitem o encontro entre seres humanos, indivíduos, grupos e instituições, mesmo Estados nacionais, justificado por razões, por sentido e não pelo arbítrio e pela força.

Trata-se da exigência de fundamentação de uma ética das relações internacionais, que certamente não signifique apenas a ampliação de deveres individuais em nível global,[27] mas que se conceba propriamente como ética política, ou seja, como uma teoria normativa das instituições políticas globais[28] e de suas relações à altura dos

---

[26] Para ele, essa globalização foi preparada pela própria tradição da modernidade: na Espanha e na Holanda ocorreu uma atualização da teoria ocidental do direito natural e do direito dos povos a partir da qual emergiram tanto a doutrina dos direitos do homem como a exigência kantiana de uma ordem de direito e de paz cosmopolitas (cf. K-O. Apel, *Das Problem der Gerechtigkeit*, op. cit., p. 108).

[27] Para Apel, as tendências difundidas no Ocidente reduzem a ética a uma conservação ou confirmação das "normalidades" de nossas tradições culturais e, diante da nova situação do mundo, desembocam em um "escapismo" irresponsável (cf. K-O. Apel, *Die Diskursethik vor der Herausforderung,* op. cit., p. 37).

[28] Para H. Bull, não se pode mais aceitar que a comunidade dos Estados permaneça uma "anarchical society" (cf. Cf. H. Bull, *The Anarchical Society:* A Study of Order in World Politics, New York, 1977). Por sua vez, W. Kersting considera o grande desafio de nosso tempo levar o Estado de natureza entre os estados a um Estado global de direito. (cf. W. Kersting, Einleitung: Probleme der politischen Philosophie der internationalen Beziehungen: die Beiträge im Kontext, in Ch. Chwaszcza & W. Kersting, orgs., op cit., p. 10. Cf. tb.: W. Kersting, Philosophische Probleme der internationalen Beziehungen, in K. Bayertz, org., *Angewandte Ethik,* Stuttgart, 1996; idem, Globale Rechtsordnung oder wetlweite Verteilungsgerechtigkeit? Über den systematischen Grundriss einer politischen Philosophie der internationalen Beziehungen, in *Politisches Denken, Jahrbuch,* 1995-1996. Ch. Chwaszcza, *Zwischenstaatliche Kooperation. Perspektiven einer normativen Theorie der internationalen Beziehungen*, Wiesbaden, DUV, Dt. Univ.-Verl., 1995; idem, Ethik der internationalen Beziehungen, in J. Nida-Rümelin, org., *Angewandte Ethik. Die Bereichsethik und ihre theoretische Fundierung. Ein Handbuch*, Stuttgart, Kröner, 1996, p. 156.

desafios[29] de nossa situação epocal,[30] isto é, que fundamente os princípios normativos da configuração das instituições políticas internacionais, em referência às oportunidades, mas também aos conflitos trágicos provenientes da globalização, de proporções desconhecidas na história humana.[31] Trata-se de fundamentar a ética, a justiça e o direito tendo como referência a humanidade como um todo, uma macroética universalista da humanidade,[32] ou seja, uma ética política[33] da

---

[29] Apel concorda com Rawls e Habermas na afirmação do pluralismo como clima espiritual próprio a nossas sociedades, o que tornou inviáveis formas de fundamentação de normas conhecidas no passado e exigiu o que Habermas denomina "uma fundamentação pós-metafísica da moral." Cf. A. M. de Oliveira, O debate acerca da fundamentação de uma teoria da justiça: Rawls e Habermas, in S. T. Felipe, org., *Justiça como Eqüidade*; fundamentação e interlocuções polêmicas, Florianópolis, 1998, p. 88: "Com a passagem para o pluralismo de cosmovisões das sociedades modernas, desmoronam-se a religião e o etos, nela radicado, enquanto fundamento *público* de validade de uma moral compartilhada por todos. Com isso, perde legitimação a fundamentação ontoteológica de preceitos morais, radicados numa concepção objetiva da razão, o que tem como conseqüência a ausência de um consenso substantivo sobre valores, ou seja, sobre a melhor forma de vida para o ser humano no nível da sociedade como um todo".

[30] Para W. Kersting, Ch. Beitz tem o mérito de ter elevado a filosofia política das relações internacionais ao nível de uma teoria sistemática já em seu ensaio publicado em Princeton em 1979: *Political Theory and International Politics* (cf. W. Kersting, *Einleitung*. op. cit., p. 11).

[31] Cf. Dussel, E. Ética da libertação na idade da globalização e da exclusão. Petrópolis, Vozes, 2000.

[32] Cf.: K-O Apel, *Transformation der Philosophie*, op. cit., v. II, pp. 358-436; idem, "A Planetary Macroethics for Humankind: The Need, the Apparent Difficulty, and the Eventual Possibility, in: E. Deutsch, org., *Culture and Modernity: East-West Philosophical Perspectives*, Honolulu, Univ. of Hawaii Press, 1991, pp. 261-278. Para Apel, numa tal situação, é cínico ou ingênuo querer reduzir o problema da fundamentação de normas ao problema instrumental-técnico da busca de meios adequados sem referência a princípios transubjetivos de justiça (cf. K-O. Apel, *Diskurs und Verantwortung. Das Problem des Übergangs zur postkonventionellen Moral,* Frankfurt am Main, Suhrkamp, 1988, p. 60ss).

[33] Veja-se um relato sobre o desenvolvimento dessa filosofia política desde a guerra do Vietnã até as discussões recentes em: W. Kersting, *Einleitung...,* op. cit., p. 10ss.

solidariedade universal, uma macroética da co-responsabilidade planetária que fundamente uma ordenação jurídica em nível mundial.

No entanto, exatamente quando o desafio torna-se premente, explodem as diferenças nas concepções de ética, justiça e direito, e mais ainda, difunde-se a idéia de que não existe validade objetiva, conseqüentemente, que não há normas universais que possam reger as relações dos seres humanos.[34] Essa é a posição cética[35] que se articulou no tocante à problemática das relações internacionais como "realismo" e "comunitarismo". Os *realistas*[36] partem de uma análise descritiva das relações internacionais e chegam à tese de que elas são dominadas pela fraude, pelo rompimento dos acordos, pela imposição violenta dos in-

---

[34] Para J. Sandkühler, chocam-se não só as pretensões de justiça, mas as próprias representações do direito. Culturas diferenciadas de direito estão intimamente ligadas a necessidades e interesses de ordem econômica, social, cultural e política concorrentes entre si. Basta mencionar a discussão atual sobre os direitos humanos (cf. J. Sandkühler, Die Universalität des Rechts und das Faktum des Pluralismus, in R. Fornet-Betancourt, ed., op. cit., p. 131).

[35] A posição cética radical reduz a moral a sentimentos, desejos e decisões arbitrárias dos indivíduos. Para Apel, o confronto com o cético é indispensável quando está em questão a pergunta a respeito da possibilidade de uma filosofia intersubjetivamente válida, pois se a possibilidade da argumentação válida é negada, a filosofia, enquanto atividade essencialmente argumentativa, é, de antemão, impossível (cf. K-O. Apel, Die Diskursethik vor der Herausforderung der lateinamerikanischen Philosophie der Befreiung, in R. Fornet-Betancourt, org., *Konvergenz oder Divergenz? Eine Bilanz des Gesprächs zwischen Diskursethik und Befreiungsethik*, Aachen, Verl. der Augustinus-Buchh, 1994, p. 21).

[36] Cf.: H. J. Morgenthau, *Politics among Nations. The Struggle for Power and Peace*, 8. ed., New York, Alfred A. Knopf, 1985. K. N. Waltz, *Theory of International Politics*, California, Addison-Wesley Publishing, 1979. R. Gilpin, *War and Change in World Politics*, Cambridge, 1981. Cf. a respeito: Ch. Chwaszcza, *Ethik der internationalen Beziehungen,* op. cit., p. 158ss. e H. Küng, *Uma ética global para a política e a economia mundiais*, Petrópolis, Vozes, 1999, pp. 25-165.

teresses nacionais, ou seja, trata-se de uma analogia com a análise de Hobbes[37] sobre o estado de natureza. Desse fato tiram a conclusão, com a justificativa de evitar qualquer quimera idealista[38] dos desejos e dos imperativos, de que a política internacional deveria orientar-se unicamente em categorias da gramática do poder e em considerações instrumentais,[39] pois do contrário os diferentes governos terminariam prejudicando seus cidadãos; numa palavra, a política deve ser livre de qualquer consideração ética e buscar, acima de tudo, o interesse nacional: as relações entre os Estados constituem uma zona livre de qualquer normatividade.[40] A ordem internacional estável é condição de possibilidade para a consecução dos fins fundamentais da ação política: a segurança interna (autonomia política) e externa (integridade territorial). Na medida em que a partir desses fins é possível deduzir critérios para a política internacional, pode-se dizer que o realismo é uma teoria

---

[37] A respeito do contratualismo como modelo de fundamentação da política, cf. N. F. de Oliveira, A liberdade dos modernos: Hobbes e o contratualismo, in *Tractatus Ethico-Politicus. Genealogia do Ethos Moderno,* Porto Alegre, EDIPUCRS, 1999, p. 51ss. Sobre o contratualismo transcendental: I. Maus, *Zur Aufklärung der Demokratietheorie. Rechts und demokratietheoretische Überlegungungen im Anschluss an Kant,* Frankfurt am Main, Suhrkamp, 1994. O. Höffe, op. cit., p. 48ss.

[38] Idealismo significa, para esses autores, uma ética de intenções que não leva em consideração as condições reais de poder, a viabilidade concreta do que propõe e as possíveis conseqüências negativas da efetivação de suas proposições (cf. H. Küng, op. cit., pp. 69-80).

[39] S. Laubach-Hintermeier submete o realismo a uma crítica em um duplo horizonte: a) sobre a validade de sua análise da situação mundial; b) sobre a validade da dedução de sentenças normativas a partir de fatos (falácia naturalista cf. S. Laubach-Hintermeier, Kritik des Realismus, in Ch. Chwaszcza & W. Kersting, op. cit., pp. 73-95).

[40] Para W. Kersting, aqui se faz um acordo científico fundamental, que vincula entre si realismo e filosofia analítica (cf. W. Kersting, *Einleitung...* op. cit., p. 16).

conseqüencialista orientada no interesse nacional[41] e radicada uem ma absolutização do fáctico contra o ético.

Os *comunitaristas,*[42] por sua vez, afirmam que a validade das normas só pode ser determinada dentro do quadro de uma formação social, no seio de uma eticidade substancial, historicamente efetivada em uma tradição cultural específica,[43] que constitui o *a priori* da facticidade de uma pré-compreensão concreta de mundo.[44] Como a ética das relações internacionais de antemão rompe com esse horizonte, uma vez que necessariamente tem de apelar a premissas universalistas, o comunitarismo considera tal empreen-

---

[41] Cf. Ch. Chwaszcza, op. cit., p. 159. De qualquer forma, indiretamente o realismo levanta o problema da necessidade da constituição de instituições internacionais responsáveis pela efetivação de normas e a questão delicada da submissão dos Estados a normas e regulações de uma instituição internacional, portanto, da necessidade de repensar a categoria de soberania (idem, p. 162).

[42] Cf.: MacIntyre, A. *After Virtue: a Study in moral theory*, London, Duckworth, 1981. Walzer, M. *Spheres of Justice. A Defense of Pluralism and Equality*. 3. ed. Oxford, 1989. Bell, D. *Communitarianism and its Critics*. Oxford, Clarendon Press, 1993. Apel, K-O. Das Anliegen des anglo-amerikanischen "Kommunitarismus" in der Sicht der Diskursethik. In: Brumlick, M. & Brunkhorst, H. *Gemeinschaft und Gerechtigkeit*. Frankfurt am Main, 1993. pp. 149-172. Kersting, W. Liberalismus, Kommunitarismus, Republikanismus. In: Apel, K-O & Kettner, M., orgs., op. cit., pp. 127-148. Ramos, C. A. A crítica comunitarista de Walzer à teoria da justiça de John Rawls. In: Felipe, S.T., org., *Justiça como Eqüidade*. Fundamentação e interlocuções polêmicas (Kant, Rawls, Habermas). Florianópolis, 1998. pp. 231-243.

[43] Cf.: A. MacIntyre, *Which Rationality, whose Justice*, London, Notre Dame Ind., University of Notre Dame Press1988; H. B. A de Carvalho, *Tradição e racionalidade na filosofia de Alasdair MacIntyre*, São Paulo, 1999. Para K-O Apel, o comunitarismo assumiu a concepção da fenomenologia hermenêutica de Heidegger e Gadamer, do *a priori* da facticidade e da historicidade, e o integrou com a concepção de Wittgenstein II da imbricação entre formas de vida e jogos de linguagem, o que, no caso de Ch. Taylor, ainda se ligou à concepção hegeliana da eticidade do espírito objetivo historicamente efetivado (cf. K-O. Apel, *Das Problem*, op. cit., p. 110).

[44] Cf. K-O. Apel, *Das Problem*, op. cit., p. 111.

dimento sem sentido por desembocar em um dever-ser abstrato. Por isso, os comunitaristas criticam a orientação valorativa universalista do liberalismo moderno, sua orientação a uma teoria universal da justiça e os meios universais de socialização que são seus produtos, o direito e o mercado, e defendem o particularismo normativo,[45] que acentua o valor das tradições e as obrigações que derivam da pertença a determinadas formações sociais. Daí sua crítica ao individualismo moderno atomístico e a defesa de uma política de integração ao bem coletivo como conseqüência da natureza social do ser humano, que, por essa razão, não pode ser entendido adequadamente fora de seu mundo vivido próprio.[46] Por isso, insistem no caráter situacional da razão humana, na pluralidade e contextualidade como dimensões universais da vida. Daí a exigência fundamental: esquecer Kant.[47]

Ora, para Apel, a globalização de todos os problemas político-morais, que se explicita, por exemplo, nas discussões,[48] em nível mundial, a respeito dos direitos humanos, de uma ordem econômica mundial socialmente justa, de uma

---

[45] Também defendido por outros filósofos, como R. Rorty, R. Bubner, M. Foucault (cf. H. Küng, *Projekt Weltethos*, München, Piper, 1990, pp. 64-66).

[46] A respeito da versão apeliana da controvérsia entre liberais e comunitaristas no mundo anglo-saxão, cf. K-O. Apel, *Das Problem*, op. cit., pp. 113ss. Para Apel, os representantes pragmáticos do liberalismo, Rawls e Rorty, certamente abandonaram a possibilidade de uma fundamentação filosófica da justiça porque chegaram à convicção, em acordo com os comunitaristas, de que toda forma de filosofia moral, como de metafísica e de teologia, pertence às doutrinas compreensivas culturalmente dependentes e, por isso, não pode ser interculturalmente neutra e imparcial (idem, p. 124).

[47] Cf. F. V. Kratochwil, Vergesst Kant! Reflexionen zur Debatte über Ethik und internationale Politik, in Ch. Chwaszcza e W. Kersting, op. cit., p. 149.

[48] Cf. K-O. Apel, *Die Diskursethik vor der Herausforderung* (1992), op. cit., pp. 32ss.

política adequada do meio-ambiente, da situação das populações nativas da América e da África negra, dos processos de marginalização e exclusão e das condições de vida dos milhões de pobres e famintos do mundo, da explosão populacional da humanidade, das relações Norte-Sul, da dívida externa dos países em desenvolvimento, da fortíssima concentração pelos mais ricos do mundo dos recursos da terra (energia, água, território etc.) — revela a premência da fundamentação de um princípio regulativo-normativo, ou seja, de *uma norma fundamental de justiça universalmente válida,*[49] que possa evitar soluções injustas para os problemas levantados. A postura comunitarista põe, para ele, uma dificuldade enorme para a fundamentação de uma ética a partir dessas exigências de nossa situação histórica: uma vez aceita a tese básica da fenomenologia hermenêutica a respeito do *a priori* da pré-estrutura do ser-no-mundo, a saber, da pré-compreensão de mundo, que está desde sempre vinculada à pertença a uma comunidade lingüística e cultural, então parece plausível admitir que todas as nossas valorações são fundamentalmente dependentes de uma tradição cultural,

[49] Nesse sentido, Apel se põe ao lado de Habermas e Rawls no esforço de fundamentar uma teoria da justiça em diferença radical, por exemplo, com a simples defesa do interesse próprio em um discurso estratégico, até em um contrato na linha de Hobbes. No entanto, há uma diferença radical na forma de fundamentação entre Rawls e Apel. "Para Apel, de fato, a intenção básica de Rawls é fundamentar a justiça como o resultado de uma escolha livre num contrato original. Como ele, de acordo com a tradição britânica e, igualmente, no sentido da teoria estratégica dos jogos da escolha racional, entende a liberdade enquanto liberdade de arbítrio do interesse próprio, então ele se vê obrigado, para poder garantir, de antemão, a eqüidade da escolha racional, a impor condições de eqüidade. Por que Rawls escolheu essas condições? Na realidade, Rawls nunca percebeu que a posição original é a reflexão pragmático-transcendental enquanto a situação do que argumenta seriamente" (A. M. de Oliveira, *O Debate,* op. cit., p. 89, nota 6). Cf.: K-O. Apel, *Diskurs und Verantwortung. Das Problem des Übergangs zur postkonventionellen Moral*, Frankfurt am Main, 1988, Suhrkamp, pp. 174-175.

numa palavra, toda ética filosófica depende de uma cosmovisão específica e de uma tradição cultural determinada.

Essa é a tese historicista e relativista, isto é, a dependência cultural das normas morais fundamentais que, para Apel, constitui o ponto comum do comunitarismo e da reação liberal de Rorty[50] e Rawls a suas teses.[51] Tal postura desemboca em duas afirmações básicas: a) uma concepção suficiente de justiça enquanto eqüidade pode ser extraída da tradição da democracia ocidental sem uma fundamentação última filosófico-moral de seus critérios normativos; b) toda fundamentação filosófica da justiça é atribuível a uma "doutrina abrangente do bem" e, enquanto tal, não pode ser interculturalmente neutra e imparcial. Essas teses, para Apel, podem ser consideradas como representantes das correntes dominantes do pensamento contemporâneo, cuja característica fundamental é a destranscendentalização do pensar, tida como a única forma radical de superação da metafísica inaceitável.

Isso constitui para a filosofia um dilema: a) ou ela aceita a historificação total do pensar, ou seja, a dependência de jogos contingentes de linguagem e de formas de vida socioculturais e, conseqüentemente, renuncia a toda postura universalista, tornando-se, assim, incapaz de dizer qualquer palavra responsável sobre nosso mundo; b) ou leva a sério o desafio da historificação, para mostrar que não só ela não

---

[50] Cf. HELLESNES, J. Toleranz und Dissens. Diskurstheoretische Bemerkungen über Mill und Rorty. In: APEL, K-O & KETTNER, M., orgs. *Zur Anwendung der Diskursethik in Politik.* Recht und Wissenschaft. Frankfurt am Main, Suhrkamp, 1993, pp. 187-200.

[51] Cf. K-O. Apel, *Das Problem*, op. cit., pp. 113ss.

elimina a pergunta propriamente filosófica, isto é, a problemática da validade, mas a torna mais aguda, pois se trata de tematizar as condições intranscendíveis de todo discurso humano; numa palavra, trata-se de mostrar como é possível e válido o próprio discurso contingente e histórico dos diferentes jogos de linguagem, ou seja, "tematizar reflexivamente as condições não-contingentes do conhecimento válido do contingente".[52]

K-O Apel toma o segundo caminho,[53] o que vai significar, antes de mais nada, partir da reviravolta lingüístico-hermenêutica do pensar e afirmar a linguagem como a mediação irrecusável de todo sentido e validade. Uma vez abandonado o paradigma de uma filosofia da consciência, o conhecimento humano[54] emerge como a compreensão comunicativa e a formação de consenso sobre algo; portanto, como uma comunicação intersubjetivamente mediada, que se efe-

---

[52] Cf. OLIVEIRA, A. M. de. *Sobre a Fundamentação*. Porto Alegre, EDIPUCRS, 1993, pp. 59-60.

[53] Cf. J. Pizzi, *Ética do discurso. A racionalidade ético-comunicativa*, Porto Alegre, EDIPUCRS, 1994, pp. 81-105. Apel se faz herdeiro da tradição transcendental em contraposição a Habermas, que cada vez mais assume o que chama de "poderoso movimento pós-hegeliano de destranscendentalização do pensamento" (cf. J. Habermas, Wege der Detranszendentalisierung. Von Kant zu Hegel und zurück, in *Wahrheit und Rechtfertigung. Philosophische Aufsätze*, Frankfurt am Main, Suhrkamp, 1999, pp. 186-229).

[54] O "eu penso" irrecusável é compreendido como "eu argumento" no discurso enquanto membro ao mesmo tempo de uma comunidade real (condicionada historicamente e limitada: aqui se revela a herança, no pensamento de Apel, da hermenêutica de Heidegger e Gadamer, e da tradição da crítica às ideologias que vêm de Marx e Mannheim) de comunicação e de uma comunidade, necessariamente antecipada contrafacticamente, ideal, ilimitada de comunicação, ou seja, de uma instância de reflexão metahistórica da racionalidade universalmente válida de uma comunidade de discurso ideal (cf. K-O. Apel, *Die Diskursethik vor der Herausforderung* (1994), op. cit., pp. 22-23).

tiva na medida em que os indivíduos levantam pretensões de validade para aquilo que dizem, as quais só podem ser satisfeitas argumentativamente, ou seja, no horizonte da reviravolta lingüística, argumentação ou discurso são sinônimos de razão, que agora é concebida como lingüisticamente onde constituída e enquanto tal possui uma dimensão social essencial. Razão é, então, essencialmente, intersubjetividade,[55] ou seja, tem a ver com funções e produções que remetem diretamente à interação e à cooperação. A razão se efetiva essencialmente na cooperação entre sujeitos; possui em si mesma um nexo interno à relação sujeito-sujeito.

Além disso, a pergunta transcendental pelas condições de possibilidade e validade do conhecimento humano é intranscendível e é o que caracteriza o tipo de conhecimento próprio à filosofia. A linguagem, enquanto mediação irrecusável de todo sentido e validade, emerge, então, como a mediação necessária para a reflexão transcendental que agora se efetiva enquanto pergunta pelas condições intransponíveis de possibilidade e validade da argumentação com sentido, isto é, trata-se de tematizar o que já sempre necessariamente pressupomos quando argumentamos com sentido, o que significa, filosoficamente, que nada em filosofia pode ser considerado suficientemente legitimado se, em sua justificação, não estiverem incluídas as condições necessárias, universais e últimas de possibilidade e validade do próprio discurso, pois a linguagem é o espaço irrecusável da solução consensual de todas as pre-

---

[55] Cf. W. Kuhlmann, op. cit., p. 200. M. Niquet, Transzendentale Intersubjektivität, in K-O Apel e M. Kettner, orgs., op. cit., pp. 148-166.

tensões de validade. A essas condições só se chega pela mediação de uma auto-reflexão estrita. Filosofia é, então, necessariamente, reflexão transcendental, ou seja, auto-reflexão estrita do discurso humano sobre si mesmo para tematizar suas condições intransponíveis de possibilidade e validade, o que significa dizer que as condições aqui tematizadas não poderão ser negadas sem que se caia em autocontradição, e, ademais, não poderão ser provadas, porque são condição de possibilidade de toda prova. Assim, é tarefa da reflexão filosófica explicitar as condições formais de toda argumentação e com isso encontrar o momento da incondicionalidade e da universalidade próprios à razão enquanto tal, que se revela como a busca do entendimento mediado argumentativamente no interior de uma comunidade de comunicação.

Para Apel, um dos méritos da reviravolta lingüística foi a possibilidade de determinar com clareza o procedimento específico da filosofia enquanto reflexão transcendental: não se trata, aqui, de um conhecimento por derivação, típico da fundamentação hipotética, submetida, portanto, ao trilema de Münchhausen, e, por isso, é conhecimento que, embora tenha coerência interna, nunca pode dizer algo incondicionado e definitivo, já que, em última instância, depende de premissas que não têm fundamentação última. Trata-se, no conhecimento filosófico, de um retorno reflexivo às condições de validade da argumentação enquanto tal, onde está, por princípio, excluído o regresso ao infinito. Sua tarefa é buscar algo que em princípio não pode ser alcançado pela dúvida sensata e pela argumentação crítica, porque é sua condição necessária, que, portanto, não pode ser negado sem que a própria dúvida destrua a si mesma[56] e o importante, aqui, é que essas condições são um conjunto de regras que, em sua essência, são normas éticas,[57] ou seja, regras e normas que se referem à relação de sujeitos que agem um com o outro ou um em relação ao outro.

A partir dessa concepção da filosofia enquanto fundamentação última de princípios, se põe, para Apel,[58] a saída filosófica para a questão central de nossa época, ou seja, a exigência de fundamentação de um princípio de justiça universalmente válido, que é o princípio normativo de articulação da organização social, portanto, a fundamentação racional da responsabilidade enquanto tal e do princípio do discurso, formal-procedimental, da organização da responsabilidade coletiva, o que constitui para Apel a primeira parte da ética do discurso.[59] Esse princípio tem sua fundamentação racional por já ser sempre necessariamente reconhecido por todo aquele que argumenta com relação a qualquer parceiro possível em referência a uma comunidade ilimitada de discurso. Numa palavra, entre as condições transcendentais de sentido e validade da argumentação sensata está uma norma que é fundamental para todo uso da razão: *a reciprocidade dialógica universal*, que implica que todo aquele que argumenta é livre e autônomo para levantar todas as pretensões que julgar necessárias a seu conhecimento

---

[56] Cf. M. A de Oliveira, op. cit., p. 71.

[57] Cf. KUHLMANN, W. *Reflexive Letzbegründung. Untersuchungen zur Transzendentalpragmatik.* Freiburg/München, Alber, 1985. p. 182.

[58] Cf.: K-O. Apel, *Das Problem*, op. cit., 127; X. Herrero, A razão kantiana entre o logos socrático e a pragmática transcendental, op. cit., pp. 35-57.

[59] Cf. K-O. Apel, *Diskurs und Verantwortung*, op. cit., pp. 21-212.

e a seu agir no mundo, o que significa dizer que ele tem o direito e o dever de argumentar, isto é, de legitimar essas pretensões, pela mediação de um discurso responsável, em face de si mesmo e dos outros, o que implica que nada pode ser aceito como válido que não seja justificado por meio de argumentos (princípio da responsabilidade argumentativa) e que, em princípio, há uma *igualdade básica de direito* na argumentação.

Isso pressupõe o reconhecimento dos outros como sujeitos capazes de verdade, portadores dos mesmos direitos de levantar pretensões de validade e de trazer à discussão bons argumentos o que, por sua vez, implica o dever recíproco de fazer valer exclusivamente argumentos e nenhuma instância alheia à argumentação; portanto, a exclusão da violência e a obrigação ética de resolver, pela mediação do diálogo e da argumentação, todas as pretensões de validade da vida humana histórica em todos os seus níveis,[60] levantadas primeiro em relação a uma comunidade real de comunicação ou, respectivamente, de seus representantes, que coconstituem a atual situação de fala e, em última instância, em relação à comunidade ideal de comunicação.[61] A racio-

---

[60] Cf. K-O. Apel, *Transformation der Philosophie*, op. cit., v. II, p. 425. Sobre a obrigação ética de aplicar o princípio ético fundamental em todos os contextos da vida humana, e de modo especial nas situações de violência, veja A. Cortina, *Ética aplicada y democracia radical*, Madrid, Tecnos, D.L., 1993, pp. 183-192. A respeito da objeção de que a obrigação da busca de um consenso racional vale apenas para a cooperação nas questões do discurso, veja W. Kuhlmann, op. cit., pp. 203ss.

[61] Cf. W. Kuhlmann, op. cit., p. 73. Apel fala nesse contexto de uma imbricação dialética entre o *a priori* da comunidade real (historicidade da situação humana fundamental) e o *a priori* da comunidade ideal de comunicação (instância de validade universal). (cf.: K-O. Apel, *Transformation der Philosophie*, op. cit., v. II, pp. 395ss; idem, *Kann das Anliegen*, op. cit., p. 25).

nalidade comunicativa tem como elemento principal a relação dialogal entre os diversos indivíduos e a busca de um consenso racional pela mediação da *disputa entre os argumentos*. Ela estabelece uma relação interpessoal baseada na cooperação,[62] portanto sem domínio e violência e no reconhecimento mútuo, o que implica a obrigação de nos tratarmos a todos, sem nenhuma exclusão, como portadores de direitos iguais[63] (igualdade de direitos) e de resolver argumentativamente os problemas do mundo da vida (responsabilidade solidária). Isso significa dizer que a política é o esforço de efetivar a razão comunicativa na esfera da solução dos problemas coletivos e seu sentido é, então, o de instaurar uma comunidade baseada na razão, entendida discursivamente e, portanto, rejeitando radicalmente a violência e o arbítrio como forma de solução dos conflitos humanos, e que todo poder e toda norma devem ser sustentados pelo consenso livre dos cidadãos.

Numa palavra, essa fundamentação última pragmático-transcendental vale para a discussão de todos os problemas morais relevantes em uma sociedade globalizada; por exemplo, para a discussão da fundamentação moral e para a necessária codificação jurídico-positiva dos direitos humanos e sua relação com os valores morais, ou as hierarquias

---

[62] A respeito da afirmação de que quem argumenta seriamente está eticamente obrigado a cooperar com os outros participantes da argumentação, veja W. Kuhlmann, op. cit., pp. 160ss.

[63] Cf. K-O. Apel, *Transformation der Philosophie*, op. cit., v. II, p. 400. Em A. Cortina, *El estatuto...*, art. cit., p.257: "la idea de igualdad se torna ahora comunicativa, en la medida en que ninguna persona, ningún interlocutor válido puede ser excluído a priori de la argumentación cuando ésta versa sobre normas que le afectan".

de valores das diferentes tradições culturais que não determinam de forma definitiva os participantes dessa discussão. É isso que para Apel constitui a segunda parte da ética do discurso, isto é, sob a pressuposição do princípio fundamental da responsabilidade coletiva pode-se entender a necessidade de fundamentação de normas materiais, sempre novas e relativas à situação, a partir da relação dos fatos existentes ao nosso poder tecnológico e político nos diferentes níveis dos discursos práticos.[64] Nesse contexto, revela-se, com toda clareza, a unilateralidade das fundamentações de tipo hermenêutico, que não refletem sobre as condições de possibilidade e validade do discurso filosófico sobre o *a priori* da pré-compreensão culturalmente condicionada dos nossos mundos de vida[65] e que por essa razão não podem entender que o cerne irrecusável, transcendental, dos direitos humanos universalmente válidos já se encontra nas condições da discussão sobre esses direitos enquanto normas fundamentais de todo discurso racional.

Essa norma moral fundamental é universal e cognitivista na medida em que é racionalmente legitimada, mas é formal,[66] pois as soluções concretas dos problemas morais e

---

[64] Cf. K-O. Apel, *Diskurs und Verantwortung*, op. cit., pp. 212-213.

[65] Para Apel, falta uma reflexão transcendental tanto em Wittgenstein como em Heidegger e Gadamer. Cf.: K-O. Apel, *Transformation der Philosophie*, v. I, Parte II, Hermeneutik und Sinnkritik, Frankfurt am Main, Suhrkamp, 1976, pp. 223-377; idem, *Das Problem*, op. cit., p. 128.

[66] Cf. K-O. Apel, Límites de la ética discursiva, in A. Cortina, org., *La razón comunicativa y responsabilidad solidaria*, Salamanca, 1985, pp. 235-236. A respeito da crítica de A. Cortina à ética do discurso e sua proposta alternativa, veja A. Cortina, El estatuto de la ética aplicada; hermenéutica crítica de las actividades humanas, in R. Fornet-Betancourt, org., *Armut...*, op. cit., pp. 192ss.

jurídicos relevantes de uma sociedade globalizada de forma alguma podem ser encontradas mediante uma *dedução filosófica de normas materiais* a partir dos princípios transcendentalmente fundamentados. Para Apel, tal fundamentação última, sugerida pelo racionalismo clássico, contrapõe-se radicalmente ao espírito de uma ética do discurso. O que especifica a ética do discurso metodologicamente é a exigência *a priori*, na própria fundamentação dos *procedimentos ideais*,[67] do estabelecimento de *discursos reais* sobre os problemas a serem resolvidos,[68] discursos em que se explicitam os interesses dos indivíduos e as conseqüências de suas ações e em que se possa conseguir o maior entendimento possível sobre esses interesses reais das pessoas e sobre a melhor orientação a respeito das conseqüências históricas e dos efeitos colaterais do seguimento das normas morais nas situações específicas. Sua institucionalização, nas diferentes dimensões da vida humana, constitui, para a ética do discurso, o desafio político básico.

Isso implica entender a ética do discurso como uma ética de responsabilidade pela situação histórica e pelas conseqüências das ações humanas em todos os seus níveis uma vez que os discursos reais práticos, enquanto processos públicos de entendimento, estão abertos, em princípio, à dis-

---

[67] Que qualquer argumentante necessariamente antecipa contrafacticamente, quer queira quer não. Daí a referência necessária à comunidade ideal de comunicação (cf. K-O. Apel, *Diskurs und Verantwortung*, op. cit., pp. 201-202).

[68] Cf.: Apel, K-O. Grenzen der Diskursethik? Versuch einer Zwischenbilanz. In: *Zeitsch. f. phil. Forschung* [1986] p. 18. D. Böhler, Diskursethik und Menschenwürdegrundsatz zwischen Idealisierung und Erfolgsverantwortung, in: K-O. Apel e M. Kettner, orgs., op. cit., pp. 201-231.

cussão de todos os problemas e conflitos sociais e institucionais e, conseqüentemente, à fundamentação de normas éticas para as diversas situações históricas; portanto, de normas situacionais que, em princípio, podem ser revidadas. Nesse contexto, é de fundamental importância o saber dos especialistas, nas diferentes áreas do saber, que são indispensáveis para organizar concretamente a responsabilidade solidária em todos os níveis de cooperação entre os seres humanos, como também a criatividade, as reivindicações e iniciativas dos diversos grupos sociais. Assim, por exemplo, a discussão sobre os direitos humanos tem de levar em consideração as necessidades específicas das diferentes culturas e, nesse contexto, é necessário reconhecer que pode ser muito diferente a avaliação da relação entre os direitos de liberdade e participação políticas (direitos de primeira geração) e os chamados direitos de sobrevivência material (direitos de segunda geração), direito à alimentação, à habitação, à defesa perante a violência etc.

Numa palavra, na arquitetônica da ética do discurso, os princípios, transcendentalmente fundamentados, de direitos iguais e da igual co-responsabilidade de todos os participantes do discurso, assim como o princípio de justiça da capacidade de consenso a ser exigida para a solução de todos os problemas, referem-se a discursos práticos enquanto *princípios regulativos*. Para Apel,[69] isso significa uma mediação crítica entre uma ética transcendental e a hermenêutica histórica e se põe no lugar da contraposição pura e simples entre o formalismo kantiano e um hegelianismo especulativo-

---

[69] Cf. K-O. Apel, *Diskurs und Ethik*, op. cit., pp. 91ss.

historicista: o momento *formal* é a fundamentação última do princípio de um procedimento normativo de formação de consenso, e o *histórico* é o processo concreto de formação dialogal de opinião sobre questões materiais em litígio. Decorre da própria norma fundamental a obrigação de efetivar esses discursos práticos, pois o princípio moral prescreve resolver os problemas e os conflitos do mundo da vida na base de argumentos que buscam consenso. Esses discursos, em nível global, efetivam-se, hoje, por meio das diferentes conferências sobre as questões básicas da humanidade, como as conferências sobre os problemas da alimentação, a reprodução da população, os direitos das mulheres, a política energética, a proteção do meio ambiente, a distribuição dos encargos financeiros entre os países ricos e os países em desenvolvimento etc.

Em todas essas discussões são tratados problemas que provocam a emergência de diferenças profundas de valores e de conflitos eventuais entre as diferentes tradições culturais. Em tal situação, não se pode ter de antemão como certo que seja possível encontrar sempre soluções mediante um consenso discursivo.[70] No entanto, segundo Apel, é necessário exigir, com base nos princípios procedimentais e nas normas básicas da ética do discurso, que nós, mesmo nos casos de impossibilidade persistente de atingir o consenso,

---

[70] Até também porque essas conferências estão submetidas a dois tipos de critérios de racionalidade: por um lado, à idéia regulativa dos discursos práticos e, por outro lado — e disso temos de ter responsavelmente consciência —, todas essas conferências possuem o caráter de *negociações estratégicas* em que os participantes têm de agir como representantes de interesses (cf. K-O. Apel, *Die Diskursethik vor der Herausforderung* (1994), op. cit., p. 38).

pelo menos nos esforcemos por chegar a um consenso discursivo sobre as razões profundas da falta de consenso. Isso pressupõe um enorme esforço hermenêutico de entendimento mútuo entre as diversas tradições culturais.

Pressuposto de tudo isso, contudo, é que haja *condições reais* para a realização desses discursos, pois quem argumenta pressupõe não só, necessariamente, condições ideais de uma comunidade ilimitada de comunicação, mas também condições históricas e contingentes da situação da comunidade real de comunicação, que possibilitam ou não a realização dos discursos práticos postulados pela norma fundamental, de onde, então, decorre a obrigação moral de suprimir os impedimentos que por acaso existam nas diferentes situações históricas[71] . Numa palavra, a obrigação de suprimir, cada vez mais, a diferença existente entre as condições ideais e as condições reais de comunicação, o que implica, por si mesmo, a exigência de transformar as condições reais existentes e criar condições para a efetivação da norma moral fundamental na vida social,[72] ou seja, em uma mediação entre a racionalidade comunicativa e a racionalidade estratégica.

---

[71] É isso que Apel denomina "uma obrigação teleologicamente orientada" (cf. K-O. Apel, Kann das Anliegen der "Befreiungsethik" als ein Anliegen des "Teils B der Diskursethik" aufgefasst werden? (Zur akzeptierbaren Implementation der moralischen Normen unter den Bedingungen sozialer Institutionen bzw. Systeme), in: R. Fornet-Betancourt, org., *Armut, Ethik, Befreiung*, Aachen, Verl. der Augustinus-Buchh, 1996, p. 15.

[72] Cf. H. Brunkhorst, Die Dialektik von realer und idealer Kommunikationsgemeinschaft, in K-O. Apel e M. Kettner, orgs., op. cit., pp. 342-358.

Uma primeira exigência fundamental, daí decorrente, é a própria sobrevivência das comunidades reais[73] e, conseqüentemente, das condições naturais indispensáveis para a sobrevivência da humanidade em um mundo onde a destruição das pessoas e do meio ambiente avança. Em segundo lugar, a preservação da realidade racional das instituições e tradições que são conquistas da humanidade (por exemplo, o Estado constitucional e de direito democrático)[74] a caminho de construir as condições reais necessárias de efetivação dos discursos práticos[75] como único caminho racional de solução de seus problemas, ou seja, de substituir as soluções estratégicas violentas pela resolução dos conflitos de interesses pela mediação do procedimento de formação discursiva de consenso sobre as pretensões de validade.

A linguagem é a meta-instituição de todas as instituições e encontra no discurso sua forma específica de reflexividade. É esse o espaço em que todas as pretensões da vida humana podem e devem ser acareadas, e, por essa razão ela não pode capitular diante das *injunções sistêmicas* provenientes do processo de diferenciação das sociedades modernas.

---

[73] O que significa dizer que a fundamentação última da ética do discurso contém uma fundamentação racional do postulado básico da ética da responsabilidade de H. Jonas, ou seja, que também no futuro a humanidade deve existir (cf. K-O. Apel, *Diskurs und Verantwortung*, op. cit., pp. 149; 203).

[74] Cf. K-O. Apel, Die Diskursethik vor der Herausforderung (1994), op. cit., p. 34.

[75] Aquelas condições em que nenhum ser humano adulto espiritualmente saudável seja excluído da participação nos discursos relevantes pela violência estrutural (cf. K-O. Apel, Die Diskursethik vor der Herausforderung der "Philosophie der Befreiung". Versuch einer Antwort an Enrique Dussel, in R. Fornet-Betancourt, org., *Diskursethik oder Befreiungsethik?*, Aachen, Verl. der Augustinus-Buchh, 1992, p. 20).

Ao contrário, tem de se institucionalizar enquanto discurso real e, assim, submeter as condições dos sistemas funcionais, o que implica mediar o princípio moral e a situação real. Para Apel,[76] essa é a única possibilidade realista e responsável de intervir, nas condições de contorno do sistema econômico mundial e de transformar esse sistema, a longo prazo, na direção da efetivação da justiça social em nível mundial, por meio de reformas politicamente mediadas, ou seja, para ele, o caminho da emancipação passa pelo esforço persistente de transformar as condições de contorno, politicamente influenciáveis, do sistema econômico em uma economia social de mercado[77], em nível mundial, que pudesse ser aceita por todos os afetados.[78]

Isso tudo pressupõe, teoricamente, o enfrentamento de uma questão fundamental: é possível, ou até mesmo necessário, que uma ética universalista, isto é, a que defende a posição, como válida em última instância, do princípio da reciprocidade universal ou do respeito de todos os seres humanos enquanto pessoas, em princípio, de direitos iguais, reconheça igualmente a necessidade da mediação da validade de todas as normas morais, não apenas com os desafios da situação específica, mas sobretudo com as regras do jogo das diferentes instituições ou, respectivamente, dos sistemas

---

[76] Cf. K-O. Apel, *Die Diskursethik vor der Herausforderung* (1992), op. cit., pp. 43-44.

[77] Cf. Apel, K-O. Institutionethik oder Diskursethik als Verantwortungsethik? Das Problem der institutionellen Implementation moralischer Normen im Falle des Systems der Markwirtschaft. In: Harpes, J. P., org. *25 Jahre Diskursethik*. Luxemburg, 1995.

[78] Cf. K-O. Apel, *Die Diskursethik vor der Herausforderung* (1994), op. cit., p. 37.

sociais de uma realidade socioculturalmente complexa e hoje em processo de globalização?[79] Para Apel, isso já está contido na parte B da ética do discurso e implica, enquanto tal, a superação do utopismo da abolição de todas as mediações institucionais das relações humanas[80] ou a sua entrega a um desenvolvimento automático.

Por exemplo, ainda hoje temos de considerar a política como uma dimensão da auto-afirmação estratégica de sistemas de poder não domesticada pelo direito. Nesse nível se faz, portanto, necessário, por causa dessa situação fáctica, o uso da força (ação estratégica) vinculada à obrigação de auto-anulação em favor de uma solução discursiva de conflitos (ação comunicativa), do estabelecimento de relações de uma ordem de direito e de paz no plano mundial. Isso pressupõe uma imbricação de complementaridade entre uma moral deontológica e uma moral teleológica que tem a ver com a mediação necessária entre o princípio moral (a fundamentação transcendental da justiça da ordem política) e as situações reais, na medida em que o princípio deôntico de universalização transforma-se em valor-fim a serviço do que se deve pôr a ação estratégica, isto é, em função da criação das condições histórico-contingentes de sua aplicação, ou seja, de uma redefinição das relações humanas individuais e institucionais.

---

79 Cf. K-O. Apel, Kann das Anliegen... cit., p. 19.

80 Para Apel, é essa precisamente a mensagem da utopia marxiana do "reino da liberdade", o que para ele é inconciliável com o desenvolvimento da cultura humana (cf. K-O. Apel, Kann das Anliegen... cit., pp. 19-20).

Nesse contexto, emerge o *direito* como esfera privilegiada na criação das condições históricas para a efetivação do princípio fundamental da moral,[81] uma vez que ele se consubstancia em leis coercitivas que possibilitam aos cidadãos assumir responsabilidade por seu agir moral na vida social, numa palavra, a coerção só se legitima na medida em que está a serviço da possibilitação de tornar efetiva a liberdade a partir da diferença entre as condições ideais e reais do discurso e a obrigação da transformação das condições reais. Trata-se, no caso do direito, de uma autolimitação necessária do princípio do discurso, que no contexto de nosso mundo globalizado deve estar ao serviço da efetivação do projeto kantiano de uma ordem de direito e de paz no seio dos Estados e entre os Estados.

Para Apel, isso mostra que a função sistêmica do direito para a implementação de normas morais é exatamente contraposta à função da política:[82] enquanto a política põe, nos grupos estatalmente organizados, a responsabilidade pela auto-afirmação da injunção sistêmica, o direito, a que o Estado de certo modo empresta seu poder político, consegue descarregar os indivíduos e grupos do exercício responsável de sua auto-afirmação estratégica e por meio disso pode aproximar os indivíduos e os grupos de uma solução discursivo-consensual de seus conflitos. Numa palavra, as institui-

---

[81] Cf. K-O. Apel, Diskursethik vor der Problematik von Recht und Politik: Können die Rationalitätsdifferenzen zwischen Moralität, Recht und Politik selbst noch durch die Diskursethik normativ-rational gerechtfertig werden?, in K-O. Apel M. Kettner, orgs., op. cit., pp. 29-61.

[82] Cf. K-O. Apel, Kann das Anliegen... cit., p. 26.

ções do sistema de direito dão a sua contribuição funcional decisiva para que os seres humanos possam efetivar a moral no sentido da parte A da ética do discurso, pois só assim podem desaparecer os riscos na efetivação dos discursos práticos e torna-se possível a efetivação de uma solução discursiva dos problemas humanos, e, com isso, a busca dos alicerces para uma nova ordem social global. Por essa razão, a efetivação da ética do discurso, nas condições atuais da humanidade, exige a instauração de uma ordem de direito em nível mundial.

Confrontar-se com a ética do discurso significa, antes de tudo, confrontar-se com uma ética que considera, com grande seriedade, as necessidades e as aspirações da humanidade no momento presente e, sobretudo, com a urgência premente de fundamentar os alicerces normativos de uma civilização à altura da humanidade enquanto tal. A ética do discurso considera a racionalidade técnico-científica e a civilização que daí provém uma grande conquista para a humanidade, porém inadequada, por causa da própria estrutura desse tipo de racionalidade, para responder às questões básicas que dizem respeito à responsabilidade do ser humano precisamente em face dos novos problemas gerados por esta civilização. O homem contemporâneo é fascinado pelas novas possibilidades abertas por essa racionalidade do sucesso e da eficácia, mas tornou-se muitas vezes cético perante a exigência de responder racionalmente aos desafios normativos que emergem, hoje, no plano de sua vida planetária e, portanto, tende a reduzir a racionalidade humana à racionalidade instrumental, atualmente hegemônica. A ética do discurso emerge nesse contexto como um momento forte de auto-reflexão crítica da civilização técnico-científica e, enquanto tal, como uma energia intelectual e espiritual fundamental nesse contexto societário relativista e cético.

Seu grande mérito consiste, em primeiro lugar, na determinação rigorosa da própria natureza da reflexão ética, que é entendida como uma disciplina racional que tem como objeto proposições normativas a serem examinadas quanto à sua verdade. Em segundo lugar, a tese básica de que a validade de uma proposição normativa não pode ser inferida de fatos empíricos, ou seja, de que sentenças normativas não se seguem de sentenças descritivas e não podem, por isso, serem fundamentadas sem a consideração de princípios de ordem ideal, que são, portanto, *a priori*. Em terceiro lugar, a afirmação central de que a filosofia, como o saber do *a priori*, dos princípios ideais, é necessariamente reflexão transcendental e não dedução, pois a dedução pressupõe, sempre, axiomas que não podem ser deduzidos. Apelar para a intuição de evidências manifesta-se insuficiente do ponto de vista da exigência de uma fundamentação rigorosa dos alicerces normativos de nossa ação no mundo. Argumentos reflexivos distinguem-se, então, tanto da dedução como da intuição, pois aqui se trata de demonstrar que os princípios da razão já são sempre necessariamente pressupostos até por quem "sensatamente" argumenta para negá-los. Por fim, a compreensão de que o dever ser moral não pode ser reduzido a qualquer interesse subjetivo, e que, portanto, os princípios éticos são categóricos e não hipotéticos, isto é, a obrigação ética não se fundamenta em preferências subjetivas fácticas e sim ao contrário: uma preferência subjetiva, como qualquer interesse, é moral quando consegue legitimar-se diante dos princípios ideais, que são de ordem universal.

No entanto, a objeção fundamental, vinda de diferentes posturas, é que sem *critérios materiais* é impossível distinguir entre um consenso racional e um consenso simplesmente fáctico. Na medida em que a ética do discurso se recusa a fornecer critérios materiais, uma vez que, em sua concepção, a reflexão transcendental é, necessariamente, formal, ela seria insuficiente para enfrentar as questões éticas, o que fica claro, sobretudo no caso das grandes discordâncias em relação às questões que marcam nosso mundo. Isso levou à articulação de éticas ontológicas, como por exemplo a de H. Jonas e Dussel criando, no campo da ética, uma situação paradoxal: por um lado, um esforço de fundamentação via reflexão transcendental, mas de caráter formal; e, por outro lado, a explicitação de princípios materiais sem uma demonstração suficiente.

H. Jonas[83] parte da idéia de que o ser humano é o único ser que conhecemos que pode ter responsabilidade, a qual vincula-se à capacidade de escolher entre alternativas de ação com conhecimento e vontade. Sendo assim, a responsabilidade é a conseqüência necessária da liberdade: sou responsável diante de minha consciência livre e isso significa dizer que sou responsável, em primeiro lugar, pelas conseqüências de minhas ações na medida mesma em que elas tocam um ser. Então, o verdadeiro objeto de minha responsabilidade é o próprio ser tocado por ela, afirmação que só tem sentido

---

[83] Cf.: JONAS, H. *Das Prinzip der Verantwortung. Versuch einer Ethik für die technologische Zivilisation*. Frankfurt am Main, Suhrkamp, 1979. JÚNIOR, O. G. Hans Jonas: o princípio de responsabilidade; ensaio de uma ética para a civilização tecnológica. In: *Cadernos de História e Filosofia da Ciência*, Série 3, v.6, n.2, 1996, pp. 63-84.

quando o próprio ser em si mesmo é algo portador de valor. Se o ser tem valor em si mesmo, então ele se apresenta a mim com uma exigência: com esse particular, eu me confronto com a valoridade do ser em sua totalidade, e o valor constitui um direito em relação a mim, o que implica dizer que do próprio ser das coisas vêm exigências a mim. Todo ser portador de valor me diz respeito e torna-se para mim uma obrigação, de tal modo que, quando se deve tomar uma decisão, é necessário considerar a hierarquia de valores, o que é fundamental nas situações de litígio. Numa palavra: sou responsável diante do ser em sua totalidade.

Assim, a responsabilidade é a mediação entre os dois pólos constitutivos de toda ação: a liberdade e o caráter valorativo do ser. Para Apel, H. Jonas é um representante de uma ética da responsabilidade planetária pós-convencional, ou seja, uma ética da responsabilidade solidária pelas atividades técnico-científicas da humanidade, radicada numa ética do ser ontológico-metafísica pré-kantiana de tipo aristotélico.[84]

Para E. Dussel, o centro de toda ética é um critério material universal:

> Aquele que atua humanamente, sempre e necessariamente tem como conteúdo de seu ato alguma mediação para a produção, reprodução ou desenvolvimento auto-responsável da vida de cada sujeito humano numa comunidade de vida, como cumprimento material das necessidades de sua corporalida-

[84] Cf. K-O. Apel, *Diskurs und Verantwortung,* op. cit., pp. 109, 170, 187. A respeito do confronto de Apel com a tese central de H. Jonas sobre a necessidade de nos afastarmos da utopia do progresso da modernidade, veja *Diskurs und Verantwortung,* op. cit., pp. 179ss. e M. A. de Oliveira, *Ética e Economia*, São Paulo, Ática, 1995, pp. 25ss.

de cultural (a primeira de todas, o desejo do outro sujeito humano), tendo por referência última toda a humanidade.[85]

Para ele, trata-se, no núcleo da ética, da passagem dos enunciados descritivos aos normativos, ou seja, de uma possível fundamentação dialético-material, não de dedução formal, de juízos normativos a partir de juízos de fato sobre a vida para além da problemática da falácia naturalista de Hume, que, para ele, situa-se apenas no plano formal e não no plano material, no qual está propriamente a ética. Embora não tenha apresentado essa fundamentação, ele continua dizendo que aquele não será contra o cético (fundamentação transcendental, formal), e sim contra o cínico "que pretende justificar uma ordem ética fundada na aceitação da morte, do assassinato ou do suicídio coletivo".[86]

A pergunta que brota desse paradoxo é se ele é necessário ou se o desafio não é precisamente uma mediação crítica. Não estaríamos, aqui, diante de uma dupla parcialidade a ser superada,[87] ou seja, a parcialidade de uma forma de filosofia transcendental (que reduz todo conhecimento de conteúdo a conhecimento das ciências empíricas)[88] e a parciali-

---

[85] Cf. Dussel, E. *Ética da libertação na idade da globalização e da exclusão*. Petrópolis, Vozes, 2000. p. 134.

[86] Cf. E. Dussel, op. cit., p. 144.

[87] Problema já levantado por Gadamer, que considera a hermenêutica o lugar de encontro entre as duas tradições de pensamento. Cf.: H-G. Gadamer, *Wahrheit und Methode. Grundzüge einer philosophischen Hermeneutik*, 2. ed. Tübingen, Mohr (Siebeck), 1965, pp. 449ss; M. A. de Oliveira, *Reviravolta lingüístico-pragmática na filosofia contemporânea,* São Paulo, 1996, pp. 244ss.

[88] Cf. Apel, K-O. Sprechakttheorie und transzendentale Sprachpragmatik zur Frage ethischer Normen. In: Apel, K-O., org. *Sprachpragmatik und Philosophie*. Frankfurt am Main, Suhrkamp, 1976.

dade de uma forma de ontologia (que ignora a mediação da reflexão transcendental)? Não se trata, como Apel viu muito bem, de deduzir normas materiais dos princípios formais, nem muito menos de abandonar o caráter transcendental da filosofia. Sem dúvida, é correta a tese central da ética do discurso de que a tarefa mais urgente de nossa sociedade em processo de globalização é a rearticulação, à altura da problemática e da consciência epistemológica de nosso tempo, da razão prática — ou seja, no centro mesmo de nosso mundo se põe, como tarefa urgente, a questão da fundamentação de normas éticas e políticas que não se limitem à descrição de um *ethos* recebido — e de que isso só é possível mediante a reabilitação da forma transcendental de pensar.

A pergunta é se é suficiente que a filosofia se restrinja à fundamentação última de um procedimento formal e deixe aos discursos práticos a questão do conteúdo das normas, já que o único ponto de orientação, do ponto de vista do conteúdo, é a facticidade das necessidades e dos interesses.[89] A exigência que aqui se revela é a de fundamentar, transcendentalmente, normas de conteúdo, que devem constituir os critérios materiais para os discursos práticos, uma vez que eles implicam, sempre, uma hierarquia de bens e valores como critério normativo das decisões humanas, a qual, por sua vez, só pode ser estabelecida se as coisas forem portadoras de valor intrínseco, ou seja, se forem racionalmente estruturadas em si mesmas, o que pressupõe que a razão não

[89] A respeito do dilema da teoria consensual da verdade a que apela a ética do discurso, veja V. Hösle, Eine unsittliche Sittlichkeit. Hegels Kritik an der indischer Kultur, in: W. Kuhlmann, org., *Moralität und Sittlichkeit. Das Problem Hegels und die Diskursethik*, Frankfurt am Main, Suhrkamp, 1986, pp. 171, nota 7.

seja apenas subjetivo-intersubjetiva, mas também *objetiva.*[90] No entanto, a hierarquia de bens e valores, embora necessária, não é suficiente, pois ela nos fornece apenas o que, em nossas ações não pode faltar, o que *a priori* não pode ser excluído. Aqui se revela necessário o saber da situação histórica no seio da qual nossa razão prática deve agir no horizonte contingente de um feixe complexo de condições para encontrar uma tradução das normas no seio da epocalidade histórica.

O desafio levantado só pode efetivar-se por meio de um repensamento tanto da ontologia como da reflexão transcendental, e talvez aqui esteja a urgência maior da filosofia contemporânea.[91] A reformulação semiótica do pensamento transcendental transformou a filosofia transcendental da subjetividade em filosofia transcendental da intersubjetividade e, certamente, aqui está um patamar reflexivo insuperável. No entanto, um enfrentamento das questões levanta-

---

[90] "O consenso no discurso só pode ser fundado, e essa é a grande meta da ética do discurso contra todo positivismo ético, se há razões nas coisas que permite legitimar as preferências. Numa palavra, sem uma hierarquia apriórica de valores, cuja validade não depende de um consenso fáctico, mas antes é o seu fundamento racional, é impossível resolver racionalmente os conflitos morais" (M. A. de Oliveira, *Ética e práxis histórica*, São Paulo, Ática, 1995, p. 16). Cf.: Hösle, Eine unsittliche Sittlichkeit... cit., p. 138.

[91] De certa forma, Leibniz antecipou a formulação dessa questão ao escrever no prefácio da Teodicéia que o espírito humano tem dois labirintos: o primeiro diz respeito à composição do contínuo (ontologia), o outro à essência da liberdade (filosofia transcendental). Ambos têm sua origem na mesma fonte, ou seja, no conceito de infinito. Temos de saber acima de tudo que todas as criaturas trazem em si a marca da infinitude divina e essa é a fonte que leva o espírito humano à admiração (cf.: G. W Leibniz, *Essais de Theodicée sur la Bonté de Dieu; la Liberté de l'Homme et l'Origine du Mal,* Darmstadt, 1985, pp. 12-14; E. Heintel, *Die Beiden Labyrinthe der Philosophie, Systemtheoretische Betrachtungen zur Fundamentalphilosophie des abendländischen Denkens,* Wien/München, Oldenbourg, 1968, v. I.

das implicaria repor a questão central da relação entre *reflexão* e *linguagem,* uma vez que, possivelmente determinada interpretação dessa relação, torne impossível a retomada da dimensão ontológica pela reflexão transcendental. Se a linguagem é o "meio" irrecusável de todo sentido e a filosofia é, necessariamente, uma reflexão transcendental sobre os pressupostos necessários da argumentação — que é um procedimento lógico, portanto em última instância é reflexão sobre o cerne de estruturas lógicas que são condições transcendentais da argumentação enquanto tal —, como pensar a relação entre a linguagem e essa esfera do lógico que se manifesta como o pressuposto de toda práxis lingüística? Não emerge, aqui, o lógico como o princípio fundamentalíssimo,[92] de tal modo que a reflexão transcendental é autofundamentação da lógica e, conseqüentemente, tematização do lógico como a estrutura que fundamenta a si mesma? Não se trata, aqui, de um princípio lógico-ontológico que é fundamental, ou seja, incondicional, o sem pressuposto, uma estrutura ineliminável porque qualquer tentativa de negá-la a pressupõe; portanto, um *ser necessário* que fundamenta a si mesmo reflexivamente e que não pode ser negado sem autocontradição, portanto o absoluto, fundamento da inteligibilidade de tudo? Que conseqüência isso tem para a concepção da filosofia e para a resolução da grande questão de uma sociedade globalizada?[93] Não é esta uma radicaliza-

---

[92] Cf. WANDSCHNEIDER, D. *Grundzüge einer Theorie der Dialektik. Rekonstruktion und Revision dialektischer Kategorienentwicklung und "Hegels Wissenschaft der Logik.* Stuttgart, Klett-Cotta, 1995. pp. 12ss.

[93] Cf. HÖSLE V. *Moral und Politik. Grundlagen einer Politischen Ethik für das 21. Jahrhundert.* München, Beck, 1997.

ção extrema, porém necessária, da forma transcendental de pensar que a pragmática transcendental mostrou ser o jogo de linguagem próprio à filosofia? A própria urgência das questões que marcam a vida humana nesta sociedade que se planetariza nos conduz a esse "esforço do conceito", pois está em questão o próprio destino da humanidade, e a filosofia não pode ser irresponsável quando o ser humano está em jogo.

Parte III

Ética e a nova problemática do trabalho, da educação e da saúde na sociedade planetária

Capítulo 1

A NOVA PROBLEMÁTICA DO TRABALHO E A ÉTICA

As transformações no sistema capitalista e seus impactos sobre o trabalho

O sistema capitalista de produção vem passando, sobretudo nas últimas décadas, por transformações profundas,[1] que provocaram enorme impacto[2] tanto no próprio processo de produção como no trabalho e em suas estratégias de organização.[3] Uma primeira delas é o que se convencionou

---

[1] Cf. ALVES, G. A. P. *Crise capitalista e reestruturação produtiva*: seus impactos sobre o mundo de trabalho. Campinas, 1993.

[2] Cf.: GIGGENS, A. *As conseqüências da modernidade*. São Paulo, Unesp, 1991. AUGE, M. *Não-lugares*; introdução à antropologia da supermodernidade. Campinas, Papirus, 1994. MOURA, *P. C. Construindo o futuro:* o impacto global do novo paradigma. Rio de Janeiro, Mauad, 1994.

[3] Esse processo efetivou-se, no Brasil, em diferentes fases e foi, no início, lento. Sua aceleração e universalização ocorreram, segundo analistas do processo, sobretudo a partir do governo Collor. Segundo M. de Paula Leite, especialmente dois fatores foram fundamentais na provocação desse processo de modernização: a crise econômica diminuiu drasticamente o mercado interno, forçando as empresas a se voltarem para o exterior, e a política de abertura obrigou as empresas a melhorarem suas estratégias de produtividade e qualidade para poder enfrentar a concorrência internacional, gerando no país uma "epidemia de competitividade"(M. de Paula Leite, Reestruturação produtiva, novas tecnologias e novas formas de gestão da mão-de-obra, in C. A. Oliveira et al., orgs., *O mundo do trabalho*, Campinas, Cesit/Unicamp/Scritta, 1994, pp. 573ss).

chamar de "globalização" das relações econômicas,[4] que pode ser entendida como uma fase de aprofundamento da internacionalização da economia[5] e que significa, em primeiro lugar, uma enorme interconexão dos mercados cambiais, financeiros, de títulos e valores que se tornou possível por sua desregulamentação[6] e provocou fluxos maciços e continuados de capitais entre os principais centros financeiros do mundo.[7]

O resultado cumulativo desse processo pode ser retratado como um intenso processo de *interpenetração patrimonial*

---

[4] Cf.: IANNI, O. *A sociedade global*. 2. ed. Rio de Janeiro, Civilização Brasileira, 1993. TAVARES, M. de C. Tendências de globalização, crise do Estado nacional e seus impactos sobre o Brasil. *Cadernos ANGE*, n. 6, Rio de Janeiro, 1994. SKLAIR, L. *Sociologia do sistema global*. Petrópolis, Vozes, 1995.

[5] Trata-se da articulação, em nível mundial, do próprio processo produtivo, que assim se faz capaz de uma ação cada vez mais global, tornando o Estado nacional desnecessário para o capital (cf. A. Giddens, op. cit.).

[6] Em J. E. L. Mattoso, O novo e inseguro mundo do trabalho nos países avançados, in C. A. Oliveira, et al., orgs., op. cit., p. 523: "Efetivamente, tal situação foi facilitada por políticas que, ao longo dos anos oitenta, visaram alterar os supostos constrangimentos, incentivos e obstáculos à competitividade. A base dessas políticas liberais foi o ajuste estrutural e a flexibilização do trabalho, supondo a submissão da alocação de recursos e dos resultados econômicos ao mercado, bem como a eliminação de regulações governamentais protetoras que supostamente engessariam o mercado de trabalho, elevariam custos de produção e minariam a competitividade". Para J. Pastore, os países que mais avançaram em termos de flexibilização das relações de trabalho são os que tendem a obter melhores índices de produtividade e de progresso econômico (cf. J. Pastore, *Flexibilização dos mercados de trabalho e contratação coletiva*, São Paulo, LTR, 1995).

[7] A globalização, que significa integração em um sistema econômico, convive com a exclusão. Em A. Tauraine, Um mundo em pedaços; a fragmentação progressiva das zonas de influência põe em dúvida o sucesso da globalização, in *Folha de S. Paulo*, 13 de agosto de 1995, Mais, pp. 5-13: "Essa noção tão cômoda, porém, choca-se com duas realidades contrastantes. A primeira é o crescente dualismo presente na grande totalidade dos países: todos participam do mercado mundial, mas, nos países ricos, 20% da população fica de fora do processo econômico — cifra que atinge na América Latina o patamar de 50% e eleva-se em determinadas regiões, sobretudo na África, a 80."

entre as grandes burguesias industriais e financeiras das principais economias capitalistas.[8]

Formaram-se, também, ao longo da década de 1980, oligopólios internacionais e redes globais informatizadas de gestão, que possibilitaram as formas globais de interação que presenciamos hoje e que constituem a nova configuração do sistema mundial de produção. Além disso, esse processo foi acompanhado por revoluções[9] que trazem enormes conseqüências para a estruturação de todo o processo produtivo. Em primeiro lugar, foi criado um novo paradigma de produção industrial,[10] a "automação flexível",[11] possibi-

---

[8] COUTINHO, L. A terceira revolução industrial e tecnológica: as grandes tendências de mudança. In: *Economica & Sociedade,* n. 1, 1992. p. 81.

[9] Para A. Schaff, estamos vivendo uma nova revolução técnico-científica que engloba três grandes revoluções com enormes conseqüências para a vida humana individual e coletiva: a "revolução microeletrônica", que mudou o padrão da produção industrial, a "revolução microbiológica", com sua resultante, a engenharia genética, e a "revolução energética" (cf. A. Schaff, *A sociedade informática*; as conseqüências sociais da segunda revolução industrial, 4. ed., São Paulo, Unesp/Brasiliense, 1993, pp. 23-25).

[10] As décadas de 1970 e 1980 foram marcadas por um processo profundo e acelerado de reestruturação da produção e de reajustamento social e político. A palavra-chave para entender a mentalidade hegemônica na época é "rigidez". Em D. Harvey, *Condição pós-moderna*; uma pesquisa sobre as origens da mudança cultural, São Paulo, Loyola, 1993, p. 135: "Havia problemas com a rigidez dos investimentos de capital fixo de larga escala e de longo prazo em sistemas de produção em massa que impediam muita flexibilidade de planejamento e presumiam crescimento estável em mercados de consumo invariantes. Havia problemas de rigidez nos mercados, na alocação e nos contratos de trabalho (especialmente no chamado 'setor monopolista')".

[11] A automação é chamada "flexível" quando há possibilidade de mudar rapidamente o produto sem mudança de equipamentos, a fim de atender às novas exigências de mercado no sentido de responder às mudanças de hábitos dos consumidores, o que se tornou possível graças à vinculação dos computadores às máquinas, com formas mais flexíveis de controle da produção e a formação de um novo tipo de trabalhador (cf.: M. A. de Oliveira, *Ética e economia*, São Paulo, Ática, 1995, pp. 17ss; G. Baglioni, *As relações industriais na Europa nos anos 80.* In: C. A. Oliveira et al., orgs., op. cit., p. 49-106).

litado pela revolução tecnológica, que transformou a ciência e a tecnologia em forças produtivas,[12] agentes da própria acumulação do capital,[13] fazendo crescer enormemente *a produtividade do trabalho humano.*[14] Essa revolução consiste, fundamentalmente, na difusão de mecanismos dirigidos por computadores capazes de programar todo o processo de automação.[15] O elemento central, nesse processo, é a substituição da eletromecânica pela eletrônica como base do processo de automação, ou seja, é a implantação da "tecnologia de informação" como eixo fundante do processo produtivo. A tendência básica, que já se revela, é a assunção, cada vez mais intensa, pelo sistema produtivo, de computadores mais poderosos e mais baratos, dotados de inteligência artificial, capazes de atuar em diferentes níveis e de possibilitar técnicas avançadas de integração. Isso significa di-

---

[12] Em L. Secco, A crise da sociedade do trabalho, in *Práxis*, n. 3, 1995, p. 52: "O trabalho, ato fundador da sociedade humana, deixa progressivamente a cena histórica e, com ele, a medida do valor. Os sucessivos incrementos da produtividade da força de trabalho, oriundos do acréscimo da composição orgânica do capital e de inovações na organização do trabalho, geram cada vez mais a objetificação do trabalho enquanto potência estranha (capital)".

[13] Para J. Habermas, dizer que a ciência e a técnica se transformaram na primeira força de produção significa dizer que desapareceram as condições de aplicação da teoria marxista do valor, ou seja, o progresso técnico-científico tornou-se uma fonte independente de mais-valia em relação àquela única fonte considerada por Marx: a força de trabalho do produtor imediato (cf.: J. Habermas, *Technik und Wissenschaft als Ideologie*, 3. ed., Frankfurt am Main, Suhrkamp, 1969, pp. 79-80; E. Löbl, *Geistige Arbeit — die wahre Quelle des Reichtums*, Düsseldorf, Econ-Verl., 1968).

[14] E, ao mesmo tempo, exclui indivíduos, grupos ou parcelas da população do trabalho e dos bens e serviços da sociedade, criando o que hoje se chamam os "excluídos sociais".

[15] Trata-se de um regime de acumulação que se constrói em contraposição ao regime de acumulação que chegou à maturidade no período pós-Segunda Guerra, serviu de base a um longo período de expansão da produção capitalista e que se chamava de "fordismo". (cf. D. Harvey, op. cit., pp. 121ss).

zer que se radicaliza, em nossos dias, uma tendência que vem marcando o capitalismo desde o século XIX: a ciência se transforma na "primeira força produtiva"[16] e, conseqüentemente, o trabalho criativo e intelectual.

Todo esse conjunto de mudanças provocou uma radical reestruturação do mercado de trabalho.[17] A produção flexível exige uma nova forma de organização da produção: no modelo que se consolidou no pós-guerra,[18] tínhamos basicamente a concentração em torno de determinados setores industriais fundamentais, dominados por grandes monopólios que empregavam uma mão-de-obra numerosa e predominantemente masculina. A produção era dirigida para um mercado anônimo e concentrada na produção de bens em massa para um público consumidor passivo. Havia uma gestão macroeconômica da sociedade por meio de políticas monetárias, fiscais e sociais, sobretudo na área da previdência e assistência social, da escola e da moradia, de políticas de renda e de controle de demanda. Além disso, capitalistas e trabalhadores negociavam a distribuição da riqueza produzida por meio de acordos que procuravam combinar o máximo de produtividade e intensidade de trabalho com salários crescentes.

Hoje, em vez das enormes corporações do passado, com milhares de operários, produzindo desde a matéria-prima aos produtos finais e verticalmente estruturadas com suas

---

[16] J. Habermas, op. cit.

[17] Em L. Secco, op. cit., p. 53: "A robotização aumentou e substituiu o trabalho humano em grandes proporções, economizou tempo e eliminou erros".

[18] Beynon, H. A destruição da classe operária inglesa? In: *RBCS*, n. 27, 1995. p. 6ss.

imensas redes burocratizadas, se dá a descentralização do processo produtivo.[19] É assim que se tem, em primeiro lugar, o núcleo da produção, com tecnologia de ponta, onde atua a nova base social da produção — o artesão eletrônico[20] — e uma rede imensa de pequenas e microempresas[21] espalhadas ao seu redor e com a tarefa de fornecer os elementos a serem transformados por aquele núcleo de alta tecnologia. Uma primeira conseqüência disso foi a dificuldade nova de organização dos trabalhadores nessas novas condições,[22] o que desembocou, em muitos lugares, no desmantelamento das burocracias sindicais corporativas. Esse processo tem significado uma diminuição expressiva da pre-

---

[19] Para o caso do Brasil, veja J. Mattoso, Notas sobre a terceira revolução industrial, crise e trabalho no Brasil, in R. Soares, org. *Gestão da qualidade: tecnologia e participação*. Brasília, CODEPLAN, 1992. Veja também M. Leite, *O futuro do trabalho*; novas tecnologias e subjetividade operária, São Paulo, Scritta, 1994.

[20] Tudo deixa crer que um velho sonho começa a realizar-se, ou seja, que os produtores podem organizar soberanamente seu trabalho e que esse trabalho tende a se tornar gratificante, responsável, diversificado, próprio de indivíduos autônomos, capazes de iniciativa própria, capazes de se comunicar, de aprender, de dominar uma diversidade de disciplinas intelectuais. É nessa perspectiva que se diz que o trabalho voltará a ser apaixonante, criativo, semelhante ao que fazem os artistas. Mas, quantos entre os trabalhadores atingirão essa condição? Veja, a respeito, A. Gorz, *Capitalisme, Socialisme, Écologie,* Paris, Galilée, 1991.

[21] Pode-se interpretar a criação dessas empresas, tanto do ponto de vista tecnológico como do ponto de vista das estratégias neoliberais, como uma possível saída à grave questão do desemprego estrutural. Ver, a respeito, em C. E. Montaño, "Desafios teóricos e políticos do serviço social no contexto do neoliberalismo". In: *8º Congresso Brasileiro de Assistentes Sociais*. Salvador, 1995, p. 44. *Caderno de Comunicações*: "O Estado neoliberal desenvolve uma medida estratégica central de legitimação da ordem e lógica capitalista: o Estado promove, na sociedade civil, a formação de PeMEs, que absorvem e empregam parte importante das massas desocupadas ou expulsas do mercado formal".

[22] É observável, nos países avançados, um declínio considerável da taxa de sindicalização. Na Inglaterra, por exemplo, o número de trabalhadores sindicalizados diminuiu em 5 milhões desde 1979 (cf. H. Beyon, op. cit., p. 13).

sença e da marca dos trabalhadores na sociedade e no Estado, com uma conseqüente diminuição da consciência dos direitos sociais.

Para entender tais mudanças, é necessário ter presente o "novo quadro" de estruturação do mercado de trabalho.[23] O centro desse novo quadro é formado por trabalhadores de tempo integral. Esse grupo, cada vez menos numeroso, constitui a nova base social da produção, pois é integrado por aquele tipo de trabalhador necessário para a produção flexível: polivalente, altamente qualificado, com um grau mais alto de responsabilidade e de autonomia,[24] recompensado em seu trabalho porque estimulado pela própria reestruturação do processo produtivo a desenvolver sua imaginação criativa, que era anteriormente atrofiada por um sistema de produção que fazia dele um mero apertador de botões ou um parafusador. Normalmente, goza de maior segurança no emprego, o que implica também a exigência de reciclagem permanente, já que o trabalho agora exige elevada flexibilidade intelectual no enfrentar situações de mudança, uma forte capacidade de análise de dados e competência comunicativa diferenciada, o que lhe abre espaço para promoções e inúmeras vantagens.[25] Esse "artesão eletrônico" desfruta de uma

---

[23] No caso do Brasil é clara a tendência à precarização do trabalho. Veja dados do DIEESE a respeito dessa problemática, citados em M. de Paula Leite. *O mundo do trabalho*, op. cit., p. 575.

[24] Cf. Sousa, A. M. Tude de. A crise contemporânea e a nova ordem mundial; as forças produtivas e as classes sociais na atual ordem hegemônica. In: *Universidade e sociedade,* n. 6, 1994. p. 32.

[25] Um dos resultados das lutas dos trabalhadores, desde o século XIX, foi que, normalmente, o emprego era emprego para a vida toda, o que dava ao trabalhador segurança em relação ao futuro.

maior democracia, de horários mais flexíveis e de uma maior autonomia no âmbito da produção imediata.

É nesse contexto que podemos entender as novas formas de organização da produção, com a finalidade de elevar a flexibilidade da própria produção e da força de trabalho de tal modo que o trabalhador possa se identificar com sua atividade e com sua organização empresarial. Recupera-se, aqui, de alguma forma, a subjetividade do trabalhador: tornou-se importante incorporar a iniciativa e a criatividade do trabalhador ao processo de produção. Isso, por sua vez, exige um maior conhecimento sobre a atividade específica desenvolvida, como também maior liberdade na execução das tarefas.

Segundo D. Harvey,[26] a periferia do quadro é composta por dois tipos distintos de trabalhadores. O primeiro grupo é formado por trabalhadores em tempo integral, portadores de habilidades facilmente disponíveis no mercado de trabalho, ou seja, trata-se do contingente de trabalho do setor financeiro, secretárias, pessoal das áreas de trabalho rotineiro e também do trabalho manual menos especializado. Esse grupo é extremamente marcado pela rotatividade do trabalho e tem poucas oportunidades de carreira. No segundo grupo ocorre uma flexibilidade numérica ainda maior, incluindo trabalhadores em tempo parcial,[27] trabalhadores casuais, pessoal com contrato público. Nessa esfera, a segu-

---

[26] D. Harvey, op. cit., p. 144.

[27] Cada vez mais, nos países avançados, os contratos de trabalho são de tempo parcial ou a título precário. Um número crescente de trabalhadores ocupa empregos temporários ou em tempo parcial, com um salário parcial. Até mesmo para diminuir a taxa de desemprego se pode aumentar a proporção dos empregos de tempo e salários parciais em detrimento dos empregados de tempo pleno.

rança no emprego é muito menor[28] e é possível observar, nas últimas décadas, um crescimento acentuado desse grupo, ou seja, a tendência básica dos mercados de trabalho é reduzir o número de trabalhadores "centrais" e empregar cada vez mais uma força de trabalho flexível, ou seja, que entra facilmente e é demitida sem dificuldade nos momentos problemáticos do processo de produção.[29]

A própria reestruturação do padrão tecnológico de produção ressuscitou formas de exploração do trabalho que há muito haviam deixado de existir, pelo menos nos países avançados: sistemas antigos de trabalho doméstico, artesanal, familiar e paternalista.[30] Esse tipo de trabalhador funciona como uma fonte externa de alimentação para as grandes corporações, onde a revolução tecnológica[31] é hegemônica e faz o trabalho vivo evanescente dentro da estrutura produtiva da empresa;[32] daí a impressão, que se tem hoje, de ter-

---

[28] Confira dados a respeito da insegurança no emprego em J. E. L. Mattoso, op. cit., pp. 525ss.

[29] Veja, a respeito dessa desarticulação do mundo do trabalho dos "anos dourados" do pós-guerra: J. E. L. Mattoso, *A desordem do trabalho*, São Paulo, Scritta, 1995.

[30] Isso significa dizer que a reestruturação não foi apenas tecnológica, mas que esta exigia uma reestruturação das condições sociopolíticas do antigo padrão de acumulação. Veja F. J. S. Teixeira, *Políticas de industrialização e reestruturação produtiva*, Fortaleza, 1994, p. 6, mimeo.

[31] É necessário não esquecer que a nova revolução tecnológica já invadiu também o setor de serviços, que, portanto, hoje se transformaram em geradores de desemprego estrutural (cf. L. Secco, op. cit., p. 59).

[32] Para o caso da Inglaterra, diz H. Beynon, op. cit., p. 7: "De 1979 para cá, aproximadamente 4 milhões de empregos foram perdidos na indústria britânica, números estes que foram acompanhados pela diminuição de um contingente ligeiramente maior de trabalhadores sindicalizados [...] Em 1991, havia mais gente ocupada na hotelaria e nos serviços de alimentação — que empregavam cerca de 1,3 milhão de trabalhadores — do que nas antigas indústrias, tendência que se tem acelerado nos últimos três anos".

mos chegado a uma sociedade na qual todos são produtores de mercadorias, portanto, de uma reposição, com bases diferenciadas, da circulação simples de mercadorias, pois as pessoas se consideram fornecedores de trabalho materializado, uma vez que, agora, "a compra e venda da força de trabalho é velada sob o véu da compra e venda de mercadorias semi-elaboradas".[33]

De fato, a reestruturação da produção fez com que esses trabalhadores não fizessem mais parte da estrutura interna da empresa, uma vez que o trabalho direto não é mais a unidade dominante no núcleo central das novas empresas organizadas de acordo com as tecnologias mais avançadas.[34] Os trabalhadores externos, independentes e autônomos têm, agora, a tarefa de produzir o grosso do produto. Seu trabalho pessoal torna-se a razão de seu sucesso na produção de mercadorias, de tal modo que suas vidas são literalmente invadidas pelo trabalho, que é, mais do que nunca, meio de existência.

Além disso, o trabalhador tem a impressão de maior liberdade, pois está desligado do sistema hierárquico que articula a produção nas empresas. O fato de trabalhar em

---

[33] Teixeira, F. J. S. Notas para uma crítica do fim da sociedade de trabalho. In: *Universidade e Sociedade*, v. 4, n. 6, 1994. p. 26.

[34] Como fez, também, com que muitos passassem da esfera da indústria para os serviços. Em H. Beynon, op. cit., p. 9: "Essa reestruturação vem seguindo de perto a decadência relativa e absoluta da indústria de transformação, fato que se vincula à expansão do emprego no setor de serviços. Atualmente, os serviços são responsáveis por mais de 70% dos postos de trabalho na Inglaterra". Veja, também, J. Berger e Cl. Offe, Die Entwicklungsdynamik des Dienstleistungssektors, in Cl. Offe, *Arbeitsgesellschaft. Strukturprobleme und Zukunftperspektiven.* Frankfurt, Campus-Verlag, 1984, pp. 229-270.

seu próprio local de trabalho lhe dá a impressão de ser um cidadão no mundo do trabalho, sem que ninguém o comande em sua atividade, sendo ele mesmo a fonte organizadora de todo o processo. O mais importante nessa nova configuração do trabalho é que o trabalhador, tendo-se tornado vendedor de trabalho objetivado e não mais de sua força de trabalho, sente-se proprietário, um verdadeiro comerciante, parceiro de seus antigos patrões.[35] Num mundo em que todos são produtores de mercadorias, os sindicatos, os antigos instrumentos de luta dos trabalhadores, parecem, pelo menos, supérfluos.[36]

Para F. J. S. Teixeira, estamos diante de uma espécie de "reposição de formas antigas de pagamento que foram dominantes nos primórdios do capitalismo e até mesmo na época de apogeu da grande indústria",[37] pois o que está ocorrendo é uma forma transfigurada do salário por peça, que no século XIX tornou possível o prolongamento da jornada de trabalho e o rebaixamento dos salários. Atualmente, em contraposição às formas de pagamento vigentes na indústria, o pagamento desses trabalhadores depende da quantidade de mercadorias que fornecerem às unidades finais de produção; portanto, seu salário se determina a partir da capacidade de produção por unidade de tempo. Quem controla todo

---

[35] Em F. J. S. Teixeira, op. cit., p. 27: "A exploração [...] perdeu sua base tangível [...] o trabalhador e o capitalista se encontram e se separam na circulação, no mercado; confrontam-se como simples comerciantes e não mais na condição de representantes de interesses antagônicos. Pode haver maior liberdade para o capital?"

[36] Antunes, R. *O novo sindicalismo*. São Paulo, Brasil Novo, 1991.

[37] F. J. S. Teixeira, op. cit., p. 26.

o processo e estabelece os preços dos produtos? As unidades finais de produção, que até submetem os produtores a uma vigilância permanente no tocante à qualidade de produção, sendo que os custos da produção são assumidos pelos fornecedores caso seus produtos não se ajustem aos critérios de qualidade estabelecidos. Além disso, é também a empresa compradora que estabelece o tempo de trabalho que deve ser despendido em cada unidade como base do pagamento a seus fornecedores, um processo que abre espaço a todo tipo de descontos salariais e de fraudes por parte dos capitalistas, que têm assim, mais, facilidade de escapar à legislação trabalhista. Já Marx, no século XIX, ao analisar o salário por peça, afirma que tal procedimento faz do trabalhador uma fonte potencializada de auto-exploração, pois o trabalhador, em tais circunstâncias, tem interesse em aplicar a sua força de trabalho o mais intensamente possível e em prolongar a sua jornada de trabalho, ou seja: trata-se, em última instância, de um processo de potencialização de produção de mais-valia.

A nova revolução tecnológica provocou transformações também nos próprios métodos de trabalho.[38] São os novos modelos de produção apontados como alternativas ao modelo taylorista-fordista. A tese central é que eles indicam pistas para a consolidação de uma produção flexível, capaz de responder à variabilidade e à complexidade crescentes de uma demanda criada pela abertura ao mercado internacional.[39]

---

[38] A respeito de uma consideração das contradições do processo em uma perspectiva marxista, veja L. Secco, op. cit., pp. 56-62.

[39] Hirata, Helena. Novos modelos de produção, qualidade e produtividade. In: *Seminários e Eventos*, n. 52, 1995, pp. 38-53.

Um primeiro novo modelo de produção é o denominado "Círculo de Controle de Qualidade" (CCQ), nascido no Japão, mas já bastante difundido no Brasil, cujo objetivo fundamental é fazer com que os trabalhadores sintam-se participantes nos negócios da empresa, conseguindo o aumento da produtividade e, com isso, reduzindo os custos da produção. Esses círculos são constituídos, normalmente, por grupos de seis a dez trabalhadores de um mesmo setor de trabalho, que se reúnem para propor soluções aos problemas de serviço. Na realidade, há uma contraposição entre o que dizem as empresas e o que, de fato, tem ocorrido. Para as empresas, esses círculos se destinam, em primeiro lugar, a tratar da melhoria das condições de trabalho, das questões de segurança, higiene etc. De fato, essas questões são secundárias no funcionamento efetivo dos círculos, cuja função principal tem sido mesmo contribuir para a redução dos custos.[40] A participação voluntária também é discutível, pois as empresas; encontram meios para praticamente obrigar a participação: os trabalhadores engajados nos círculos são contemplados com proteção especial por parte das empresas; por exemplo, não entram no programa de dispensa periódica.[41] Além disso, são os preferidos para a participação em cursos e para os planos de promoção das empresas.[42]

---

[40] DIEESE. Círculo de Controle de Qualidade (CCQ) — I. In: *Trabalho e reestruturação produtiva*: 10 anos de linha de produção. São Paulo, DIEESE, 1994. p. 153.

[41] No Brasil, contudo, sempre houve resistência, por parte das empresas, no sentido de melhorar os níveis salariais em consonância com os novos métodos de produção e de trabalho. Veja M. de Paula Leite, *O mundo do trabalho*, op. cit., p. 579 e a bibliografia aí citada.

[42] Em D. Reis, Círculos de qualidade, satisfação e produtividade, in *RBP*, São Paulo, Idort, 1981, p. 21: "Embora não se possa dizer que a participação nos círculos garanta tratamento preferencial quanto a promoções, uma coisa é certa: os membros têm oportunidade de demonstrar suas qualidades de liderança, de forma bem visível, à administração, o que, indiretamente, lhes assegura maior chance de promoção, se bem-sucedidos".

Qual o resultado desse processo para os trabalhadores? Em primeiro lugar, não há uma alteração da estrutura formal das empresas, pois eles não implicam mudança nas relações de chefia, na hierarquia existente nos locais de trabalho. O mesmo se pode dizer em relação à organização do trabalho, que continua não organizado em grupos. Os círculos não possuem poder para implantar as suas próprias decisões, assim que, talvez, sua atenção primeira esteja na direção da racionalização do processo de trabalho, sem qualquer influência nos negócios da empresa. Portanto, não há participação dos trabalhadores na questão empresarial, nem nos lucros das empresas e, muitas vezes, a implantação desses novos métodos tem significado um desestímulo à ação sindical.[43]

Outra técnica que provocou mudanças sensíveis no trabalho é o chamado "Sistema just-in-time/kanban", introduzido aparentemente com o objetivo de reduzir os estoques e melhorar a ocupação da área disponível da fábrica.[44] *Just-in-time* quer dizer produzir o produto necessário, na quantidade e no momento necessário, isto é, produzir em um determinado momento somente o que terá utilização imediata. A lógica subjacente é a da vinculação muito próxima entre produção e mercado, o que implica a flexibilização da produção. Há pressupostos indispensáveis para a introdução do sistema: processos produtivos em forma de ilhas, padronização de tarefas e pouca flutuação na montagem final.

---

[43] Ver a respeito, M. de Paula Leite, *O mundo do trabalho*, op. cit., pp. 579ss.

[44] DIEESE. O sistema just-in-time/kanban – I. In: *Trabalho e reestruturação produtiva*; 10 anos de linha de produção. São Paulo, DIEESE. pp. 175ss.

A tecnologia exigida consiste em agrupar as máquinas de forma que seja possível que cada grupo de máquinas, a ilha tecnológica, possa produzir toda uma família de peças. Dois são os critérios para o agrupamento das máquinas: as semelhanças geométricas e a seqüência da produção. A produção pode, então, ocorrer sem interrupções, pois dentro da ilha a peça sai de uma operação e entra em outra imediatamente e o estoque não se forma, reduzindo-se o tempo total gasto entre o início e o fim da operação. Além disso, a padronização das tarefas é necessária para que o sistema funcione. A administração estabelece, então, detalhadamente, os fluxos do processo, os tempos de produção e a quantidade-padrão de trabalhadores necessários à operação em cada ilha. A gerência procura definir como os trabalhadores devem trabalhar, tirando-lhes a autonomia sobre seu próprio trabalho. É empregada, ademais, uma série de procedimentos para o controle da qualidade da produção, colocando dispositivos nas máquinas de tal modo que os próprios trabalhadores possam controlar a qualidade do produto.

O *kanban* é um sistema de informações para tornar possível a produção *just-in-time* e é esse sistema de informações que controla a quantidade de produção em cada processo e substitui as ordens tradicionais da fabricação.

A produção de massa flexível de artigos diferenciados e de qualidade é o que hoje se denomina "Método japonês de produção":

> Tem por fim combinar as exigências de qualidade e quantidade, e de opor-se à prática industrial taylorista de divisão de trabalho mediante uma recomposição dos trabalhos de fabricação, manutenção, controle de qualidade e gestão dos

fluxos de produção, efetuados por um só trabalhador polivalente.[45]

O debate atual sobre a centralidade do trabalho

As transformações recentes no processo de produção nos conduziram a uma situação prevista, mas de qualquer forma surpreendente: os países capitalistas da Europa, por exemplo, produzem três a quatro vezes mais riquezas do que há 35 anos e essa produção cada vez exige menos horas de trabalho;[46] assim sendo, o emprego estável, de tempo pleno, tornou-se privilégio de uma minoria. Na Alemanha, o volume de trabalho diminuiu 30% desde 1955, com um aumento considerável de produtividade. Para aproximadamente metade da população ativa, o trabalho deixa de ser uma função que integra uma comunidade de produção e passa a definir um lugar na sociedade. Isso significa dizer que, em contraposição ao que ainda se observava no século XIX, boa parte da população economicamente ativa dos países ricos vive à margem da civilização do trabalho.[47]

---

[45] Helena Hirata, op. cit., p. 39.

[46] Em H. Beynon, op. cit., p. 13: "Cerca de 40% da força de trabalho 'oficialmente reconhecida' na Inglaterra encontra-se atualmente empregada segundo um tipo ou outro de 'contrato não padronizado de trabalho', seja como trabalhadores em meio expediente, seja como trabalhadores temporários, ocasionais, por conta própria, franqueados ou domésticos".

[47] Para R. Antunes isso não significa que se estaria caminhando para uma "perda de referência e de relevância do ser social que trabalha". Por isso a crise da sociedade do trabalho não pode significar o fim da possibilidade da revolução do trabalho. Numa palavra, as transformações atuais não afetam a atualidade dos conceitos básicos da teoria marxista (cf. R. Antunes, *Adeus ao trabalho?* Ensaio sobre as metamorfoses e a centralidade do mundo do trabalho, São Paulo, Cortez, 1995).

Para A. Gorz,[48] a conseqüência, que muitos se recusam a ver, é que não vivemos mais em uma "sociedade de produtores", em uma civilização do trabalho, já que o trabalho deixou de ser o principal cimento social e, portanto, o principal fator de socialização, a ocupação principal de cada indivíduo, a fonte primeira de bem-estar e de riqueza, capaz de encher de sentido e dar um centro a nossas vidas. Nossos discursos continuam marcados pela racionalidade econômica que marcou a modernidade e ignoramos o fato de que o principal resultado da racionalidade econômica foi nos liberar dela. Por essa razão, nossa atenção, hoje, ainda continua concentrada nas novas transformações fundamentais no processo produtivo e nas novas ocupações que daí decorrem, como, conseqüentemente, nas novas condições de vida dos trabalhadores.

No entanto, para A. Gorz, não podemos fugir à questão de fundo que essa nova situação faz emergir: o que deve ser uma sociedade na qual o tempo de trabalho permanente de todos os cidadãos não é mais nem necessário, nem útil do ponto de vista econômico? Não se põe, aqui, com toda força, a questão básica das prioridades da vida humana? Como será possível reestruturar o trabalho, ainda necessário, de tal modo que todos possam trabalhar, recebendo a sua parte das riquezas socialmente produzidas? Numa palavra, a grande questão das sociedades que já se constituem no presente é de um "para além" do trabalho remunerado, ou seja, já que a racionalidade econômica libera tempo, não é mais possível fazer depender a renda do cidadão da quantidade de traba-

---

[48] A. Gorz, op. cit.

lho de que a economia tem necessidade e, conseqüentemente, torna-se impensável fazer depender do trabalho remunerado a fonte principal de identidade e do sentido da vida das pessoas. Como pensar uma sociedade de tempo livre? Como abrir novos espaços para atividades sem fins econômicos e como reconhecer nelas uma fonte de dignidade e de valor tanto para os indivíduos como para a sociedade?

Na mesma direção, A. Schaff[49] considera o problema mais importante decorrente da nova Revolução Industrial precisamente o da manutenção de um exército de pessoas estruturalmente desempregadas, portanto, a questão da distribuição da riqueza nessa nova situação. O que caracteriza essa reestruturação produtiva é o fato de que a automação e a robotização vão provocar um grande incremento da produtividade e da riqueza social, reduzindo espetacularmente a demanda de trabalho humano, o que afetará massas inteiras da população. Isso para ele constitui um problema supra-sistêmico, que os países do socialismo real não tiveram por causa de seu atraso tecnológico. O fato fundamental de nossos dias é que o trabalho manual está desaparecendo como fenômeno socioeconômico, isto é, muitos perderam a possibilidade mesma de trabalhar, não por algum tipo de perturbação passageira no sistema produtivo, mas simplesmente pela substituição do trabalho humano por autômatos e robôs, de tal forma que ele se torna praticamente supérfluo, ou seja, o desemprego estrutural é um epifenômeno da automação da produção e dos serviços. Se o homem, hoje, perde

---

[49] Schaff, A. *A sociedade informática*; as conseqüências sociais da segunda revolução industrial. 4. ed. São Paulo, Unesp/Brasiliense, 1993. pp. 27ss.

seu trabalho, em uma sociedade como a moderna, que fez do trabalho a motivação fundamental da ação humana, ele perde o sentido de sua vida. O trabalho ainda foi, até agora, o símbolo de autonomia, de integração social e o caminho de ascensão social.

> Nessa situação, será necessário substituir o trabalho tradicional, no sentido de trabalho remunerado, por ocupações não remuneradas, que seriam um sucedâneo do trabalho atual no que se refere ao "sentido da vida", isto é, no que se refere à motivação das atividades humanas.[50]

Mesmo assim, esse desenvolvimento não aponta para o desaparecimento puro e simples do trabalho no sentido que conhecemos até agora. Para A. Schaff,[51] todos os ramos do trabalho criativo permanecerão e serão desenvolvidos quantitativamente com mais intensidade do que hoje. Além disso, as profissões ligadas à organização da vida social não poderão ser realizadas por autômatos. Isso vale, também, para a investigação das necessidades sociais e sua satisfação, e para o saneamento, a educação, o transporte, o comércio, a preservação ecológica, os serviços bancários, o turismo, as profissões de controle e organização da produção e dos serviços etc. Com o aumento do tempo livre, aumentará muito o espaço para a emergência de novas atividades nessas áreas. Por fim, a agricultura, apesar de todo o avanço tecnológico, ainda vai precisar de braços humanos. Assim, na sociedade informática, tanto sobreviverão traba-

---

[50] Idem, p. 33.

[51] Idem, p. 119.

lhos do passado como surgirão novos âmbitos de trabalho, o que não invalida a afirmação de que o desemprego estrutural atingirá milhões de pessoas. No entanto, esta sociedade terá condições de abrir o espaço para que todos, até os estruturalmente desempregados, possam gozar de um bem-estar sem precedentes na história da humanidade, alicerçado em um nível de conhecimento também até agora sem precedentes, além de fazer do mundo um conjunto único e estritamente inter-relacionado; numa palavra, a sociedade produzirá os pressupostos de uma vida humana muito mais feliz.

As chances abertas por esse novo tipo de sociedade são grandes. Assim, por exemplo, a nova sociedade não só tem condições de ser materialmente mais rica, como também de ser muito mais democrática, porque as pessoas, liberadas das preocupações materiais, podem dedicar-se muito mais ao cultivo de sua personalidade e aos problemas sociais, o que possibilita não só uma vida mais feliz em massa, mas "uma vida mais satisfatória do ponto de vista da auto-realização dos indivíduos".[52] Os riscos são, também, muito grandes, pois a opulência pode conviver com o totalitarismo, o que implica fazer presente às pessoas a enorme responsabilidade que têm em relação ao futuro da humanidade.

Cl. Offe[53] parte da constatação de um fato observável, sem maiores dificuldades, na pesquisa sociológica da contemporaneidade: nela, o trabalho não é mais considerado, ao contrário do que ocorreu nos clássicos do pen-

---

[52] Idem, p. 134.

[53] Offe, Cl. Arbeit als soziologische Schüsselkategorie? In: *Arbeitsgesellschaft. Struktuprobleme und Zukunftsperspektiven*. Frankfurt, Campus-Verlag, 1984. pp. 13-43.

samento sociológico, a "categoria central" de inteligibilidade da realidade social; ontologicamente falando, ele não é mais a "força de determinação" da sociabilidade humana enquanto tal.[54] Isso é uma questão puramente conjuntural, ou seja, é um fato da pesquisa que apontaria para um engano ou, antes, a pesquisa é assim por corresponder a uma tendência da própria realidade social? Sua resposta vai na direção da segunda alternativa: há *razões* objetivas e subjetivas para essa perda de centralidade da categoria "trabalho".

Em primeiro lugar, é necessário, segundo Cl. Offe,[55] levar a sério a multiplicidade empírica de formas de trabalho que encontramos hoje. No passado também houve multiplicidade de formas de trabalho; cinco razões, no entanto, tornaram possível fundamentar a unidade do trabalho:

1) a dependência de remuneração da força de trabalho;
2) sua submissão ao controle de relações de trabalho empresarialmente organizadas;
3) o perigo permanente, por razões subjetivas e objetivas, de perder as chances da remuneração;
4) o efeito de unificação derivado da existência de grandes associações sociopolíticas, como o sindicato unitário;

[54] Os cientistas sociais da atualidade tentam dar conta dessa nova realidade por meio de dicotomias conceituais como materialista e pós-materialista, modo de produção e forma de vida, racionalidade teleológica e racionalidade comunicativa, sociedade industrial e pós-industrial etc. (cf. Cl. Offe, op. cit., p. 38).

[55] Idem, p. 20ss.

5) a teoria do valor-trabalho, que considerava este último a fonte única de toda a riqueza e de toda a cultura, produzindo um fundamento unitário para a autoconsciência do trabalho, o orgulho do ser produtor.

A pergunta é se tais atributos geradores de unidade ainda são capazes de exprimir uma realidade que se diversificou tremendamente em nossos dias: na verdade, reina, hoje, enorme variação no tocante às situações singulares de trabalho em relação a rendimento, qualificação, segurança do trabalho, recolhimento social, peso do trabalho, possibilidades de comunicação, autonomia etc. Essa realidade nova é a fonte da pergunta em sociologia: o trabalho remunerado, enquanto tal, ainda pode ter para os trabalhadores uma significação precisa e compartilhada para a percepção de seus interesses sociais, para sua consciência, para sua organização e comportamento político, ou o trabalho não se tornou "abstrato" no sentido de que só é levado em consideração em estatísticas sociais descritivas, mas não mais como categoria analítica para a explicação das estruturas sociais, dos conflitos e das ações?

Para Cl. Offe, tanto em função dos processos multidimensionais de diferenciação, que são claramente demonstrados por inúmeros trabalhos sobre a segmentação do mercado de trabalho e sobre a polarização da qualificação, como das transformações observadas nas condições de trabalho, a qualidade "trabalhador", enquanto tal, dificilmente poderá ser o ponto de partida para o entendimento de formações associativas culturais, organizacionais e políticas e de interpretações de formações coletivas; numa palavra, não pode mais ser a categoria suprema da ciência social.

Uma objeção fundamental a essa posição seria afirmar que, para além das diversas manifestações da vida de trabalho, existe, em essência, uma única lógica: a lógica da valorização do capital. Para Cl. Offe, tal objeção tem uma força de convencimento fraca, pois, se para a maior parte do trabalho efetivado no setor secundário, isto é, no setor industrial de produção de mercadorias, pode-se aplicar o nome abstrato comum "trabalho" — já que esse trabalho se submete ao regime comum da produtividade técnico-organizacional como a uma rentabilidade econômica específica —, tais critérios perdem sua univocidade relativa quando o trabalho torna-se "reflexivo", como é o caso na maior parte das atividade do setor terciário, ou seja, dos serviços.

Para Cl. Offe, trata-se, aqui, de dois "tipos diferentes de racionalidade": no caso da produção industrial, a racionalidade em tela tem a ver com problemas de escassez e de eficiência, enquanto, no caso dos serviços, trata-se, fundamentalmente, de problemas de "ordenação e normalização", o que exige uma racionalidade específica. Assim, uma das características fundamentais do trabalho "reflexivo" da esfera dos serviços é que, aqui, o próprio trabalho é trabalhado e conservado, a produção é produzida mental e organizatoriamente. As atividades desse setor distinguem-se dos trabalhos comuns por duas características. Em primeiro lugar, em função da falta de homogeneidade, da descontinuidade, da incerteza social, temporal e objetiva dos casos a serem trabalhados pelo setor dos serviços, não é freqüentemente possível normatizar uma função técnica de produção do trabalho e elevá-la a critério de controle da execução do trabalho. Segundo, a distinção básica entre o trabalho dos serviços e o trabalho produtivo é que no primeiro caso falta um critério de economicidade unívoco e incontestável, a partir de onde se pudesse deduzir, estrategicamente, espécie e quantidade, lugar e tempo da oferta do trabalho, e isso não é possível, pois uma boa parte dessas atividades[56] traz utilidades concretas, mas não traz rendimentos monetários.

Faltam, portanto, medidas propriamente econômicas para a captação quantitativa e comparativa dessa utilidade produzida pelos serviços, como também funções técnicas de produção para a gestação da utilidade concreta e, além disso, faltam medidas para a mensuração da quantidade da necessidade a ser satisfeita. No tocante à racionalidade técnica dos serviços, sua incapacidade de normatização deve ser substituída por qualidades, como competência de interação, consciência de responsabilidade, empatia e experiência casuisticamente adquirida. Os critérios de racionalidade para utilização e controle da força de trabalho na produção de mercadorias dificilmente se aplicam à "produção de ordem e normalidade", que é específica dos serviços.

Para Cl. Offe, o campo dos serviços se constitui, então, como um "corpo estranho" à racionalidade do trabalho economicamente regrado que, embora não seja totalmente emancipado dela, contudo, não é internamente estruturado por ela, mas só externamente limitado. Assim, dificilmente será possível interpretar o "trabalho" do setor dos serviços de acordo com o modelo da "totalização" da racionalidade

[56] Ele se refere a atividades como ensinar, curar, planejar, organizar, controlar, administrar, aconselhar; de modo geral, a atividades que se referem à defesa, à absorção e ao trabalho com riscos e desvios da normalidade (cf. Cl. Offe, op. cit., p. 24).

do trabalho, na perspectiva da produção técnico-organizacional e economicamente eficiente de mercadorias, por meio do trabalhador assalariado. Essa distância faz, dessa nova classe de trabalhadores, o lugar da emergência de valores e de posturas que questionam a sociedade do trabalho e seus critérios de racionalidade (produtividade, crescimento etc.) a partir de critérios materiais, qualitativos e humanísticos, isto é, esses grupos, segundo Cl. Offe, argumentam a partir de um horizonte estrutural e culturalmente exterior, ou seja, reflexivo. Ora, se temos a ver com uma duplicidade de trabalhos marcados por racionalidades fundamentalmente diferentes, então o conceito de trabalho perde sua univocidade e, conseqüentemente, seu privilégio de categoria suprema na explicação da sociabilidade humana.

Também do ponto de vista subjetivo o trabalho perdeu aquela centralidade que possuía na organização da existência pessoal, isto é, para a determinação do estilo de vida e da consciência, na medida em que fornecia orientações e motivos para o agir. Para Offe, há, hoje, uma descentralização do trabalho em relação a outros campos da vida, de tal modo que o trabalho começa a ser situado na periferia da biografia, e isso, fundamentalmente, por causa de dois mecanismos: o trabalho pode, no nível da integração social, ser normado e, no nível da integração sistêmica, ser instalado como imposição.

No que diz respeito à concepção ética do trabalho como dever, hoje tal idéia perdeu a sua força de persuasão, tanto pela erosão das representações religiosas ou mesmo secularizadas que sustentavam tal postura ética, como pelo hedonismo, centrado no consumo, que se torna hegemônico. De qualquer forma, era fundamental para tal postura que os trabalhadores fossem considerados como pessoas que agem moralmente. Ora, os processos de "racionalização do trabalho", hoje implementados, tendem a eliminar o fator humano na produção como fator de instabilidade e de perturbação, e, com isso, a dimensão ética é afastada da problemática da produção.

Outro fator que contribuiu para a perda da dimensão ética do trabalho foi a destruição dos ambientes homogêneos, organizados de acordo com as categorias de trabalho e de profissão, e a emergência de contextos vitais compostos de instituições de trabalho, tradição familiar, pertencentes a organizações de tempo livre, consumo e educação etc. Hoje se faz praticamente impossível construir uma unidade de vida, portadora de sentido, a partir do trabalho: primeiro porque uma continuidade biográfica de formação profissional e do exercício da profissão é, atualmente, uma exceção. Segundo, porque está secularmente decrescendo a participação do tempo de trabalho no tempo de vida e, sobretudo, cada vez mais está emergindo, ao lado do trabalho, um tempo livre que traz experiências, orientações e necessidades diferentes daquelas provenientes da esfera do trabalho. Já se manifesta a tendência da exclusão de grupos, cada vez mais numerosos, da esfera do trabalho.

O segundo mecanismo diz respeito à atração pelo trabalho como meio de consecução de bens. Uma tese básica, hoje, de muitos estudos de psicologia econômica, é que o efeito de motivação do rendimento de trabalho age assimetricamente: seu aumento individual não contribui, ou contribui muito secundariamente, para o aumento do bem-estar ou satisfação integral, mas sua diminuição faz cair essa satisfação.[57] Uma série de fatores parece indicar, pelo menos na Europa, com o nível de salários e saturação de bens, que a satisfação com atividades não laborativas tem contribuído mais do que qualquer outro fator para a satisfação da vida, ou seja, numa palavra, as condições de sustentação do sistema econômico não podem mais, de forma eficaz e em tempo oportuno, serem transformadas em impulsos de ação para os agentes individuais.

Tanto objetiva como subjetivamente, o trabalho perdeu o *status* de um fato de vida central e evidente, de tal modo que, pelo menos para as sociedades ocidentais, não se pode mais pressupor uma continuidade entre desenvolvimento das forças produtivas e emancipação. Isso se mostra, também, no fato de, nas sociedades ocidentais, temas de conflitos sociais e políticos (paz e desarmamento, proteção às fontes naturais de vida, definição e institucionalização dos papéis dos sexos) dominarem a cena, ou seja, os temas que dominam os conflitos atuais têm a característica comum de não se deixarem interpretar como simples derivados de conflitos econômicos; portanto, enquanto conflitos que emergem na esfera da produção e que dizem respeito ao controle dos processos de produção e à distribuição de seus resultados.

F. J. Teixeira[58] tenta interpretar essas transformações dentro da lógica do capital no horizonte da leitura de Marx

---

[57] Uma idéia também defendida por A. Schaff, op. cit., p. 143: "os homens têm fome de mercadorias [...]. Quando todavia se ultrapassa certo limite, produz-se uma sensação de saturação e a tendência se inverte: as pessoas começam a considerar com indiferença a riqueza ostentada e a apreciar esnobemente a exibição exacerbada de recusa a ela".

[58] F. J. S. Teixeira, op. cit., nota 33.

e, na linha aberta por R. Fausto[59], interpreta as transformações atuais como processo em que o capital tenta fazer-se sujeito absoluto de todo processo. Para tanto, ele tem de desenvolver as forças produtivas, o que desemboca na negação das próprias bases de sua valorização: o trabalho vivo. Portanto, sua tese central é que as atuais modificações se fizeram em nome do capital, e por isso o desenvolvimento da ciência não redundou na criação de tempo livre para o trabalhador.[60] O saber técnico-científico, desenvolvido dentro de uma forma social fetichizada, permanece uma mercadoria-chave e fundamental na concorrência capitalista e, além disso, não dispensou o trabalho vivo como fonte produtora de valor e de mais-valia, pois a nova produção carece de uma fonte externa de alimentação: a subcontratação nas pequenas e microempresas. O elemento novo neste contexto é que a compra e venda da força de trabalho se faz agora velada "sob o véu da compra e venda de mercadorias semi-elaboradas" e isso, na realidade, significa levar às últimas conseqüências o trabalho abstrato enquanto forma específica de produção de valor e mais-valia. Numa palavra, o trabalho continua central, não mais, contudo, internamente na empresa, mas indiretamente, enquanto os trabalhadores, trabalhando fora

---

[59] FAUSTO, R. *Marx. Lógica e política, investigações para uma reconstituição do sentido da dialética*. São Paulo, Brasiliense, 1987. Tomo II. Idem, A pós-grande indústria nos Grundrisse (e para além deles). In: *Lua Nova*, n. 19, CEDEC, 1989.

[60] Toda a argumentação de F. J. S. Teixeira está concentrada na refutação da tese, na forma de apresentação de J. Habermas, de que, tendo-se a ciência tornado a primeira força produtora de riqueza, o trabalho abstrato teria deixado de ser a força articuladora da sociabilidade. Por essa razão, ele não se confronta com o argumento central de Cl. Offe de que a perda de centralidade da categoria trabalho é decorrente da não mais existência de uma única racionalidade para todas as atividades que denominamos "trabalho".

da empresa,[61] "são obrigados a fazer do seu trabalho pessoal a razão do seu sucesso como produtores de mercadorias".[62]

Essa nova estruturação do trabalho abstrato significa um gigantesco aumento da exploração da mais-valia, pois se trata, agora, de uma forma transfigurada do salário por peça, uma forma de pagamento que serviu de base para o prolongamento do tempo de trabalho e para o rebaixamento dos salários no período de expansão da grande indústria no século XIX. Como o novo trabalhador se sente patrão de si mesmo, vendedor de trabalho objetivado, a exploração perdeu sua base tangível, pois capitalistas e trabalhadores se confrontam, agora, como comerciantes em uma sociedade de produtores independentes de mercadorias. O que há de novo nessa reestruturação do sistema capitalista é que o trabalho vivo torna-se evanescente dentro da estrutura produtiva da empresa, por isso o trabalho direto, imediato, deixou de ser a unidade dominante dentro das grandes empresas, por causa da nova revolução tecnológica. Com isso, abre-se o espaço para novas relações de compra e venda de trabalho, onde os sindicatos, na maioria das vezes, parecem entidades supérfluas, pois estaríamos em um mundo de produtores independentes de mercadorias.

---

[61] Pois dentro, em seu núcleo organizado com tecnologia de ponta, a empresa necessita, agora, de um indivíduo que seja capaz de melhorar a qualidade do produto, "um indivíduo que pense e tenha iniciativa própria, um indivíduo que seja capaz de mudar com facilidade e precisão de uma atividade para outra, um indivíduo que, na empresa, seja capaz de vender, de produzir, de consertar os defeitos da máquina, de limpar o chão, de dar e receber ordens. Em síntese, as empresas querem um trabalhador particular que incorpore as forças de trabalhador coletivo, antes divididas entre diversos trabalhadores singulares. Não querem mais um trabalhador coletivo combinado, mas um trabalhador que seja a síntese da combinação de diversas operações parciais" (F. J. S. Teixeira, *Marx e as metamorfoses do mundo do trabalho*, Fortaleza, 1994, p. 21 mimeo.).

[62] Idem, p. 26.

Considerações éticas

O debate apresentado nos chama a atenção para uma ambigüidade já apontada, anos atrás, por P. Ricoeur:[63] a reflexão sobre o trabalho e seu sentido na vida humana pode cair no vazio. A razão principal é que tal reflexão parte de uma forma determinada de trabalho: o trabalho como luta com a natureza física nas profissões antigas, como no maquinismo industrial. A partir daí ocorre uma ampliação tão grande dessa categoria que ela termina designando todas as atividades científicas, morais e mesmo especulativas. O trabalho tornou-se uma categoria ontológica englobante por designar a própria condição encarnada do homem.[64] Se o homem é idêntico à sua atividade, se ele é práxis, então ele é trabalho. Ora, é precisamente o que ele chama a "apoteose" do trabalho[65] que inquieta P. Ricoeur, porque, significando tudo, o trabalho não significa mais nada de específico, portanto, perde um sentido determinado. Proponho, no horizonte dessa preocupação pertinente, partir da categoria "práxis" como categoria englobante[66] e considerar o trabalho no sentido de que, na modernidade, se falou de "sociedade do tra-

---

[63] Ricoeur, P. Travail et parole. In: Idem *Histoire et verité*. Paris, Seuil, 1955. p. 211.

[64] A respeito de considerações semelhantes, veja J. Habermas, *Arbeit und Interaktion*, op. cit., pp. 9-47.

[65] É a modernidade que faz do trabalho, entendido como produção técnica, o paradigma de toda ação humana, o fundamento de toda cultura. Veja H. Arvon, *La philosophie du travail*, Paris, Presses Universitaires de France, 1961. Veja, também, M. Riedek, "Arbeit", in: Idem, *Handb. phil. Grundbegriffe*, München, Kösel, 1973, v. I, pp. 131ss.

[66] Cf. Oliveira, M. A. de. Práxis e filosofia. In: *Ética e práxis histórica*. São Paulo, Ática, 1995. pp. 61-84.

balho", como uma das modalidades ao lado de outras, que, para falar com Cl. Offe, são marcadas por outras racionalidades.[67]

O que se pretende exprimir com a categoria "práxis"? Uma experiência fundante na vida humana, a experiência de o homem ser um ser entregue a si mesmo. Não se trata, simplesmente, de uma evidência que servisse de base inquestionável para toda a vida teórica e prática do homem e sim de uma experiência que emerge no próprio processo de questionamento da vida. Quem pergunta,[68] de alguma forma se distancia, afasta-se de si mesmo, manifesta o espaço de uma possível efetivação diferenciada, portanto, abre o espaço para uma criticidade fundamental.[69] Ora, na pergunta emerge para o homem a possibilidade de tomar posição sobre seu próprio ser, portanto, de decidir sobre sua vida, de assumir um projeto específico de vida que constitua o objetivo fundante de suas ações no mundo.

Numa palavra, a experiência originária é a experiência de uma interpelação ao construir-se, ao conquistar como ser, portanto o homem emerge, nessa experiência fundante, como o contrário do ser simplesmente dado. Práxis significa, precisamente, a forma própria de ser de um ente que

---

[67] Não compete à filosofia decidir a questão disputada, hoje, entre os cientistas sociais sobre a centralidade do trabalho na atual formação histórica. Compete-lhe perguntar-se sobre o sentido fundamental do agir do homem no mundo.

[68] ROMBACH, H. *Über Ursprug und Wesen der Frage*. 2. ed. Freiburg/München, Alber, 1988.

[69] OLIVEIRA, M. A. de. *Filosofia transcendental e religião*; ensaio sobre a filosofia da religião de K. Rahner. São Paulo, Loyola, 1984.

cria seu próprio ser a partir de sua realidade primeira, que constitui o ponto de partida desse processo, em relação à qual a práxis significa uma tomada de posição e, nesse sentido, uma efetivação de transcendência, o que caracteriza o homem enquanto homem.[70] Isso, por sua vez, pressupõe a capacidade de projetar uma situação diferente, uma facticidade transcendente à facticidade originária, ou seja, uma configuração alternativa à condição de origem. Portanto, se o homem é um ente de natureza como qualquer outro, o que o especifica é que ele se situa propriamente como humano, no para além da natureza, ou seja, na esfera do por ele construído, através do que ele medeia seu próprio ser. Ele se medeia por suas decisões que, contudo, são também elas mediadas pelo próprio contexto que é fruto da práxis humana, o que revela a situacionalidade básica do ser humano.

Essa é a experiência originária. Nós refletimos sobre ela na medida em que a articulamos pela mediação da linguagem, que, assim, emerge como a instância da articulação do sentido de tudo. É precisamente aqui que o homem revela-se como a distância originária, ou seja, como a capacidade de questionar o sentido de toda e qualquer coisa, portanto, de distanciar-se de tudo, o que pressupõe uma compreensão dos princípios de inteligibilidade de tudo, portanto, a capacidade de transcender todo e qualquer singular, até a si mesmo enquanto singular.

---

[70] Schmidt, A. Práxis. In: *Handb. phil. Grundbegriffe*. München, Kösel, 1973. v. 4, pp. 1.107-1.138.

O homem é, assim, a presença da totalidade enquanto consciência dos princípios a partir dos quais tudo é inteligível.[71] No entanto, o homem não é, ainda, nada, a não ser essa realidade originária que constitui o ponto de partida de seu devir.[72] Ele é distância absoluta e enquanto tal só se faz por meio de suas decisões, com as quais ele se efetiva enquanto uma forma específica de ser homem. O homem se faz homem na medida em que desce de sua distância para o mundo finito e contingente de alternativas da construção de uma forma específica de vinculação com o mundo das coisas e com o mundo humano, ou seja, o homem se faz homem na história. Numa palavra, o homem é o ente da configuração de seu próprio ser e, enquanto tal, o ente da configuração do mundo, pois ele só é através do mundo. Ele é no mundo e através do mundo de modo que, se ele é tarefa de autoconstrução, essa tarefa implica a construção do mundo que deve, então, ser tal que torne possível a emergência do homem enquanto homem.

Em última instância, o homem é o ente responsável por si mesmo e por seu mundo, o que significa dizer que ele não tem, de antemão, sua efetivação assegurada. Sua história é, por isso, uma "luta pela gestação de si mesmo", pois ele pode fracassar. Nisso está a especificidade da transcendência que constitui o homem enquanto homem: trata-se de uma transcendência não absoluta, por isso, de uma transcendência

---

[71] A respeito de como a partir daqui se revela a dignidade específica do ser humano, ver M. A. de Oliveira, *Ética e economia*, op. cit., pp. 67ss.

[72] M. A. de. Oliveira, *Ética e práxis histórica*, op. cit., pp. 30ss.

marcada por uma necessidade igualmente originária, a necessidade da autoconstrução por meio de suas atividades em todos os campos de sua existência. Assim, só existe ser humano através obras produzidas por suas ações contingentes e limitadas; essas ações são o próprio processo de mediação de seu ser. Precisamente porque o homem não é, simplesmente, mas, antes, é um ente à busca da conquista de seu ser, ele é um ente que necessita das ações e de seus produtos por meio dos quais vai se efetivando enquanto homem. Elas são, assim, a unidade da subjetividade-intersubjetividade com a objetividade, do incondicional da exigência com o contingente das formas diferenciadas de sua efetivação.

Se as ações humanas, em qualquer esfera de racionalidade, e seus produtos são a mediação da gestação do homem enquanto homem, então seu valor ético se decide pelo valor da pessoa humana, que é seu sujeito e que se efetiva por sua mediação. Isso significa dizer que qualquer atividade, em última instância, está a serviço da efetivação do ser pessoa e que sua dignidade consiste, precisamente, em estar ao serviço da vida humana, ou seja, o padrão de sua dignidade é o mesmo daquele em função do qual elas são postas, ou seja, do ser humano. Assim, o objetivo de toda e qualquer atividade, seja o trabalho enquanto momento da racionalidade sistêmica, seja qualquer outra atividade, é o próprio homem, sua efetivação enquanto ser humano.[73]

---

[73] Em M. A. de Oliveira, *Ética e economia*, op. cit., pp. 69-70: "Nosso ser, enquanto tarefa, enquanto dever-ser, nos é dado. Isso significa dizer que não somos simplesmente em função de qualquer coisa fora de nós mesmos, somos seres que possuem sentido, fim em si mesmo. O fim radical e último de nossas ações no mundo, na história, é nossa própria realização, como sujeitos livres, o que implica o reconhecimento mútuo dessa liberdade. Nisso consiste a 'dignidade originária' do ser humano".

Se o homem é o ente da conquista de seu próprio ser, isso significa dizer que suas atividades, em vez de serem mediação de seu ser, podem ser utilizadas como destruição desse ser, como opressão, como diminuição de sua dignidade, como sua violação, ou seja, podem ser transformadas em meios de alienação do próprio homem, o que certamente ocorre em muitas das situações antes descritas. Portanto, as ações humanas podem ser utilizadas como instrumento de degradação da pessoa humana na medida em que a dignidade de seu sujeito, das mais diferentes formas, não é efetivamente reconhecida.

Precisamente a partir daqui levanta-se a questão ética da prioridade, ou seja, dos critérios racionais que devem determinar as ações enquanto ações humanas, a atividade humana enquanto atividade, em primeiro lugar, de um ente que, como carente, tem necessidades naturais a serem satisfeitas.[74] Se o ser humano experimenta a si mesmo como um ser a se construir, isto é, como ser histórico ele se descobre como ser histórico antes de tudo, como um ser vivo que produz e reproduz, por sua ação, seu próprio ser. Se, então, a história é o espaço da possível efetivação do homem como ser livre, ela o é, em primeiro lugar, como espaço da possível reprodução da vida. Isso significa dizer que a razão de ser da ação econômica, no sentido estrito, mas também a dos serviços, é, então, a satisfação, antes de mais nada, das necessidades básicas que reproduzem a vida humana, que não se reduzem às necessidades de sua reprodução material. Sob essa ótica, teríamos um elemento comum entre as ativi-

---

[74] M. A. de. Oliveira, *Ética e economia*, op. cit., pp. 73ss.

dades do trabalho, em sentido estrito, e os serviços: trata-se do conjunto de ações e de instituições por meio das quais o homem procura adquirir o necessário para a satisfação de suas necessidades.

No que diz respeito especificamente à problemática econômica, o que, hoje, diferentes teorias econômicas nos lembram é que os bens são, fundamentalmente, escassos, e que nem todas as necessidades podem ser satisfeitas ao mesmo tempo. Aqui se revela como algo estrutural na vida humana o conflito na satisfação das necessidades, quer o conflito na mesma pessoa entre diferentes necessidades, quer o conflito entre as diferentes pessoas a respeito dos bens escassos. Sendo assim, a racionalidade da ação econômica nunca é completa quando se considera apenas seu aspecto sistêmico, ou seja, a eficiência na produção dos bens, mais implica fundamentalmente, em primeiro lugar, a configuração racional, isto é, ética, das relações sociais.[75] Isso significa dizer que a ação econômica constitui, acima de tudo, um problema ético básico: o problema do reconhecimento dos sujeitos entre si como parceiros de igual dignidade, e o problema do ser e do valor próprio da natureza, o que se efetiva na construção de mecanismos institucionais que tornem esse reconhecimento possível.[76]

---

[75] Ulrich, P. *Transformation der ökonomischen Vernunft. Fortschrittsperpektiven der modernen Industriegesellschft*. 3. ed. Bern, Haupt, 1993. pp. 173ss.

[76] Nesse sentido, podemos dizer, com Gramsci, que o problema econômico é, em primeiro lugar, um problema ético-político. Foi o que ele exprimiu com seu conceito de catarse. Em C. N. Coutinho, *Marxismo e política*. A dualidade de poderes e outros ensaios. São Paulo, Cortez, 1994, p. 106: "Pode-se empregar o termo "catarse" para indicar a passagem do momento meramente econômico, ou seja, egoístico-passional, para o momento ético-político, ou seja, a elaboração superior da estrutura em superestrutura na consciência dos homens. Isso significa, também, a passagem do 'objetivo' ao 'subjetivo', da necessidade à liberdade".

Falar isso significa pôr-se para além da racionalidade unidimensional em que se situou a economia política na modernidade e ainda se situa o pensamento econômico de nossos dias, porque isso implica dizer que o problema da racionalidade econômica abrange duas dimensões de racionalidade: a dimensão sistêmica e a dimensão ética. Na dimensão sistêmica, o que está em jogo é o agir eficiente em relação aos recursos escassos. Racionalidade, nessa esfera, tem a ver com um controle eficiente de bens para satisfazer as necessidades humanas. No nível da ética, que levanta a pergunta pelo sentido e pela contribuição da atividade em discussão para o processo de conquista da humanidade do homem, o que se põe como questão primeira de sua racionalização é precisamente a configuração das interações sociais para saber se elas estão voltadas à reprodução da vida de todos.

Não se pode estabelecer, portanto, um projeto econômico válido e, conseqüentemente, um projeto de sociedade sem que se estabeleça com clareza que a questão fundante aqui é a configuração das relações sociais, de tal modo que se garanta a reprodução social da vida de todos os seres humanos numa perspectiva de lógica de inclusão contra a lógica da exclusão. A pergunta fundamental que deve ser feita em relação a um projeto societário, ou seja, em nosso caso, à estruturação do trabalho e dos serviços, é que "chances de vida" ele abre para as pessoas por ele afetadas. Trata-se, assim, de afirmar que a questão da justiça social é o horizonte ético que legitima a estruturação societária específica,[77] o que implica responder a algumas questões básicas, como:

---

[77] Rawls, J. *Uma teoria da justiça*. Lisboa, Presença, 1993. pp. 209ss.

Para quem é planejada a economia como um todo? Também para aqueles cuja atividade não é mais nem necessária nem útil no sentido econômico? Como enfrentar, então, no atual contexto, o problema dos descartáveis?[78] Como articular, a partir das tendências estruturais da nova configuração de um sistema econômico globalizado, um projeto de desenvolvimento que tenha como objetivo fundante a efetivação da dignidade e dos direitos elementares do ser humano e o respeito à natureza? Não implica isso que um projeto societário tem de priorizar os não-acolhidos na lógica sistêmica imperante, ou seja, o âmbito dos seres negados, ou, mais radicalmente ainda, reestruturar essa lógica?[79]

A ética, nesse contexto, deve fornecer o "horizonte norteador" para a busca de mediações institucionais, de tal maneira que se possa estabelecer um movimento permanente entre o horizonte ético, articulador do sentido, e as lutas e buscas históricas de mediações institucionais capazes de efetivar, nas condições contingentes da história humana, o ideal utópico articulado pela reflexão ética. Portanto, a questão central não pode ser simplesmente o atraso tecnológico, mas

---

[78] "Queremos nos ocupar da maioria dos cidadãos e não apenas da elite, colocamo-nos a favor da estabilização de uma sociedade democrática, e não para garantir a dominação de uma aristocracia; queremos encontrar — e este é o fator inteiramente novo — uma ocupação honesta e digna para as pessoas afetadas pelo desemprego estrutural, especialmente para os jovens" (A. Schaff, op. cit, p. 123).

[79] A respeito de sugestões sobre medidas a serem tomadas nessa perspectiva, cf.: South Comission, *The challenge of the south*, 1990; United Nations Development Programme (UNDP), *Human development report* 1992, New York/Oxford, Oxford University Press, 1992.

esse atraso na medida em que pode significar o aprofundamento de uma lógica despreocupada com a maioria da humanidade e insensível a seus apelos: para essa lógica — e nossas massas vivem isso —, a maioria da população dos países em desenvolvimento é sobrante, não aproveitável, improdutiva, não rentável, em última análise inútil, um peso de que se deve livrar. O novo processo de produção não tem mais necessidade de seu trabalho.

Essa lógica excludente é absolutizada quando o mercado é considerado o mecanismo exclusivo de coordenação de uma economia moderna, sem que nenhuma outra instância possa e deva determinar as metas sociais.[80] No entanto, a atual revolução tecnológica torna possível o desaparecimento do trabalho fisicamente fatigante e intelectualmente desgastante. Abre-se, assim, o espaço para atividades mais criativas que poderão, em princípio, trazer mais satisfação à vida humana e possibilitar um espaço muito maior de tempo livre de que o homem poderá utilizar-se para enriquecimento de sua personalidade na construção comum das diferentes esferas de convivência humana. A própria revolução tecnológica, com todas as suas conseqüências na vida humana, efetiva a possibilidade de "superação" do objetivo central que marcou toda a vida da sociedade do trabalho: "a acumulação de riqueza". Numa palavra, a atual revolução tecnológica abre espaço para a efetivação da primazia do

---

[80] M. A. de. Oliveira, Neoliberalismo e ética. In: idem, *Ética e economia,* op. cit., pp. 59-103.

ético sobre o sistêmico,[81] portanto, para pôr a produção e acumulação de bens ao serviço do processo de conquista da humanidade do homem, o que implica a exigência ética de sua realização em nossa vida pessoal e coletiva.

[81] É nesse sentido que A. Schaff acha possível que a revolução tecnológica desemboque em uma transformação dos valores que marcam a vida da humanidade: "Essa mudança pode produzir modificações de longo alcance na esfera moral e sociopolítica da vida humana. Na esfera moral, preparará naturalmente o caminho para posições altruístas e filantrópicas. O egoísmo estreito, tão comum hoje, está ligado principalmente ao medo da penúria, ainda que esse medo seja na maioria dos casos apenas imaginário. Na esfera sociopolitica, a mudança desses valores poderá preparar o caminho para seus valores derivados: o igualitarismo (incluindo a igualdade de direitos para a mulher) e o engajamento social do indivíduo"(A. Schaff, op. cit., p. 144).

Capítulo 2

DESAFIOS À EDUCAÇÃO EM UMA SOCIEDADE PLANETÁRIA

Introdução

Há uma pergunta que não pode ser eliminada, quando, em nossos dias, falamos em educação: será que nós nos situamos, em nosso pensar e em nosso agir, realmente, no mundo de hoje? Nosso mundo está passando por mudanças tão profundas que abalam as bases de nossa civilização como um todo e parecem levar à construção das bases para um novo padrão civilizatório. Não se anuncia, hoje, por todos os cantos, uma sociedade global,[1] pós-industrial, de informação e de comunicação em processo de planetarização, uma civilização nova, na qual vigirá uma cidadania mundial e cósmica,[2] que está sendo construída pela mediação da prática de pessoas, grupos e comunidades em todo o mundo? Não é tão comum falar-se atualmente de crise de paradigmas? Nossas agendas de discussão não es-

---

[1] Cf.: D. HELD, *Democracy and Global Order.* Stanford, Calif., Stanford University Press, 1995. BECK U., org. *Politik der Globalisierung.* Frankfurt am Main, 1998. HABERMAS, J. *Die postnationale Konstellation. Politische Essays*. Frankfurt am Main, Suhrkamp, 1998.

[2] A respeito das discussões sobre a democracia em tempo de globalização, veja F. W. Scharpf, Demokratie in der transnationalen Politik, in U. Beck, org., op. cit., pp. 228-253.

tão repletas de temas novos, sugeridos pelos processos sociais em curso? As questões levantadas pelos novos atores sociais e políticos não ultrapassam nossos padrões civilizatórios? Não apontam todos eles para a construção de um mundo novo policêntrico, transcultural e multirreligioso?[3] Não está emergindo uma nova consciência que indica a construção de uma humanidade nova? Não será que boa parte de nossas matrizes de pensamento e de ação ainda se encontram radicadas nos pressupostos de um mundo que está passando? Nossa educação não continua a ser a do velho mundo? Nossos esquemas de interpretação do mundo não estão longe da cultura contemporânea?

Somos seres históricos e isso significa dizer, em primeiro lugar, que nós nos situamos em tradições que continuam a nos marcar mesmo quando mudanças radicais estão se processando. No entanto, é fundamental que nos esforcemos para nos situar com consciência refletida na história que vivemos, e que de algum modo fazemos, para podermos participar, com empenho mais pessoal, da mudança que está ocorrendo. No meio do processo, é difícil dispor de um esquema interpretativo para detectar o sentido global da mudança. O que vamos tentar fazer pretende, apenas, iniciar uma caminhada de entendimento crítico.

---

[3] Cf.: FRANCO, A. de *A transição para um novo padrão civilizatório*. Brasília, 1996. ORO, P. A. & STEIL, C. A., orgs. *Globalização e religião*. Petrópolis, Vozes, 1997.

Sinais característicos de uma civilização em mudança

A hegemonia do sistêmico

A proposta educativa de Paulo Freire emergiu de uma reflexão sobre os condicionamentos culturais da sociedade brasileira e sua tese básica, há mais de vinte anos, era de que nossa sociedade estava em transição a partir de uma sociedade fechada, colonial, escravocrata, sem povo, reflexa, antidemocrática, numa palavra, nossa formação histórica não criou as condições para que nossa sociedade pudesse construir-se com suas próprias mãos. Os gregos distinguiam as sociedades políticas das não políticas precisamente pelo diálogo, que instaura uma forma nova de solução dos conflitos entre os seres humanos, ou seja, o debate público, que implica a responsabilidade pela solução dos problemas comuns.[4] Nessa perspectiva, o que caracteriza a sociedade brasileira, para P. Freire, é que ela é uma sociedade pré-política:

> Entre nós, pelo contrário, o que predominou foi o mutismo do homem. Foi a sua não-participação na solução dos problemas comuns. É que em todo o nosso *background* cultural, inexistiam condições de experiência, de vivência da participação popular na coisa pública.[5]

Foi o que conduziu, desde o início, a um poder exacerbado, provocando a tendência para a submissão acrítica,

---

[4] Cf. Oliveira, A. M. de. *Ética e práxis histórica*. São Paulo, Ática, 1995. pp. 29ss.

[5] Cf. P. Freire, *Educação como prática da liberdade*. 4. ed. Rio de Janeiro, Paz e Terra, 1975. pp. 70-71.

ao ajustamento e à acomodação. Nossas disposições mentais, historicamente herdadas, são rigidamente autoritárias e sempre legitimaram tanto o afastamento do povo da experiência de autogoverno como a negação efetiva dos direitos elementares.

Nas últimas décadas, passamos por um processo acelerado de modernização, que provocou mudanças substanciais na estrutura básica do processo de produção e nos fez atingir os padrões tecnológicos mais avançados de nossa civilização. No entanto, essa situação, referida por P. Freire, não só não foi de todo eliminada, mas recebeu determinações novas, decorrentes da própria estrutura de uma sociedade moderna.

J. Habermas[6] explica a diferença fundamental entre as sociedades tradicionais e as sociedades modernas a partir da hegemonia diferente dos mecanismos que gestam a sociabilidade; numa palavra, a partir da forma diferente de constituição da sociabilidade. As sociedades tradicionais são fundamentalmente simbólicas na medida em que as estruturas de sentido constituem as estruturas sociais básicas, ou seja, é a visão de mundo que integra a ordem institucional numa unidade orgânica de sentido. Tudo se situa no contexto de um mundo comum, intersubjetivamente compartilhado e reproduzido, implicitamente, nas diferentes interações sociais, e que se radica nas estruturas mítico-religiosas da consciência e nas estruturas familiares da sociedade, perpassando toda a ordem social. Nessas sociedades, as insti-

---

[6] Cf. Habermas J. *Theorie des kommunikativen Handelns*. Frankfurt am Main, Suhrkamp, 1981. 2 v.

tuições de parentesco constituem uma instituição total na medida em que regram as diferentes ações e suas normas fundamentam sua obrigatoriedade na religião.

O que vai caracterizar a emergência das sociedades modernas é que os mecanismos de uma sociabilidade não-simbólica vão assumir a primazia no processo de constituição da vida social. Isso ocorreu através de um longo processo[7] que se inaugurou na medida em que o poder político tradicional desligou-se das cosmovisões religiosas e se independentizou, o que mais tarde ocorreu, também, com o subsistema econômico. Isso significa dizer que a vida social, de agora em diante, em vez de orientar-se pelas normas transmitidas pela tradição, é fundamentalmente organizada a partir de novos mecanismos que coordenam as ações dos diferentes atores sociais.

É a própria base material da vida, que desligada de prescrições normativas, se rege, a partir de então, por mecanismos inconscientes, que atuam na vida das pessoas mediante sua lógica própria independentemente da consciência que as pessoas possam ter de tais mecanismos. Sociedades modernas são, nesse sentido, em contraposição a sociedades tradicionais, basicamente sociedades sistêmicas, já que os mecanismos centrais de constituição da vida social são, aqui, os subsistemas econômico e administrativo. Todas as relações sociais tendem, assim, a serem mercantilizadas e burocratizadas: não só os mecanismos simbólicos deixam

---

[7] Cf. Oliveira, A. M. de. Escola e sociedade: a questão de fundo de uma educação libertadora. In: *Revista de educação da AEC*. v. 71, 1989, pp. 15-27. Araújo, L. B. L. *Religião e modernidade em Habermas*. São Paulo, Loyola, 1996.

de constituir o eixo unificador da vida social, mas vão se tornando cada vez mais invadidos pelos mecanismos sistêmicos: as ações dos atores sociais são cada vez mais coordenadas pelos mecanismos do dinheiro e do poder, o sistema econômico e o sistema burocrático substituem a religião como princípio organizador da vida social.

Portanto, o que aconteceu, de fato, nos processos de modernização foi não só a separação entre as duas formas básicas de socialização, o que significa um avanço no processo evolucionário da organização da vida humana, mas uma submissão da sociabilidade simbólica à sociabilidade sistêmica, o que tem como conseqüência a redução do ser humano a uma peça numa máquina que funciona com fins próprios independentes das aspirações e das necessidades humanas. A tendência societária de fundo é diminuir os espaços da ação consciente dos sujeitos, uma vez que os mecanismos inconscientes são muito mais eficientes no processo de condução da vida societária.

O neoliberalismo,[8] teoria hegemônica nas últimas décadas, vai fazer dessa hegemonia sistêmica imanente à própria dinâmica das sociedades modernas o cerne de sua postura teórica. Sua afirmação central é que o mercado revela-se como o mecanismo único e exclusivo para enfrentar os problemas específicos de uma economia moderna e ele é isso precisamente, como um mecanismo inconsciente, e realiza com eficiência o que o ser humano não tem condições de realizar por sua ação consciente. A condição de pos-

---

[8] Cf. Oliveira, A. M. de Neoliberalismo e ética. In: *Ética e economia*, São Paulo, Ática, 1995, p. 59ss.

sibilidade da felicidade humana e de sua realização como ser livre é sua humilde submissão a esse mecanismo inconsciente capaz de produzi-lo como ser livre, o que exige do ser humano uma inserção cada vez maior nas instituições mercantis.

Hoje, em todos os cantos há sinais que articulam resistência a essa situação e que revelam a insatisfação dos seres humanos com o fato de serem reduzidos a peças inconscientes de um sistema autotélico. Questiona-se o objetivo mesmo de um crescimento econômico que faça do próprio acúmulo de riquezas o fim último da vida humana, e, com isso, abre-se o horizonte para um crescimento econômico que tenha como objetivo fundamental o desenvolvimento da pessoa humana e de suas potencialidades. Nessa perspectiva, a economia, em vez de se impor como valor absoluto e definitivo da vida, seria apenas o fundamento material sobre o qual se deveria construir uma sociedade verdadeiramente humana, na qual tanto o indivíduo como a comunidade poderiam desenvolver suas potencialidades materiais, culturais, intelectuais e espirituais.[9] Para que isso se torne possível, em vez de simples peças de uma máquina, todos os cidadãos da sociedade são chamados, enquanto sujeitos individuais e coletivos, a participar no desenvolvimento e nas instituições a eles vinculadas nos diversos níveis da vida coletiva, o que vai implicar a criação de uma nova cultura política capaz de incorporar a constelação dos novos

---

[9] Cf. Boff, L. & Arruda, M. Bildung und Entwicklung im Hinblick auf die integrale Demokratie. In: Leisinger, K. M. & Hösle V., eds. *Entwicklung mit menschlichen Antlitz.* Die dritte und die erste Welt im Dialog. München, Beck, 1995. p. 98.

sujeitos sociais, superando a idéia, hoje tão difundida entre as massas, de que a política é simplesmente um jogo de interesses como qualquer outro,[10] e que esteja em condições de pensar e de propor um novo modo de vida e uma nova organização tanto da produção como da sociedade como um todo.

A crise das diversas instituições da vida coletiva[11] tem estimulado o surgimento de *novas formas de organização pública*[12] por meio das quais as demandas que não encontram respostas por parte dos governos levam as pessoas a se organizar e a reconstruir, juntas, o espaço do público que transcende os partidos políticos, instituindo espaços de socialização por meio das organizações sociais e criando formas autônomas de poder e de influência ao lado dos velhos instrumentos de luta social. Isso, mais cedo ou mais tarde, vai provocar um choque com a ordem vigente, uma vez que as aspirações trazidas à discussão chocam-se com a sociedade sistêmica que construímos na modernidade e só poderiam ser levadas a sério em um novo modo de vida, em uma nova organização social, apta a pôr os benefícios da terceira revolução industrial a serviço de todos, aumentando a liber-

---

[10] Uma idéia defendida pelos chamados "realistas". Veja: H. J. Morgenthau, *Politics among Nations. The Struggle for Power and Peace*, 8. ed., New York, Alfred A. Knopf, 1985; K. N. Waltz, *Theory of International Politics*, New York, 1979; Gilpin, R. *War and Change in World Politics*, Cambridge, 1981. E, ainda, Küng, H, *Uma ética global para a política e a economia mundiais*, Petrópolis, Vozes, 1999, pp. 27-68.

[11] A hegemonia total do econômico na vida social esvazia a política de sentido, pois ela não possui mais objetivos específicos. O crescimento econômico, a saúde do sistema econômico é sua razão de ser. Parece não haver mais grandes causas a mobilizar as massas.

[12] Cf.: Genro, T. *Na contra-mão da pré-história*. Porto Alegre, 1992. Idem, O novo espaço público. In: *Folha de S. Paulo*, 9-6-1996.

dade pela instituição da cidadania.[13] Em nossos dias, mesmo depois do término da guerra fria, são gastos três trilhões de dólares com armas atômicas e químicas, dinheiro que poderia dar casa, comida, educação e lazer a toda a humanidade.[14] Isso é um sinal claro de que a atual forma de organização social exclui milhões da cidadania.

Ora, o que está apontando para um futuro alternativo é a criação desse espaço público não dependente do Estado, uma esfera não estatal, que intervém sobre o Estado[15] e se constitui a partir de milhares de organizações locais, regionais, nacionais e internacionais, que emergem a partir da defesa de necessidades específicas (doenças, lutas por habitação, pela terra, pela defesa de etnias discriminadas, demandas comunitárias, defesa do meio-ambiente etc.) e possibilitam uma ação política direta dos cidadãos sem ficar presa às instituições de representação política tradicionais.[16] Trata-se, sem dúvida, de

---

[13] Cf. Gilbert, A. Must Global Politics Constrain Democracy. In: CH. CHWASZCZA & W. KERSTING, orgs. *Politische Philosophie der internationalen Beziehungen*. Frankfurt am Main, 1998. pp. 244-296.

[14] Em Fisas, Corrida armamentista e desarmamento, in M. Vidal, org., *Ética teológica*; conceitos fundamentais, Petrópolis, Vozes, 1999, p. 766: "Em conjunto, o mundo destina aos efetivos militares e à corrida armamentista 5,5% do seu Produto Interno Bruto, porcentagem superior destinada à saúde (4,1%) ou à educação (5%). Esses índices tornam-se mais escandalosos ainda se observamos aquilo que acontece nos países subdesenvolvidos, onde os gastos militares (cerca de 5,2 % do PIB) ultrapassam de longe os destinados à saúde (1,6 %) e à educação (3,7%), negando dessa forma os capitais necessários para o seu desenvolvimento, que é incompatível com a manutenção de elevados níveis de militarização".

[15] Trata-se, portanto de uma forma de controle social do Estado, o que se situa para além do debate sobre o Estado mínimo ou Estado forte.

[16] Cf. Habermas, J. Kampf um Anerkennung im demokratischen Rechtsstaat. In: *Einbeziehung des Anderen. Studien zur politischen Theorie*. Frankfurt am Main, Suhrkamp, 1996. pp. 237-276.

um ensaio de criação de espaços públicos controlados pela própria sociedade, de uma experimentação política de alcance universal, que pode gerar novas formas de relação entre o Estado e a sociedade e fazer-se capaz de tornar-se o eixo de transformação de uma sociedade em que o ser humano possa recuperar a subjetividade perdida.

A reabilitação da ação

A emergência da modernidade significou o aparecimento de um novo tipo de saber: a teoria deixou de ser contemplação do eterno e imutável, isto é, a contemplação da ordem do universo, que se exprimia na ordem da sociedade[17] e passou a ser entendida e valorizada como mediação cognitiva da intervenção eficiente do ser humano no mundo, ou seja, como possibilitadora de seu domínio sobre processos naturais e sociais, o que faz com que a transformação das condições materiais da vida passe para o centro das preocupações. A partir de então o saber se acopla ao processo de submissão da natureza aos fins estabelecidos pelo ser humano,[18] que se constitui preciosamente sujeito na medida em que se

---

[17] O que implica, do ponto de vista ético, a exigência básica de submissão à lei do universo, ou seja, à lei da natureza, que antecede as decisões humanas e mediante a qual o ser humano assumia, conscientemente, seu lugar no universo (cf. A. M. de Oliveira, *Ética e sociabilidade*, São Paulo, Loyola, 1993, pp. 13ss).

[18] O que vai colocar a economia no centro da vida humana, enquanto condição de possibilidade da efetivação da liberdade e da igualdade na existência humana, e a ciência econômica como aquela que vai realizar o sonho moderno de uma vida construída cientificamente. Em J. Comblin, op. cit., p. 261: "O dinheiro torna-se, desse modo, a medida de tudo. Tudo se aprecia em dinheiro. Tudo é apreciado quantitativamente e não qualitativamente [...].O valor econômico é a norma definitiva".

impõe sobre o outro de si.[19] Assim como a compreensão das leis que regem os processos naturais é condição de possibilidade para uma intervenção eficaz sobre eles, do mesmo modo é possível intervir nos processos societários a partir da compreensão das leis da convivência dos indivíduos.[20]

A sociedade moderna elaborou seu projeto fundamental para a vida humana: o fim básico, mais pressuposto do que propriamente explicitado, é ampliar indefinidamente a capacidade de domínio técnico do ser humano sobre a natureza e a sociedade, o que produz uma reviravolta na atitude básica do ser humano diante da realidade"[21] em vez de algo dado, natureza e sociedade emergem como algo que o homem pode "fazer", portanto, como algo que não pertence mais à ordem natural, mas é resultado de um longo processo de ação histórica. Ora, então o mundo deixa de ser algo que está aí, e pode ser contemplado, e se transforma em algo a se construir, mundo do ser humano, porque produto de sua intervenção mediada pelo novo saber.[22] A grande meta é uma história inteiramente controlada, dirigida e orientada pelo

---

[19] Cf. A. M. de Oliveira, *Ética e práxis histórica*. São Paulo, Ática, 1995. pp. 85ss.

[20] Cf. J. Habermas, Die postnationale Konstellation und die Zukunft der Demokratie, in *Die postnationale Konstellation,* op. cit., pp. 96ss.

[21] O que significa a emergência, hoje, de uma nova cultura que vai, pouco a pouco, no mundo inteiro, eliminando ou, pelo menos, abalando profundamente a cultura pré-moderna anterior.

[22] Mundo que, agora, não trabalha mais com a reflexão, e sim com a observação e a experimentação, fragmentando a totalidade da experiência humana em fatos a serem explicados com o objetivo de poder manipulá-los. Com isso, entra em crise o mundo simbólico das sociedades tradicionais, por meio do qual os seres humanos dessas sociedades articularam o sentido de suas vidas (cf. M. A. de Oliveira, *Ética e sociabilidade*, op. cit., pp. 92ss).

próprio ser humano. A história, de fato, é sua, ele é seu autor exclusivo. Definitivamente, a pré-história cedeu lugar e inaugura-se a época em que o ser humano se instaura como sujeito de sua própria vida.

A conseqüência, de maiores efeitos na vida humana, foi a redução de toda a sua práxis ao fazer: questões que não são redutíveis à esfera técnica estão fora da esfera da racionalidade, jogadas no mundo do arbítrio e da individualidade solipsista. Racionalidade se faz sinônimo de tecnificação, o que, por sua vez, fez possível que a sociedade se tornasse uma sociedade da comunicação, ou seja, uma sociedade na qual os meios de comunicação de massa exercem um papel preponderante na constituição do mundo simbólico. Eles trazem o mundo para dentro de nossas casas com suas enormes diferenças culturais. Nesse sentido, pode-se dizer que os meios de comunicação social estão pondo em questão algumas categorias básicas gestadas pela própria modernidade.[23]

O iluminismo moderno pensou a história da humanidade como um processo progressivo de emancipação, ou seja, como a realização, cada vez mais perfeita, do ideal de humanidade: o ser humano enquanto ser racional e livre, o que implica a idéia de um progresso na direção da plenitude. A história é uma efetivação progressiva da humanidade autêntica, o que pressupõe que ela seja pensada como um processo unitário. Atualmente, muitos fatores põem em dúvida a possibilidade mesma de pensar a história como um processo unitário e, sem dúvida, os meios de comunicação de massa contribuíram para apresentar o aspecto caótico da história humana.

---

[23] Cf. G. Vattimo, *Die transparente Gesellschaft*. Wien, 1992. pp. 15ss.

Normalmente, tenta-se explicar essa impossibilidade de pensar a história como um processo unitário a partir da derrocada do colonialismo e do imperialismo europeus. G.Vattimo[24] é de opinião que isso é muito mais o resultado da emergência da sociedade dos meios de comunicação de massa, que provocaram o desaparecimento dos momentos centrais de relação do todo da experiência humana[25] na medida em que trouxeram à consciência uma multiplicidade de cosmovisões,[26] contribuindo, assim, para a dissolução do que J-F. Lyotard chamou de "as grandes narrativas":[27] as mais diferentes culturas e subculturas emergiram no palco da opinião pública de tal modo que explodiu a idéia de uma história unitária e a confrontação entre mundos culturais diferenciados tornou-se uma exigência de nossa época.[28]

No entanto, para G. Vattimo, a sociedade da comunicação está longe de ser aquela sociedade transparente, inteiramente esclarecida, que realizaria os ideais do iluminismo

---

[24] Cf. G. Vattimo, op. cit., pp. 12ss.

[25] Assim como destruíram qualquer capacidade de reflexão crítica, pois não se argumenta, mas se vai repetindo, sem cessar, *slogans* para introjetá-los sem reflexão nas mentes.

[26] É nesse sentido que se pode falar de uma verdadeira invasão cultural, que está provocando uma crise de identidade nos diferentes povos (cf. J. Comblin, *Cristãos rumo ao século XXI;* nova caminhada de libertação, São Paulo, 1996, p. 270).

[27] Lyotard, J-F. *O pós-moderno*. 4. ed. Rio de Janeiro, J. Olympio, 1993.

[28] O que sem dúvida levanta enormes problemas éticos. Cf.: V. Hösle, Die unsittliche Sittlichkeit. Hegels Kritik an der indischer Kultur, in W. Kuhlmann, org., *Das Problem Hegels und die Diskursethik*, Frankfurt am Main, Suhrkamp, 1986, pp. 136-182. K-O. Apel, Das Problem der Gerechtigkeit in einer multikulturellen Gesellschaft, in R. Fornet-Betancourt, org., *Armut im Spannungsfeld zwischen Globalisierung und dem Recht auf eigene Kultur*, Frankfurt am Main, IKO-Verl. Für Interkulturelle Kommunikation, 1998, pp. 106-130.

moderno: a lógica do mercado de informação exige uma ampliação permanente desse mercado e, conseqüentemente, transforma tudo em "objeto de comunicação",[29] o que significa dizer que a realidade é transfigurada a partir dos interesses que estão em jogo.[30] O verdadeiro mundo se transforma, em última instância, em uma lenda: ela é o resultado de cruzamentos, da contaminação (no sentido latino) de diferentes imagens, interpretações e reconstruções que os meios de comunicação difundem, em concorrência entre si, sem nenhum ponto de coordenação.

Hoje, por toda parte surgem tentativas que apontam para uma visão mais larga da vida humana e que podem conduzir a paradigmas alternativos de vida. Repensa-se, por exemplo, a estrutura e a finalidade do conhecimento científico e seu sentido na vida humana. Nós vivemos, hoje, uma reviravolta profunda do pensamento: volta-se a refletir sobre a razão integral, sobre uma nova aliança do ser humano com a natureza,[31] sobre a razão comunicativa enquanto es-

---

[29] E, ao mesmo tempo, em objeto de consumo, em uma sociedade onde as massas se transformam em consumidores.

[30] Mais do que isso, a cultura entrou no mercado e transformou-se em um bem econômico, o que tornou-se possível através do avanço tecnológico. Fala-se, hoje, de mundialização da cultura como uma extensão da mundialização da economia. No entanto, a cultura mundializada é a cultura norte-americana, ou seja, a cultura de massa dos Estados Unidos, a que invade atualmente todos os povos, criando um estilo de vida que se torna universal e provocando um processo de folclorização das culturas tradicionais, agora objetos de curiosidade, isto é, transformam-se em mercadorias de turismo (cf. Bloom, *O declínio da cultura ocidental*, São Paulo, 1989).

[31] Cf. HÖSLE, V. Die Philosophie der ökologischen Krise. Moskauer Vorträge, München, Beck, 1991. KREBS, A. Ökologische Ethik I: Grundlagen und Grundbegriffe. In: J. Nida-Rümelin, org., *Angewandte Ethik. Die Bereichsethiken und ihre theoretische Fundierung*, Stuttgart, Kröner, 1996, pp. 346-385. N. M. Sosa, Ecologia e Ética, in M. Vidal, org., op. cit., pp. 783-795.

paço do diálogo possível entre as pessoas. Toda a modernidade pensou, de fato, a razão como uma subjetividade, que é fonte de determinação do outro de si. A subjetividade é a fonte de todo sentido e ela se determina e põe a si mesma na medida em que determina o outro e exerce seu domínio sobre ele. Então, o outro aqui já se revela sempre a partir da subjetividade: ele é instrumento de posição e de determinação da subjetividade, que só se conquista na medida em que o objetiva. O sujeito se faz sujeito na medida em que objetiva o outro de si.

A conclusão do pensamento pós-moderno foi clara: a razão é, essencialmente, um poder de manipulação, uma vez que só conquista a si mesma através de uma relação objetivante com a alteridade. O pensamento contemporâneo tem feito a tentativa de pensar a razão a partir de outra matriz: não mais a partir da consciência, e sim da linguagem.[32] Quem compreende conhecimento como um processo de entendimento lingüisticamente mediado entre sujeitos sobre os diferentes conteúdos, toma como elemento fundante não a postura de um sujeito manipulador do mundo e de si mesmo, mas as relações intersubjetivas entre os participantes de um evento.

Racionalidade, aqui, manifesta um sentido diferente do que foi tão acentuado na modernidade: trata-se, basicamente, de uma avaliação crítica das pretensões de validade que os sujeitos implicitamente levantam em suas relações

---

[32] Cf.: Oliveira, A. M. de *Reviravolta lingüístico-pragmática na filosofia contemporânea*. São Paulo, 1996. Habermas, J. *Wahrheit und Rechfertigung. Philosophische Aufsätze*. Frankfurt am Main, Suhrkamp, 1999.

recíprocas no processo de ação simbólica. A sociabilidade se produz, aqui, não por meio de uma subjetividade manipuladora, e sim a partir da exigência de um reconhecimento mútuo originário.

> Cada agente do processo comunicativo levanta a exigência originária de ser reconhecido como alguém capaz de captar sentido e de tomar posição a respeito do sentido comunicado, ou seja, ele se manifesta como exigência de reconhecimento de sua capacidade de autodeterminação a partir das razões por ele captadas. A prática comunicativa dos homens se radica, então, como sua condição de possibilidade, no reconhecimento da autonomia dos sujeitos, portanto, ela tem a liberdade como seu pressuposto fundante.[33]

Entrar em um processo comunicativo significa, então, reconhecer a inviolabilidade de cada sujeito humano, portanto, como alguém portador de um direito originário à autonomia, de onde emerge a exigência de construir uma sociedade solidária que torne efetivamente possível o reconhecimento mútuo dos sujeitos entre si. Com isso, a práxis humana revela-se não apenas como fazer, mas fundamentalmente como "agir", isto é, como construção ética do ser humano.

---

[33] Cf. Oliveira, A. M. de *Ética e racionalidade moderna*. São Paulo, Loyola, 1993. p. 91.

A mundialização e a emergência das diferenças

A economia internacional vive um processo de profundas mudanças,[34] provocadas pelo impacto[35] da introdução de novas tecnologias.[36] Trata-se, de fato, da consolidação de uma tendência já observável pelo menos desde o fim do século XIX: a ciência e a técnica se transformam no fator mais importante no processo de produção da riqueza, conseqüentemente o trabalho criativo, o trabalho intelectual, se põe no centro do processo de produção.[37] Hoje, os padrões de concorrência internacional são determinados a partir do elevado coeficiente tecnológico na produção pela adoção de tecnologias de automação flexível, a informática, a telemática, a robótica,[38] que provocaram um crescimento espetacular da produtividade do trabalho humano. Fundamentalmente, essa revolução[39] consiste na difusão de mecanismos orientados por computadores capazes de programar todo o

---

[34] Cf.: A. Giddens, *As conseqüências da modernidade*, op. cit.; J. Perraton; D. Goldblatt; D. Held; Die Globalisierung der Wirtschaft, in U. Beck, org., op. cit., pp. 134-168.

[35] Cf. Moura, P. C. *Construindo o futuro: o impacto global do novo paradigma*. Rio de Janeiro, Mauad, 1994.

[36] O que tem tornado possível uma diversificação e uma renovação permanente da produção. Os produtos tornam-se cada vez mais sofisticados e com duração muito curta. Fundamental, nesse contexto, é a criação dos mercados para os produtos, o que leva a uma importância enorme à publicidade.

[37] Cf.: Löbl, E. *Geistige Arbeit die wahre Quelle des Reichtums*, 1968. E. B. Kapstein, Arbeiter und die Weltwirtschaft, in: U. Beck, org., op. cit., pp. 203-227.

[38] Cf. Schaff, A. *A sociedade informática*; as conseqüências sociais da segunda revolução industrial. 4. ed. São Paulo, Unesp, 1993.

[39] Cf. Coutinho, L. A terceira revolução industrial e tecnológica: as grandes tendências de mudança. In: *Economia e Sociedade*, 1, 1992, pp. 81ss.

processo de automação. A tecnologia de informação torna-se, assim, o eixo fundante de todo o processo produtivo, o que significa dizer que a economia do futuro será, cada vez mais, uma economia da rapidez[40] e a sociedade se transforma em uma sociedade de serviços e do conhecimento.[41]

Tudo isso tem impactos enormes no mundo do trabalho,[42] pois antes de mais nada há uma exigência de níveis crescentes de qualificação da mão-de-obra, o que se constitui em elemento determinante para as novas decisões de investimento e, ao mesmo tempo, a diminuição da importância do trabalho vivo, que tende a desaparecer nas indústrias de tecnologia de ponta.[43] Mais do que nunca dois fenômenos se tornaram concomitantes: o crescimento do PIB e do desemprego e a exclusão social. Isso tem provocado um aumento muito grande da esfera do trabalho informal como, também, uma reestruturação profunda do mercado de trabalho, até porque a revolução tecnológica provocou a fragmentação do processo de produção com o aparecimento das fábricas-núcleo, de alta tecnologia e pouca mão-de-obra,[44]

---

[40] Daí, por exemplo, a toyotização do trabalho. Em J. Comblin, op. cit., p. 189: "Em lugar de fazer funcionar a cadeia de produção até o final, para que então se faça o controle dos produtos, os trabalhadores podem interromper em qualquer momento e em qualquer lugar, a cadeia, para corrigir um defeito. Dessa maneira se evita o desperdício".

[41] Cf. HARVEY, D. *A condição pós-moderna*; uma pesquisa sobre as origens da mudança cultural. São Paulo, Loyola, 1993.

[42] Cf. Oliveira, M. A. de A nova problemática do trabalho e a ética. In: BEOZZO, J. O., ed. *Trabalho, crise e alternativas*. São Paulo, CESEP/Paulus, 1995. pp. 136-163.

[43] Cf. GORZ, A. *Capitalisme, Socialisme, Écologie*. Paris, Galilée, 1991.

[44] Cf. WOMAK, J. P.; JONES, D. T.; ROOS, D. *A máquina que mudou o mundo*. Rio de Janeiro, Campus, 1992.

rodeadas de uma rede de microempresas, onde se terceirizam muitas tarefas do trabalho,[45] fazendo reaparecer formas já superadas de exploração brutal da força de trabalho.

Essa nova base tecnológica fez surgir uma configuração nova da economia mundial,[46] comumente chamada de "globalização"[47] ou "mundialização da economia", que contém dois momentos profundamente vinculados: em primeiro lugar, trata-se da divisão das diversas etapas da produção através da vinculação entre si de milhares de fábricas espalhadas em diferentes países, organizando, portanto, a produção em nível mundial e diminuindo fortemente a influência dos Estados nacionais nas decisões que afetam a vida econômica como um todo.[48] Depois, ela é "uma enorme interconexão dos mercados cambiais, financeiros, de títulos e valores que se tornou possível por sua desregulamentação e provocou fluxos maciços e continuados de capitais entre os principais centros financeiros do mundo".[49]

---

[45] Isso significa a descentralização da produção, que permite que as diferentes peças de um produto possam ser produzidas em diferentes partes do mundo. O desenvolvimento da informática tornou possível a comunicação imediata entre as diversas unidades produtivas.

[46] Cf. WHATEL, H. M. *Os mandarins do dinheiro*; as origens da nova ordem econômica supranacional. Rio de Janeiro 1988.

[47] Cf. Ianni, O. *A sociedade global*, op. cit.

[48] Em A. Mercadante, Movimentos populares e neoliberalismo: para além da resistência, in *Trabalho, crise e alternativas*, op. cit., p. 16: "A globalização vai restringindo as margens de manobra dos Estados-Nação, que perdem poder relativo por processos e forças supranacionais e infranacionais, como a regionalização da vida econômica, política e cultural".

[49] Cf. M. A. de Oliveira, op. cit., p. 136. Hoje, bilhões de dólares viajam através do mundo constantemente pelo jogo dos computadores, o que tirou das nações a possibilidade de controle de suas próprias moedas.

Isso conduziu a uma crescente interdependência de todas as economias, fazendo que nenhum país baste mais a si mesmo,[50] o que tem provocado não só o aparecimento de megaconglomerados, que operam visando o mercado total, como também a formação de macromercados, que são o resultado da formação de grandes blocos econômicos continentais, fazendo ressurgir a guerra econômica na tentativa de hegemonização do mercado mundial e tornando central a questão do tipo de inserção de cada país no todo desse sistema mundial. Dentro do novo patamar tecnológico, possuem vantagens aqueles que têm o controle da informação, do conhecimento técnico-científico e a capacidade de produção de mercadorias mais rentáveis nesse mercado mundial.

Todo esse processo social faz a humanidade como um todo se confrontar com uma questão básica: como garantir um mínimo de decência para a humanidade como um todo, superando a enorme barreira da exclusão social que deixa milhões de seres humanos marginalizados dos imensos avanços tecnológicos de uma minoria? Essa pergunta inquietante é ela mesma fruto da consciência, cada vez mais difusa, da dignidade incondicional da pessoa humana, que legitima direitos inalienáveis individuais e sociais e que conferem às vítimas de nossas formações sociais um privilégio ético. Por isso se aprofunda, em nossos dias, a idéia de que a democracia só é efetiva quando se realiza em um clima de respeito, reconhecimento e promoção dos direitos fundamentais do

---

[50] Cf. W. Streeck, Industrielle Beziehungen in einer internationalisierten Wirtschaft, in U. Beck, org., op. cit., pp. 169-202. Há, também, o aparecimento de paraísos fiscais, o que revela que vivemos em um tempo de especulação. Cf. Lambert Th., Paradis fiscaux, la filieère europénne, in *Le Monde diplomatique*, out.1994, pp. 8-9.

ser humano, ser que é fim em si mesmo, de tal modo que a organização do exercício do poder deve ter como objetivo último a efetivação da justiça nas relações intersubjetivas e nas relações com a natureza. Tudo isso aponta para a exigência de efetivação de uma nova ordem política mundial, capaz de enfrentar o problema da formulação planetária com soluções que tornem possível uma convivência racional de uma humanidade que, hoje, já existe como humanidade.[51]

O grande paradoxo[52] que marca esse mundo, cada vez mais comum, é a vingança das diferenças, que explodem, em primeiro lugar, por uma atitude que se tornou hegemônica na cultura contemporânea,[53] isto é, a convicção da impossibilidade de justificar os princípios fundamentais que são critérios de nossos conhecimentos e de nossas ações. Desaparece de nosso ambiente cultural a idéia mesma de uma racionalidade unitária: proclama-se a morte da razão una e única, e em seu lugar se estabelecem as múltiplas razões dos jogos de linguagem.[54]

O pensamento dito pós-moderno privilegia o particular, o mutável o contingente, portanto, a heterogeneidade e a diferença, a fragmentação e a indeterminação do pensar,

---

[51] Cf. O.Höffe, *Demokratie im Zeitalter der Globalisierung*. München, 1999.

[52] Mesmo no nível estritamente econômico é possível observar que, como diz J. Naisbitt, "quanto maior a economia mundial, mais poderosos são os seus protagonistas menores: nações, empresas e indivíduos" (J. Naisbitt, *Paradoxo Global*, Rio de Janeiro, 1994).

[53] Cf. Featherstone M., org. *Cultura global.* Nacionalismo, globalização e modernidade. Petrópolis, Vozes, 1994.

[54] O que, na opinião de G. Vattimo, é razão que leva ao "relativismo cultural", traço característico da sociedade contemporânea (cf. G. Vattimo, *Die transparente Gesellschaft*, editado por P. Engelmann, Wien, 1992, p. 52).

e manifesta profunda desconfiança em relação ao que considera o caráter nivelador e opressor de todo discurso universalista: o pluralismo das múltiplas razões substitui a razão totalizante da tradição e funciona como força de libertação na vida humana. O pensamento pós-moderno põe um subsistema da realidade ao lado do outro sem uma unidade capaz de explicitar a inteligibilidade do todo. Não há princípios universalíssimos que interliguem os diversos subsistemas, o que significa dizer que a pergunta sobre o sentido de nossas vidas permanece sem resposta. Essa posição nos põe diante de um desafio básico: é preciso pensar tanto a multiplicidade como a unidade, vê-las como pólos igualmente legítimos e necessários na constituição da realidade.

Uma nova consciência planetária

A mudança que se revela na mentalidade contemporânea não diz respeito apenas a novos modelos de efetivação do espírito científico da modernidade, mas vai muito mais fundo:[55] trata-se de uma nova compreensão da realidade enquanto tal, que está emergindo, o que nos leva a repor as questões básicas de nossas vidas. Foi pretensão clara da ciência da modernidade articular uma teoria na qual pudessem ser explicitadas as leis gerais que dariam inteligibilidade a todo o sistema solar. O universo era concebido como uma máquina gigantesca, regida por leis imutáveis e, por-

[55] É por isso que se diz ser a crise contemporânea não apenas crise de sistema e sim crise do padrão de civilização enquanto tal.

tanto, completamente determinada.[56] Nada poderia acontecer fora dessa lógica, que perpassa todas as realidades e subjaz a todos os acontecimentos.

A física subatômica, no século XIX passou da consideração dos objetos sólidos, das coisas para as interconexões ou correlações entre processos. Isso faz com que o universo passe a ser visto como uma enorme rede cósmica e dinâmica:[57] as entidades básicas são inteligíveis apenas em um contexto dinâmico de movimento, transformação e mútua interação. Matéria é movimentação permanente. O universo não é, então, uma máquina regida por leis imutáveis, mas uma totalidade dinâmica, em que as partes são mutuamente inter-relacionadas e constituem o processo cósmico, ou melhor, uma teia infinita de processos e eventos, uma totalidade em permanente evolução, um universo inquieto, um mundo processo.[58]

Superam-se, aqui, as dicotomias que marcaram o espírito estritamente analítico da racionalidade moderna:[59] não se está mais preocupado, em primeiro lugar, em isolar os

---

[56] O que, em princípio, segundo Laplace, tornaria possível a previsão de tudo o que vai ocorrer (cf. W. Stegmüller, *A filosofia contemporânea, introdução crítica*, São Paulo, EPU/Edusp, 1977, v. 2, p. 247).

[57] Cf. Hawking, W. S. *Uma breve história do tempo*. Rio de Janeiro, Rocco, 1988.

[58] O que nos levou, agora, a partir de uma nova ótica, a perguntar: Quem somos nós? Que lugar ocupamos na evolução global do cosmos?

[59] Em L. Boff, op. cit., p. 44: "Com isso se mostra irreal a separação rígida entre natureza e história, entre mundo e ser humano, separação que legitimou e consolidou tantos outros dualismos. Como todos os seres, o ser humano, com sua inteligibilidade, capacidade de comunicação e de amor, resulta, também ele, do processo cósmico. As energias e fatores cósmicos que entram em sua constituição possuem a mesma ancestralidade que o universo. Ele se encontra em uma solidariedade de origem e também de destino com todos os demais seres do universo".

fatos, mas, antes, em dar conta do fato de que todos os seres possuem uma unidade básica, pois todos têm a mesma origem e são constituídos dos mesmos elementos básicos. Tudo se relaciona com tudo nesse processo de expansão, cuja tendência básica é a complexificação. Nesse contexto, o ser vivo emerge caracterizado pela auto-configuração e autoreprodução. Ele se constitui uma totalidade orgânica, cujas partes têm funções diferenciadas e complementares,[60] em permanente contato com o meio-ambiente e aberto a novos patamares de evolução.[61]

Numa palavra, aqui deixa-se para trás a visão do universo como aquela máquina enorme composta de uma infinidade de corpos isolados uns dos outros e passa para o primeiro plano a idéia de um universo como um todo orgânico, dinâmico e indivisível, cujas partes estão em profunda vinculação umas com as outras, e por isso só podem ser entendidas como momentos do grande processo cósmico.

A análise[62] dá lugar à síntese: o universo revela sua unidade fundamental na medida em que é concebido como uma enorme teia de relações entre as várias partes de um todo unificado. O universo não é máquina, mas um único ser complexo, diverso, contraditório e dinâmico. Cada evento é influenciado pelo universo inteiro, está inserido na tota-

---

[60] Em um equilíbrio, sempre precário, entre ordem e desordem. Cf.: P. R. Ehrlich, *O mecanismo da natureza*, Rio de Janeiro, Campus, 1993, pp. 239-290; A. M. de Oliveira, Questões sistemáticas sobre a relação entre teologia e ciências modernas, in *Diálogos entre razão e fé*, São Paulo, Paulinas, 2000.

[61] Cf. WILSON, E. O. *A diversidade da vida*. São Paulo, Companhia da Letras, 1994. pp. 33-47.

[62] Típica da visão cartesiana do mundo que marcou profundamente a cosmovisão moderna.

lidade do processo e só pode ser entendido a partir daí. Nas partes está presente o todo e no todo as partes, o que significa dizer que o universo é uma totalidade feita de diversidades, uma síntese de contrários, um processo de desdobramento da razão, que vai se tornando transparente a si em suas diferentes figuras até chegar ao espírito humano, onde todo o processo cosmogênico toma consciência plena de si.

A educação exigida

Recuperação do sujeito histórico

A passagem rápida pelos desafios que emergem de nossa epocalidade histórica nos confirmam que a intuição básica de Paulo Freire conserva sua validade na medida em que possa ser traduzida dentro das especificidades que caracterizam o momento presente, ou seja, trata-se de encontrar uma configuração da educação que se confronte com um mundo marcado pela primazia do sistêmico, precisamente onde se revela a grande urgência do tempo presente: à morte do sujeito,[63] a educação, que é essencialmente processo de humanização,[64] tem de responder com o esforço para a re-

---

[63] Proclamada por diversas filosofias que pretendem superar a filosofia da subjetividade da modernidade e efetivada pela hegemonia do sistêmico em nossas sociedades (Cf. J. Habermas, *Der philosophische Diskurs der Moderne. Zwölf Vorlesungen*, Frankfurt am Main, Suhrkamp, 1985, sobretudo o capítulo sobre M. Foucault, pp. 279ss), [ed. bras.: *O discurso filosófico da modernidade*, São Paulo, Martins Fontes, 2000].

[64] Em A. M. de Oliveira, *Ética e práxis histórica*, São Paulo, Ática, 1995, pp. 109: "...a primeira preocupação da educação não pode ser com a formação dos funcionários de um sistema vigente, mas com o 'ato de personalização' da pessoa, com o processo de libertação da liberdade do homem: trata-se de dar ao homem um quadro referencial básico, onde ele possa situar-se ao agir no mundo".

construção do ser humano como sujeito, o que só pode ser feito na medida em que ela abre espaço para que a criticidade imanente à sua linguagem — o espaço em que o mundo se lhe revela —, se explicite e se desenvolva.[65]

O ser humano é ser inserido na totalidade dos seres, no universo, que é uma teia de relações, de tal forma que cada ser vive em vinculação com todos os outros. Mais especificamente, ele é sempre "ser-no-mundo", ou seja, experimenta a si mesmo realizado dentro de um modo específico de ser humano, portanto, de construir e interpretar sua própria realidade.

> O próprio processo de auto-experiência só é inteligível como processo de mútuo condicionamento entre o eu emergente e a totalidade histórica na qual ele se move, com todas as esferas da realidade que também nela emergem. Todo homem se encontra inserido num mundo histórico determinado, que foi condicionado por ações e pensamentos de outros homens, no qual ele age, fala e compreende.[66]

É esse passado, que continua agindo em seu presente,[67] que lhe fornece as condições de possibilidade de seu

---

[65] No mundo em que vivemos, a educação precisa, antes de tudo, reensinar as pessoas a perguntar, a admirar-se diante do óbvio. Em C. L. S. de Almeida, Educação como espaço de construção de sentido, in *AEC* 98, 1996, pp. 65. "Mas, parece que a nossa época vive uma inversão, porque também desaprendeu a perguntar, o que significa desaprender a arte do espanto e da admiração diante do novo, desaprender a dialogar. Sem porquês, sem espanto diante da vida, do diferente, sem admiração em face do novo, perdemos a grandeza da infância e nos tornamos 'adultos infantis' e, como tais, tendemos ao automatismo solipsista que marca nossa época".

[66] Cf. de Oliveira, M. A. *Filosofia transcendental e religião;* ensaio sobre a filosofia da religião em Karl Rahner. São Paulo, Loyola, 1984. pp. 204-205.

[67] Cf. Gadamer, H-G. *Wahrheit und Methode.* Grundzüge einer philosophischen Hermeneutik. 2. ed. Tübingen, Mohr (Siebeck), 1965. pp. 324ss. [ed. bras.: *Verdade e método: traços fundamentais de uma hermenêutica filosófica*. Petrópolis, Vozes, 1999].

agir teórico-prático na situação histórica que o envolve. Essa é uma totalidade sobre a qual ele não pode dispor, mas em relação à qual pode e é interpelado a tomar posição.

Isso revela ao ser humano a unidade de opostos que constitui o seu ser: em primeiro lugar, sua finitude originária.[68] Seu ser é fundamentalmente marcado pelo que ele mesmo não criou e que, antes, constitui o quadro básico de seu agir no mundo: marcado por determinada configuração corporal-biológica, pelo contexto sócio-histórico, pela língua, pela cultura gestada pelas gerações que o precederam, pelas formas de garantir sua reprodução material, pelo mundo simbólico que interpreta seu existir. O ser humano nunca é um sujeito puro, sem mundo e sem história, mas, antes, ser da inserção em contingências históricas, condicionado por seu mundo de experiências, pela forma específica em que foi socializado, pela tradição histórica em que se situou no mundo.

Por outro lado, ele pode tomar posição em relação a essa sua situação originária, o que se manifesta pelo ato de perguntar, de questionar. A pergunta é um ato inicial de transcendência sobre o contexto de nossa inserção[69] e traz, em seu bojo, a chance de um alargamento de perspectivas e de possibilidades. Com isso revela-se a provisoriedade estrutural de todo mundo histórico: o mundo é um sistema aberto, e a crítica manifesta precisamente essa possibilidade de transcendência que marca a vida humana.

---

[68] Cf. A. M. de Oliveira, *Ética e práxis histórica*. Op. cit., pp. 61ss.

[69] "A capacidade de se espantar e de se admirar é a capacidade de perceber o espaço da construção em aberto e de saber-se inacabado" (C. L. S. de Almeida, op. cit., p. 65).

O ser humano se revela, assim, como permanentemente para além do simplesmente dado, na direção de um horizonte mais vasto. Ele está sempre em um mundo, mas não está preso a ele, e a pergunta o situa na esfera do aberto, da tarefa constante de sua autoconstrução. Por essa razão, nenhuma realidade sócio-histórica pode, em princípio, levantar a pretensão de ser o espaço definitivo da vida humana, pois tudo pode ser ultrapassado pela crítica. O verdadeiro chão da vida humana é o espaço da possibilidade de um futuro a ser construído a partir do mundo histórico que o gerou: o ser humano é, sempre, dado e tarefa, necessidade e liberdade.

Nessa perspectiva, então, o ser humano emerge como o ser da inquietude fundamental: sempre determinado e marcado por uma abertura radical, de tal maneira que não encontra lugar definitivo no mundo. Por um lado, não existe vida humana sem mundo; por outro lado, o ser humano não se identifica pura e simplesmente com nenhum mundo. Por isso, sua vida é paradoxal:[70] um ser que em princípio põe em questão qualquer fronteira, só pode, no entanto, realizar-se em mundos limitados e finitos que medeiam seu ser.

Nisso se revela a razão originadora das perguntas humanas: o seu ser não está aí, mas precisa ser mediado pela ação, o que implica a pergunta por aquilo que dá sentido ao que o ser humano faz.

---

[70] Esse é o paradoxo fundamental da liberdade humana (cf. G. W. F. Hegel, *Grundlegung der Philosophie des Rechts*, editado por J. Hoffmeister, Hamburg, 1955).

> É o caráter da tarefa indefinida que o constitui como ser, que motiva o perguntar humano. Pela pergunta, o homem, enquanto indivíduo se destaca do dado, o qual se revela, então, em seu caráter de "dado", de "outro" do indivíduo, irredutível a ele, portanto, como "objetalidade"[...]. Trata-se, aqui, de um movimento circular de mediação recíproca: é impossível reduzir o mundo ao eu ou o eu ao mundo e, portanto, é impossível pensar o mundo sem o eu ou o eu sem o mundo.[71]

Esse movimento circular constitui, em última instância, a história e o ser humano; através da pergunta, guarda a permanente possibilidade de distanciar-se de qualquer forma específica desse movimento circular. Quando o ser humano pergunta, ele o faz no seio de uma linguagem determinada que é o *medium* de todo sentido, isto é, ele se constitui como sujeito em um espaço aberto de relações intersubjetivas, pois em toda fala estabelecemos, sempre, relações com outros. Numa palavra, a ação lingüística é, essencialmente, uma ação comunicativa, uma intersubjetividade lingüisticamente mediada. Tal ação comunicativa, na vida cotidiana consiste, basicamente, em um intercâmbio de atos lingüísticos, em que implicitamente, são sempre levantadas quatro pretensões de validade: a da compreensibilidade do enunciado, a de que o falante é veraz, a de que o conteúdo expresso na proposição é verdadeiro e a de que o falante agiu corretamente no emprego do ato lingüístico em questão. O que caracteriza aquilo que chamamos normalmente de consciên-

[71] M. A. de Oliveira, *Filosofia transcendental e religião*, op. cit., p. 210.

cia ingênua enquanto forma da consciência habitual, é que essas pretensões são aceitas sem problematização.

Racionalizar, nesse contexto, significa acarear a pretensão levantada, o que implica o abandono do contexto interativo usual e o ingresso em uma forma diferente de comunicação,[72] ou seja, a da comunicação mediada por procedimentos argumentativos. Nisso consiste, precisamente, a crítica, isto é, na problematização das pretensões de validade, o que pode ocorrer não só com proposições relativas a fatos, como é o caso nas ciências, mas também, por exemplo, nas proposições sobre normas e valores.

Nesse contexto, a educação necessária continua sendo aquela proposta por Paulo Freire, que consiste na "promoção inadiável da ingenuidade em criticidade",[73] o que, para nós, implica efetivar em todas as esferas da vida uma atitude argumentativa. Já num primeiro momento isso vai significar um enorme alargamento do conceito de racionalidade vigente na modernidade, pois, aqui, a racionalidade instrumental, enquanto manipulação eficiente, tornou-se universal e exclusiva.[74]

> O resultado a longo prazo desse processo é o mundo totalmente administrado e robotizado, onde o sujeito coisificado reduz-se a uma peça de máquina, cujo funcionamento se

---

[72] Cf. HABERMAS, J. *Vorstudien und Ergänzungen zur Theorie des kommunikativen Handelns*. 2. ed. Frankfurt am Main, Suhrkamp, 1986. pp. 104ss.

[73] Cf. P. Freire, op. cit., p. 92.

[74] O que provocou, com razão, a crítica pós-moderna. Ver J. Habermas, *Der philosophische Diskurs der Moderne*, op. cit.

rege por imperativos do próprio sistema, independentemente da consciência e da vontade dos sujeitos.[75]

A reação crítica a essa absolutização não pode significar a destruição da razão instrumental[76] na direção de um irracionalismo conformista,[77] já que ela é uma dimensão ineliminável na vida humana, mais precisamente na ampliação do conceito de razão, portanto da criticidade, a fim de que se entenda que o exercício da própria razão instrumental já foi, ele mesmo, possibilitado na medida em que os sujeitos humanos se liberaram do peso inibidor de suas tradições culturais e emergiram para discursos críticos, avaliadores das pretensões de validade que essas tradições lhes legaram.

Nesse sentido, uma educação capaz de se confrontar com os desafios do mundo presente é a que reconhece que a modernidade, apesar de todos os seus reducionismos em seu processo de efetivação, gestou as condições fácticas de possibilidade para a emergência de um sujeito autônomo,[78] que não se situa simplesmente dentro de um horizonte de sentido, previamente dado, e que lhe fornece uma interpretação

---

[75] Cf. A. M. de Oliveira, *Ética e racionalidade moderna*, São Paulo, Loyola, 1993, p. 93.

[76] "[...] a modernidade gerou outro processo de racionalização, abrangendo a esfera do Estado e da economia, que acabou se autonomizando do mundo vivido e se incorporou numa esfera 'sistêmica', regida pela razão instrumental" (S. P. Rouanet, Mal-estar na modernidade, São Paulo, Companhia da Letras, 1993, p. 14).

[77] Cf. S. P. Rouanet, op. cit., p. 120ss.

[78] Portanto, a modernidade "emancipou o homem do jugo da tradição e da autoridade, e permitiu que ele próprio decidisse, sujeito unicamente à força do melhor argumento, que proposições são ou não aceitáveis, na tríplice dimensão da verdade (mundo objetivo), da justiça (mundo social) e da veracidade (mundo subjetivo)" (S. P. Rouanet, op. cit., p. 14).

global da vida, mas que abriu espaço para um procedimento crítico, o que significa dizer, em última análise, espaço para a emergência da força de emancipação da razão na vida humana. Numa palavra, a crítica radical, de que mais do que nunca precisamos, aponta para uma visão mais radical e mais abrangente da racionalidade humana, capaz de recuperar a riqueza de suas diversas dimensões.

Educar, afirmou Paulo Freire, é desenvolver a criticidade, isto é, capacitar-se a denunciar, diria S. P. Rouanet, "a desrazão travestida de razão",[79] portanto, a capacidade de percepção dos limites da razão humana, o que significa dizer o reconhecimento da irracionalidade em que ela muitas vezes se move e a força de resistência para se libertar do irracional. Educar é, assim, tornar as pessoas capazes de detectar e criticar a irracionalidade presente no próprio sujeito, no mundo das instituições da vida social, como nos discursos humanos que se pretendem racionais, o que só se faz possível na medida em que os sujeitos da interação social aprendem a conduzir suas vidas radicados em procedimentos argumentativos com vista à consecução de consensos fundados.

A razão, hoje tão radicalmente criticada, na realidade é uma forma encurtada, reducionista de razão, a razão instrumental absolutizada, uma razão monológica, que tende a submeter todas as esferas da vida humana a seus critérios[80] e, mais ainda, enquanto exclusiva, tende a negar a existência

---

[79] Cf. Rouanet, S.P. *As razões do Iluminismo.* São Paulo, Companhia das Letras, 1987. p. 12.

[80] Cf. J. Habermas, *Der philosophische Diskurs der Moderne*, op. cit., pp. 344ss.

possível de racionalidade em outras esferas da vida humana. Uma educação digna desse nome, em nosso mundo, é a que alimenta a reflexão questionadora e a vontade de transformar um mundo que se afastou da razão; portanto, uma educação que abre a vida toda à razão.

A centralidade do ético

A educação está, desde sempre, inserida no mundo "prático" das interações sociais, isto é, no mundo dos processos de entendimento entre os homens, dos costumes gestados e das tradições, de instituições consolidadas no tempo e que se fizeram normativas na existência dos seres humanos. Numa palavra, a educação situou-se no mundo da práxis e mostrou-se, em primeiro lugar, como processo de distanciamento crítico das pretensões de validade que se traduziram, historicamente, enquanto formas de convivência humana, constituindo o mundo em que ela mesma se encontra enraizada. Trata-se, assim, em primeiro lugar, de passar da forma originária de sociabilidade radicada na aceitação acrítica de cosmovisões e padrões de comportamento transmitidos pela tradição a uma sociabilidade discursiva, em que se gesta uma forma nova de comunicação entre os sujeitos, ou seja, aquela em que se articulam argumentos na busca de um consenso fundado.

Nesse horizonte de pensamento, a educação revela-se, antes de mais nada, como a promoção de uma postura reflexiva diante de qualquer dado, uma vez que, em princípio, tudo pode ser problematizado em relação à sua validade, o que implica a criação de uma nova mentalidade como atitude fundamental de vida: a exigência de argumentação justificante para a aceitação de pretensões de validade. A educação se põe, assim, no seio da sociedade e da história, ali onde está em jogo a conquista da humanidade do ser humano.

Por essa razão, é tarefa sua conciliar de forma adequada,[81] duas formas básicas do existir humano no mundo: a esfera da instrumentalidade enquanto manipulação técnica dos processos naturais e sociais, e a esfera ética enquanto processo de formação, cujo objetivo fundamental é a conquista da maioridade e da liberdade efetiva das pessoas.[82] Essa é a esfera de uma praticidade diferente da prática própria à razão instrumental, pois aqui estão em jogo as normas reguladoras do sentido das ações humanas enquanto tais e até as situadas na esfera da razão instrumental.

Nesse nível se revela mais claramente a razão última de ser do processo educativo: possibilitar a emancipação pela mediação de uma reflexão crítica. Tal processo está, portanto, radicalmente vinculado à conquista da autonomia dos seres humanos, um processo interessado na efetivação autêntica do ser humano, o que significa dizer interessado na efetivação da razão na vida histórica do ser humano; numa palavra, interessado na superação da irracionalidade exis-

---

[81] No sentido do jogo de opostos da dialética, buscando um ponto de vista superior capaz de deixar de lado a fraqueza de ambos os opostos, guardando sua riqueza em um nível superior.

[82] "Os impactos da nova conjuntura sobre a vida humana como um todo nos ajudam a compreender que a educação é, também ela, uma totalidade concreta, isto é, uma síntese de opostos, e o grande desafio da hora presente é exatamente a questão de como equacionar de forma adequada seus momentos constitutivos" (A. M. de Oliveira, Qual educação?, in O professor necessário na construção da cidadania, *AEC* 60, 1996, p. 29).

tente, o que implica criar nas pessoas uma postura de resistência a todo tipo de dogmatismo, de escravidão, de discriminação, de toda forma de humilhação da dignidade do ser humano e de desrespeito à natureza.

Isso pressupõe a superação das dicotomias da filosofia moderna da subjetividade[83] e, de modo muito especial, a dicotomia entre ser humano e natureza, de tal modo que se possa afirmar que, enquanto tais, ser humano e natureza são realizações diferenciadas da mesma razão universal que tudo perpassa e constituem, em sua relacionalidade fundamental, a realidade una. Por essa razão, não se pode pensar ser humano e natureza como duas esferas do real inteiramente separadas, mas, antes, como essencialmente integradas, já que marcadas pelos mesmos princípios fundamentais, o que implica dar primazia à comunhão ontológica básica.[84]

Uma educação que leve a sério a nova consciência planetária e que levante a pretensão de tornar possível o situar-se corretamente em nosso mundo terá de ajudar as pessoas a captar a realidade como uma unidade de opostos, ou seja, a perceber que ser humano e natureza se manifestam em sua diferença: o ser humano, enquanto capaz de captar o sentido tanto da natureza como de si mesmo, transcende fundamentalmente a natureza, mesmo sendo parte dela. A transcendência revela o ser humano como ser do sentido, que situa

---

[83] Também daquela que se transformou em filosofia da intersubjetividade, como em J. Habermas e K-O. Apel.

[84] Cf. A. M. de Oliveira, *Ética e práxis histórica*, op. cit., pp. 138ss.

todo e qualquer dado em um horizonte de significação, e que age a partir do sentido captado. Por essa razão ele é o ser da responsabilidade, pois é capaz de decisões livres.

Aqui, educação significa elevar o ser empírico, individual e situado, à esfera da universalidade, ou seja, do reconhecimento da alteridade de cada ser de acordo com sua forma própria de ser, detectando em cada qual um valor em si mesmo por sua participação na razão universal.

Educação é, então, processo de universalização, o que implica abrir espaço para que as ações das pessoas possam realizar-se em coerência com a totalidade da realidade, ou seja, em sintonia com o particular maior do que o indivíduo (família, sociedade civil, Estado) e com o universo como um todo. Ser educado significa, assim, saber situar-se corretamente em relação às pessoas e à natureza numa perspectiva de reconhecimento universal. A educação deve apontar para a comunhão universal dos seres humanos uns com os outros e com a natureza de que são parte integrante.

O reconhecimento universal não é, contudo, algo indiferenciado, mas implica que cada ser seja reconhecido de acordo com seu grau de ser, o que tem como conseqüência o compromisso com a dignidade maior da vida humana, mas também a exigência do respeito básico à natureza, que só pode ser destruída em função da defesa da vida humana e não em função da satisfação de desejos vinculados a interesses puramente particulares, que de forma alguma podem estar em coerência com o todo da realidade.

Uma educação integral terá de partir do próprio chão da vida humana: o ser humano é um ser vivo e, portanto, com a necessidade de reproduzir-se, o que significa dizer que o processo de sua autoconstrução começa com a luta pela conquista das condições materiais de vida, o que faz com que o fim básico da atividade econômica seja a busca da qualidade de vida.[85] Nessa perspectiva, a educação tem de desenvolver um respeito grande a todo e qualquer trabalho humano enquanto atividade a serviço da satisfação das necessidades fundamentais da vida humana,[86] sobretudo diante do fato desastroso de um mundo marcado por uma economia com altíssimo grau de desenvolvimento tecnológico, organizada, em nível mundial, como um sistema que funciona em função de si mesmo, convivendo com milhões de pessoas que têm sua vida ameaçada por falta de condições de uma vida decente. A forma atual de organização da convivência humana conduziu à exploração de milhões de pessoas no mundo, e da natureza, considerada destituída de qualquer valor a não ser quando trabalhada pelo ser humano. Nesse contexto, a educação tem ela mesma de provocar uma práxis de libertação enquanto restabelecimento da coerência universal.

Nessa ótica, a educação se propõe a configuração de um mundo humano enquanto possibilitador do espaço de liberdade. O ser humano é tarefa permanente e, ao mesmo tempo, já sempre de certa forma realizado pela mediação de sua práxis, Daí a tensão estrutural que marca seu ser, situado no horizonte ilimitado que vai se efetivando em mundos históricos essencialmente finitos. Sendo assim, o ser humano é fundamentalmente mediação e, por essa razão, a mediação é a questão central de seu existir histórico.

---

[85] Cf. A. M. de Oliveira, *Ética e Economia*, op. cit., pp. 67ss.

[86] Cf. Oliveira, A. M. de. A nova problemática do trabalho e a ética. In: Beozzo, J. O. *Trabalho, crise e alternativas*. São Paulo, CESEP/Paulus, 1995. pp. 136-163.

Encontrar mediações para a liberdade capazes de superar as diferentes formas de mal existentes em seu mundos históricos, tal é a questão básica da vida humana. Por isso, a educação também está fundamentalmente comprometida com a liberdade e suas mediações: trata-se de construir personalidades engajadas na criação de mediações históricas possibilitadoras da realização do ser humano como ser livre em todas as dimensões de seu existir.

Esse processo começa no plano da configuração das relações intersubjetivas, na medida em que o indivíduo compreende que só conquista seu ser elevando-se à esfera da comunhão das liberdades, portanto do reconhecimento recíproco da igual dignidade, o que implica a eliminação de qualquer forma de negação da alteridade. A autoconquista do ser humano se efetiva através da construção de uma sociabilidade radicada na solidariedade universal, concretizada pela criação de estruturas econômicas, políticas, sociais e culturais capazes de erradicar a pobreza no mundo e tornar possível o desenvolvimento social.

A liberdade não é algo alcançado uma vez para sempre, mas processo sempre recomeçado enquanto processo de efetivação da liberdade nas contingências da história. A educação é, então, processo permanente, sempre inconcluso, como inconcluso é o processo de busca de mediações que tornem a liberdade possível enquanto construção de um mundo que efetive a comunhão intersubjetiva pela eliminação das opressões, como também a comunhão com o processo cósmico universal. Uma educação para a liberdade só poderá ser radical quando for capaz de unificar na diferença a conquista da justiça social e a conquista da justiça ecológica.

Capítulo 3

UMA RELEITURA DA EDUCAÇÃO NA ÓTICA DA VIDA

O saber da modernidade: saber empírico e experimental a serviço do projeto de dominação do mundo

A cultura contemporânea é fundamentalmente marcada pela hegemonia de uma visão da realidade, em sua totalidade impregnada pelo espírito das ciências modernas. Sem dúvida, a história dos últimos séculos demonstra um sucesso e uma influência cada vez mais profunda dessas ciências em todas as dimensões da vida humana, de tal forma que se tornou comum a convicção de que todo saber sobre o real é saber empírico. No início do século XX, o círculo de Viena[1] defendia a tese de que o progresso no conhecimento filosófico só existe na medida em que a filosofia adota a forma de proceder das ciências empíricas e submete suas teses ao teste por meio da observação. O pressuposto dessa posição é

[1] Cf.: STEGMÜLLER, W. *A Filosofia contemporânea.* São Paulo, EPU/Edusp, 1977. v. I, pp. 274-329. KRAUTH, L. *Die Philosophie Carnaps.* Wien, Springer, 1970. OLIVEIRA, M. A. de. *A reviravolta lingüístico-pragmática na filosofia contemporânea.* São Paulo, 1996. pp. 71-91.

uma nova concepção de racionalidade, pois, para as ciências modernas, racional não é o real mesmo (como pensavam Platão e Aristóteles), nem a estrutura da subjetividade finita (como pensava Kant), mas simplesmente os procedimentos com os quais procuramos solucionar teoricamente nossos problemas.[2]

A primeira conseqüência daí derivada é a afirmação da falta de sentido de todo conhecimento que não tenha na experiência a sua instância de validade, ou seja, da filosofia, como a tradição a concebeu, e da teologia, uma vez que a experiência é fonte única do conteúdo de nosso conhecimento. O racionalismo crítico[3] fez um grande deslocamento nessa discussão na medida em que renunciou estabelecer um critério de sentido para as sentenças da linguagem humana e concentrou-se no problema do estabelecimento da especificidade do conhecimento científico, que é precisamente a referência à experiência como a instância de teste da validade de nossas produções teóricas, o que torna impossível a demonstração definitiva de sua verdade e explicita o caráter essencialmente hipotético e conjectural de todo e qualquer conhecimento científico.

Além disso, o objetivo mesmo do saber é profundamente transformado: não se trata mais de revelar as estruturas fundamentais do real, mas o que está aqui em jogo é a imposição da subjetividade sobre as coisas, sobre o mun-

---

[2] Cf. Horkheimer, M. Mittel und Zwecke. In: *Zur Kritik der instrumentellen Vernunft*. Frankfurt am Main, Athenäum-Fischer-Taschenbuch-Verlag, 1974. pp. 15-62.

[3] Cf.: Popper, K .R. *The logic of scientific discovery*. New York, Harper Torchbooks, 1968. Albert, H. *Tratado da razão crítica*. Rio de Janeiro, Tempo Brasileiro, 1976.

do.[4] Portanto, o saber não é mais revelação do ser de todas as realidades, de seu sentido, e sim projeto de manipulação de tudo pelo ser humano. Por essa razão, o objetivo da ciência moderna consiste em apropriar-se de informações que permitam ao ser humano ampliar seu controle sobre o real. Nesse sentido, o horizonte que estrutura e orienta esse saber é tecnológico: trata-se, basicamente, de possibilitar a intervenção eficaz do ser humano no mundo natural e social. É em função disso que ele procura tematizar as conexões causais entre determinadas causas e seus respectivos efeitos. Tal é o quadro de referência a partir do qual esse saber interpreta o real, que agora se manifesta como matéria da ação do ser humano: destituído de essência, de qualidade e de fins, encontra-se aberto à ação do ser humano que lhe impõe os fins por ele estabelecidos. Isso tem como resultado a absolutização desse tipo de racionalidade, a racionalidade instrumental e a atrofia da racionalidade normativa pela qual o ser humano legitima o sentido de suas ações.

A sociedade que temos hoje é produto da hegemonia desse novo tipo de saber, tanto na vida pessoal como na vida coletiva, o que significa dizer que nossa civilização, em suas raízes, é uma civilização técnico-científica vinculada a um modo determinado de organizar o processo produtivo, ou seja, vinculada ao capitalismo de tal maneira que a vinculação entre ciência moderna, técnica moderna e economia capitalista constitui a estrutura fundante das

---

[4] Cf. Oliveira, M. A. de. O positivismo tecnológico como forma da consciência contemporânea. In: *A Filosofia na crise da modernidade.* São Paulo, Loyola, 1989. pp.73-83.

sociedades modernas.[5] Numa palavra, todo esse processo civilizatório é marcado por uma concepção subjacente do ser humano, visto antes de mais nada como um ser de necessidades, e sua felicidade vai consistir, então, na satisfação dessas necessidades.

O saber só tem sentido na medida em que possa contribuir para a realização desse objetivo fundamental enquanto abre espaço para o controle universal de fenômenos, e, com isso, para a efetivação no mundo dos fins estabelecidos pelo ser humano, todos eles subordinados a um fim primeiro, que orienta todo o processo, isto é, a acumulação de riquezas, a valoração do valor. Nessa perspectiva, todas as dimensões da vida humana são abertas a um processo de cientifização, o que transforma todas as questões humanas em questões técnicas, reduzindo a dimensão ética à esfera do arbítrio de cada indivíduo, de tal modo que uma das patologias fundamentais da sociedade contemporânea está na desproporção entre o enorme poder que o ser humano acumulou em suas mãos pelo desenvolvimento tecnológico e o atrofiamento da consciência ética precisamente no momento em que ela se torna mais necessária.[6]

---

[5] Cf. HÖSLE, *V. Philosophie der ökologischen Krise. Moskauer Vorträge*, München, Beck, 1991. p. 44.

[6] Cf.: APEL, K-O. A situação do ser humano como problema ético. In: *Estudos de moral moderna*. Petrópolis, Vozes, 1994. pp. 193-222. JONAS, H. *Das Prinzip der Verantwortung. Versuch einer Ethik für die technologische Zivilisation*. Frankfurt am Main, Insel-Verlag, 1979. JÚNIOR, O. G. Hans Jonas: o princípio de responsabilidade; ensaio de uma ética para a civilização tecnológica. In: *Cadernos de História e Filosofia da Ciência*, Série três, v. 6, n. 2, 1996, pp. 63-84.

Essa forma de organização da vida social está, hoje,[7] marcada por uma dinâmica que leva a grandes transformações pela difusão acelerada de inovações tecnológicas, financeiras e organizacionais. Um dos efeitos mais visíveis é a consolidação do capitalismo, enquanto sistema mundial, por meio da globalização[8] (os franceses preferem chamar de mundialização)[9] das atividades econômicas, que efetiva em nível mundial uma conexão intrincada dos diferentes mercados.[10] Essa imbricação tornou-se possível pela desregulação dos sistemas financeiros, de tal modo que, hoje, as finanças têm primado no sistema, embora a especulação global não possua qualquer coordenação: há trilhões de dólares girando o mundo em busca de lugares mais propícios à sua valoração e isso provoca uma dependência dos diferentes países em relação ao financiamento de seus processos de desenvolvimento, além do fato extremamente explosivo de que qualquer movimento nos mercados financeiros está em condições de liquidar uma economia nacional.

---

[7] Cf.: Castel, R. *As metamorfoses da questão social*; uma crônica do salário. Petrópolis, Vozes, 1998. Kurz, R. *Os últimos combates*. 4. ed. Petrópolis, Vozes, 1998.

[8] Cf.: Oliveira, M. A de. A globalização e a problemática do Terceiro Mundo. In: *Revista de Educação AEC*, n. 100, 1996, pp. 46-68. Beck, U. *Was ist Globalisierung?*. Frankfurt am Main, 1997. Beck, U., org. *Perspektiven der Weltgesellschaft*. Frankfurt am Main, 1998.

[9] Cf. Chesnais, F. *A mundialização do capital*. São Paulo, Xama, 1996.

[10] Cf. Hirst, P. & Thompson, G. *Globalização em questão*. A economia internacional e as possibilidades de governabilidade. Petrópolis, Vozes, 1998.

Uma das conseqüências mais graves dessa situação nova é que a internacionalização[11] acelerada da economia diminuiu consideravelmente as possibilidades de controle dos processos econômicos por parte dos Estados nacionais, de tal forma que decisões importantes que afetam a vida de milhões de pessoas são hoje tomadas sem o menor controle democrático, no momento em que o mundo, por meio da revolução no campo das comunicações, transformou-se em uma conexão de redes globais informatizadas de gestão, possibilitando a interconexão instantânea dos diferentes agentes econômicos em todo o planeta.

A grandeza do processo produtivo contemporâneo pressupõe investimentos gigantescos, o que tem provocado a fusão de empresas até de diferentes países e, portanto, a formação de alianças tecnológicas em nível mundial, consolidando a nova revolução tecnológica, que tem no complexo microeletrônico seu motor principal. As conseqüências na esfera do trabalho são enormes: o novo padrão tecnológico provoca o desemprego estrutural em proporções dificilmente encontráveis em outras épocas da história humana[12] e isso, sem dúvida, constitui a questão social central do início de um novo milênio. Praticamente em todo o mundo cres-

[11] Para Hirst e Thompson não há propriamente uma economia globalizada e sim certa intensificação dos processos de internacionalização. Nessa perspectiva, a globalização aparece como um mito destinado a legitimar uma atitude de passividade diante das forças internacionais. (cf. P. Hirst & G. Thompson, *Globalização em questão*, op. cit.).

[12] Há, hoje, segundo dados da OIT, 40 milhões de desempregados só nos países da OECD e, no mundo, algo em torno de 750 milhões de "excluídos" de todo tipo. Pode-se, por isso, falar de uma "revanche do capital contra a autonomia política do mundo do trabalho" (cf. J. L. Fiori. *Os moedeiros falsos*, 3. ed., Petrópolis, Vozes, 1997, pp. 79-80).

ceram as massas descartáveis como conseqüência dessa revolução tecnológica posta a serviço dos interesses do capital e os países que ficaram fora desse processo perderam sua significação no contexto desse tipo de economia, uma vez que os critérios de seleção para os investimentos mudaram radicalmente, ocupando lugar central hoje, como, por exemplo, a existência de consumidores de grande poder aquisitivo, o que diminuiu as chances de crescimento dos países pobres ou com grandes massas empobrecidas.

Nesse contexto de mudanças, tornou-se hegemônica uma teoria econômica, o neoliberalismo,[13] que havia sido elaborada durante a Segunda Guerra Mundial sem grande sucesso, e cuja preocupação fundamental não é mais a reprodução da vida humana e sim a questão da eficiência na alocação de recursos escassos para responder às preferências dos que podem consumir, da competitividade e dos equilíbrios macroeconômicos. Sua pretensão de base é ser a única explicação possível do funcionamento de uma economia complexa, por ser capaz de detectar o mecanismo fundamental que pode fazer tal economia funcionar com racionalidade, ou seja, o mercado. Esse é, praticamente, um sistema de informações que evita a anarquia em uma economia constituída por milhares de agentes e capaz de coordenar, de forma sistêmica, suas ações diferenciadas. Em tal perspectiva, a harmonia da produção é o efeito exclusivo não consciente

---

[13] "Essa é, hoje, indiscutivelmente, a visão hegemônica dos fatos nos meios acadêmicos latino-americanos [...].Uma convicção tão generalizada até recentemente que esvaziou o debate político-partidário, dizimando as oposições e criando a impressão da existência de um *consenso* sem precedentes. Uma 'revolução intelectual' que avança sustentada na idéia de que 'não existe outra alternativa." (J. L. Fiori, op. cit., pp. 66).

do automatismo do mercado:[14] pela mediação do processo de interação entre as inúmeras ações individuais destinadas a perseguir os interesses próprios de cada indivíduo acontece, espontaneamente, a coordenação das ações desses diferentes agentes pelo sistema de preços. Para que, então, o mercado possa cumprir sua finalidade, ele deve ser liberado de todas as amarras que as gerações anteriores criaram com a intenção de domá-lo e orientá-lo. Daí os processos acelerados de desregulamentação, abertura comercial e bancária das economias, quebra dos monopólios estatais e privatização.[15]

O Brasil, com 40,9% de sua população vivendo em situação de pobreza, com renda *per capita* mensal inferior a 60 dólares, ou seja, com 9 milhões de famílias enfrentando diariamente o problema da fome, com quase três milhões de crianças entre 10 e 14 anos e 4,4 milhões entre 15 e 17 anos trabalhando, e milhões vivendo nas ruas sem nenhuma perspectiva de futuro — portanto um país que gera não-cidadãos, não-pessoas[16] — foi literalmente invadido pela nova

---

[14] Daí o reaparecimento em nosso século da idéia do "Estado mínimo", que constituiu o cerne da doutrina liberal do século XVIII (cf. M. A. de Oliveira, Locke: "A emergência do 'indivíduo livre' no horizonte do ético". In: *Ética e sociabilidade*, 2. ed., São Paulo, Loyola, 1996, pp. 110-129).

[15] Cf. Krugman, P. Dutsch Tulips and Emerging Markets. In: *Foreign Affairs*, jul./ag., 1995, pp. 28-45.

[16] Há autores que apontam para a ambigüidade da categoria "exclusão social", pois os excluídos são fruto de diferentes processos de inclusão no sistema capitalista: Em J. de S. Martins, *Exclusão social e a nova desigualdade*, São Paulo, 1997, pp. 14ss.: "Por isso, rigorosamente falando, não existe exclusão: existe contradição; existem vítimas de processos sociais, políticos e econômicos excludentes; existe o conflito pelo qual a vítima dos processos excludentes proclama seu inconformismo, mal-estar, sua revolta, sua esperança, sua força reivindicativa e sua reivindicação corrosiva. Essas reações, porque não se trata estritamente de exclusão, não se dão fora dos sistemas econômicos e dos sistemas de poder".

revolução tecnológica e teve sua economia organizada em forma de sistema mundial,[17] o que agravou a dinâmica econômica interna, que já funcionava para tornar os ricos mais ricos e os pobres mais pobres. Ou seja, a nova estratégia socioeconômica, conduzida por políticas neoliberais com programas especiais de ajuste econômico sob a direção do Fundo Monetário Internacional e do Banco Mundial, continuou gerando e aprofundando os níveis já existentes de desigualdade,[18] subemprego, flexibilização e precarização do trabalho, que está criando inúteis ao processo de produção, e deterioração da qualidade de vida de vastos contingentes populacionais em indicadores da saúde, educação, habitação e saneamento, crescimento da economia informal, pobreza, exclusão[19] e anomia social,[20] embora também haja

---

[17] Em J. L. Fiori, op. cit., p. 16: "[...] a globalização não é um processo completamente apolítico, envolvendo desde os anos 80 pressões crescentes de governos e organismos multilaterais sobre a condução doméstica das economias periféricas. Por isso os ajustes nacionais tampouco são puramente econômicos. Os Estados nacionais têm de optar e decidir como se conectam à nova realidade".

[18] O Brasil ocupa no mundo o penúltimo lugar em termos de concentração de renda e, na nova estratégia, a própria seguridade social é vista como prejudicial à competitividade do Brasil nos mercados internacionais. Veja: L. E. Wanderley, "A questão social no contexto da globalização: o caso latino-americano e caribenho. In: L. Bógus & M. C. Yazbek & M. Belfiore-Wanderley; *Desigualdade; a questão social*, São Paulo, 1997, pp.49-159. C. Furtado, *O capitalismo global*, 4. ed., Rio de Janeiro, Paz e Terra, 2000.

[19] "A exclusão social torna-se apartação quando o outro não é apenas desigual ou diferente, mas quando o outro é considerado como 'não-semelhante', um ser expulso, não dos meios modernos de consumo, mas do gênero humano" (E. P. Nascimento, Modernidade ética: um desafio para vencer a lógica perversa da exclusão, in *Proposta*, n. 65, Rio de Janeiro, 1995, p. 25).

[20] "O processo de concentração de riquezas e de poder nas minorias ricas e de aumento dos pobres, com suas seqüelas dramáticas, espelha bem minha proposição inicial da continuidade da questão social de longa duração, calcada na desigualdade e injustiça estruturais [...] desafio maior que é um repto para todos nós" (L. E. Wanderley, op. cit., p. 126).

alguns sinais de melhoria no desenvolvimento humano, como, por exemplo, diminuição da mortalidade infantil e materna, aumento da esperança de vida etc.[21]

Isso tem provocado um desenvolvimento brutal das mais diferentes formas de violência e criminalidade organizada, do uso de drogas com milhões de vítimas, sobretudo jovens das massas urbanas, mulheres e crianças. Além disso, esses processos provocaram recessão industrial sem perspectivas de crescimento sustentável, desarticularam muitas cadeias setoriais da indústria, que, aliás, foi intensamente desnacionalizada, ainda com a agravante de que os passivos externos se avolumaram, cobrando um pesado serviço anual de juros e lucros. Constrói-se, assim, uma sociedade submetida unicamente aos imperativos da rentabilidade do capital,[22] embora seja um dado extremamente positivo a volta dos processos de democratização depois da ditadura militar e o fortalecimento da sociedade civil em diferentes níveis. Alguns analistas de nossa realidade social tiram daqui conclusões muito graves, como é o caso de L. E. Wanderley:

> Há uma questão social ampla, histórica e estrutural, irresolúvel, na sua totalidade, nos marcos da formação social capitalista realmente existente. Se nos países centrais

---

[21] Dados citados pelo próprio *Relatório Nacional Brasileiro para a Cúpula Mundial para o desenvolvimento social*, Copenhague, 1995.

[22] Cf.: Zimmerli, W. Ch. Assländer, M., Wirtschaftsethik. In: Nida-Rümelin, J. *Angewandte Ethik. Die Bereichsethiken und ihre theoretische Fundierung. Ein Handbuch.* Stuttgart, Kröner, 1996. pp. 290-344. Camacho, I. *Economia e Moral*, in M. Vidal, org., op. cit., pp. 663-682.

houve possibilidades de equacioná-la em patamares mais justos e igualitários, ora em retrocesso, em nossos países, mesmo reconhecendo certas conquistas sociais, os patamares estão muito aquém dos mínimos necessários.[23]

Nesse novo contexto societário surgiram questões novas, outras já existentes emergiram e constituem desafios fundamentais, como, por exemplo: 1) a questão da mulher, por causa de inúmeras formas de discriminação, muitas vezes seculares, em sociedades fundamentalmente androcêntricas;[24] 2) a questão ecológica: a tomada de consciência da possibilidade de uma catástrofe ecológica levou a um posicionamento crítico diante do tipo de processo civilizatório que a modernidade construiu; 3) a questão das minorias de raça, etnia e sexo, cujas vítimas apareceram reivindicando direitos na cena pública.[25]

O espaço da ação política se amplia consideravelmente com a emergência, na cena pública, das vítimas das diferentes formas de discriminação.

---

[23] Cf. L. E. Wanderley, op. cit., p. 131.

[24] Cf.: Pauer-Studer, Ethik und Geschlechterdifferenz, in J. Nida-Rümelin, op. cit., pp. 86-136. Pintos, M. M. & Tamayo-Acosta, J. J. A mulher e os feminismos. In M. Vidal, org., *Ética teológica; conceitos fundamentais*. Petrópolis, Vozes, 1999. pp. 473-485.

[25] Cf. Habermas, J. Über den internen Zusammenhang von Rechtsstaat und Demokratie. In: *Die Einbeziehung des Anderen*. Studien zur politischen Theorie. Frankfurt am Main, Suhrkamp, 1996. pp. 293-305.

Conseqüências para a concepção e a prática educativas

Sem dúvida alguma, esse contexto societário tem conseqüências enormes sobre a cultura e o ensino. Antes de mais nada, o próprio impacto das novas tecnologias de comunicação sobre o contexto cultural de nosso tempo:[26] a palavra transforma-se em imagem e permite a transmissão de efeitos estéticos não verbais e, através disso, o cultivo de emoções e sentimentos, como também a sutil apresentação de valores segundo os fins propostos pelo processo societário, que devem informar a condução da vida das pessoas.[27]

No próprio processo de ensino já começamos a sentir os efeitos do que A. Schaff[28] chamou de "autômatos falantes", capazes de transmitir conhecimentos em diversos campos e de estarem programados para estabelecer um diálogo com os estudantes. Uma pergunta paira no ar: como vai ser o ensino com a introdução, agora acelerada, de técnicas informáticas no próprio processo de aprendizagem? Como será a configuração da aprendizagem na era em que as fun-

---

[26] Cf.: CONNOR. St. *Cultura pós-moderna*; introdução às teorias do contemporâneo. São Paulo, Loyola, 1992. Featherstone, M., org.. *Cultura global*; nacionalismo, globalização e modernidade. Petrópolis, Vozes, 1994. JAMESON, F. *Pós-modernismo*; a lógica cultural do capitalismo tardio. São Paulo, Ática, 1996. ORO, A. P. & STEIL, C. A., orgs. *Globalização e religião.* Petrópolis, Vozes, 1997. DEBORD, G. *A sociedade do espetáculo*; comentários sobre a sociedade do espetáculo. Rio de Janeiro, 1997.

[27] Cf. MAGNANI, J. G. C. Transformações na cultura urbana das grandes metrópoles. In: MOREIRA, A. da S., org. *Sociedade global*; cultura e religião. Petrópolis, Vozes, 1998. pp. 56-78.

[28] Cf. SCHAFF, A. *A sociedade informática*; as conseqüências sociais da segunda revolução industrial. 4. ed. São Paulo, Unesp, 1993. p. 72.

ções, que na tradição eram cultivadas na escola, como a memorização de dados e o desenvolvimento de habilidades, como, por exemplo, o cálculo, estão sendo transferidas para máquinas dotadas de uma super-memória artificial que traz alívio à memória humana? Essas máquinas são capazes de fazer, em tempo mínimo, combinações operatórias com rapidez surpreendente e idealizar novos métodos de conhecimento. Uma questão nova se põe para o ser humano nesse contexto: como situar-se nessa multiplicidade de dados e, sobretudo, como tomar posição, como não ser simplesmente levado de forma passiva pelo que aparece, porque, com a absolutização da razão instrumental, as pessoas estão desprovidas de critérios éticos para poder avaliar os diferentes dados com que se confrontam em suas vidas.[29] A tendência, antes, é para um relativismo difuso, inclusive por causa da consciência crescente da historicidade da vida humana e, conseqüentemente, de seu conhecimento e dos valores que marcam a sua existência.

A tradição conheceu uma razão una, necessária, universal e eterna. Em contraposição, a cultura contemporânea acentua a multiplicidade, a contingência, a particularidade e a temporalidade, o que tem como conseqüência a afirmação da impossibilidade da razão humana atingir princípios universalmente válidos: estamos definitivamente confinados em uma pluralidade de razões, o que implica uma pluralidade insuperável de interpretações do sentido da vida e das normas que devem orientá-la. Daí a divergência ineliminável

---

[29] Cf. W. Teichert, Journalistische Verantwortung: Medienethik als Qualitätsproblem, in J. Nida-Rümelin, org., op. cit., pp. 750-776.

que marca nossa cultura e o seu produto, que são o conflito e a tensão que acompanham a existência dos seres humanos que oscilam por entre as mais diferenciadas propostas de vida. Isso significa, portanto, a pluralidade de cosmovisões e de éticas em uma sociedade de consumidores de imagens, que construiu uma civilização do sensório.[30] O que pode significar a educação numa situação como esta, na qual, por um lado, valoriza-se fortemente o espaço intocável da subjetividade, conseqüentemente, das opções pessoais, da liberdade, e se desenvolve a consciência de direitos inalienáveis, mas, por outro lado, na qual existe a possibilidade permanente de as pessoas se refugiarem no mais radical individualismo, na indiferença e na insensibilidade diante da dor e dos sofrimentos humanos, ou mesmo na banalização de todas as suas opções, já que são simplesmente provisórias e passageiras?

Antes de tudo, é necessário levar em conta que a educação implica a instrução em uma dupla perspectiva: é, em primeiro lugar, instrução material enquanto aquisição de conhecimentos, isto é, aquisição de conteúdos e práticas que tornam possível o exercício de determinadas funções na vida social; em segundo lugar, é instrução formal, isto é, a promoção do desenvolvimento das capacidades humanas para tornar o ser humano capaz de enfrentar as diferentes situações de sua vida. É acima de tudo nesse aspecto que se dão, hoje, as mudanças mais radicais, a ponto de se falar de mu-

---

[30] Cf. F. Jameson. *Pós-modernismo*; a lógica cultural do capitalismo tardio, op. cit.; G. Cohn, A atualidade do conceito de indústria cultural, in A. da S. Moreira, org., op. cit., pp. 11-26.

dança no paradigma educacional.[31] A questão central, aqui, é o emprego das novas tecnologias a serviço de um desempenho mais eficiente da energia cérebro-mental, justamente através da mediação dos instrumentos inteligentes, de tal modo que a interação com tais instrumentos tornou-se um problema básico do processo de aprendizagem, o que significa dizer que o desafio imediato, nessa esfera, é repensar a instrução a partir da nova revolução tecnológica.

Uma leitura a partir da vida

No entanto, o desafio mais grave não são as tecnologias em si mesmas, mas a tendência, que é constitutiva, da civilização técnico-científica, a reduzir todo o processo educativo à instrução. Ora, a própria crise que vivemos hoje leva a humanidade a se perguntar sobre as razões de ser de sua vida, sobre os fins últimos de sua existência e do universo. Não é possível dar uma resposta às questões radicais de sentido da vida apenas com a instrução, mas, antes, isso tem a ver com outra dimensão essencial do processo educativo, que podemos chamar de "formação", onde o que está em jogo é justamente a orientação básica da vida, o problema de um sentido-fundamento que possa situar e discernir todas as

[31] Há uma corrente de pensamento, hoje, que acha que o que vai provocar uma verdadeira revolução na compreensão da educação é a compreensão de que os processos vitais se constituem e subsistem, em todos os seus níveis, enquanto são uma preservação permanente e expansão cognitiva. Veja H. Assmann, *Metáforas novas para reencantar a educação*; epistemologia e didática, 2. ed., Piracicaba, UNIMEP, 1998. Para uma posição crítica em relação à identificação entre processos vitais e conhecimento, veja M. M. A. Jorge. *Da Epistemologia à Biologia*, Lisboa, Instituto Piaget, 1994.

informações que o ser humano recebe e possibilitar a ele situar-se na vida na medida em que seja capaz de colocar tudo em um todo coerente de sentido.[32]

Nessa esfera, a preocupação básica deixa de ser a qualificação do indivíduo competente para poder inserir-se com êxito nas diferentes instâncias sistêmicas da sociedade, mas o que está em jogo é o próprio processo de construção do ser humano enquanto racional e livre. Daí porque, nesse nível, o problema essencial é o da articulação de um quadro referencial básico, isto é, uma visão dos princípios supremos do ser, do conhecer e do agir, das estruturas fundamentais da realidade, do sentido da natureza, do homem, da sociedade, enquanto esferas de manifestação do ser incondicionado, que possa dar um rumo "legitimado" às ações através das quais o ser humano busca efetivar-se na história. É a partir daí que um ser humano pode se preparar para engajar-se em sua vida na construção de mundos humanos que sejam capazes de efetivar relações de cuidado da natureza e uma humanidade transitiva e simétrica, livre, solidária e prazeirosa.

A partir dessa problemática, a tradição do pensamento ocidental interpretou o processo educativo como um processo de universalização:

> O ser humano, enquanto ser individual, empírico, contingente, finito, arbitrário, particular se eleva ao reconhecimento da dignidade de cada ser, de sua alteridade própria,

---

[32] Cf. Oliveira, M. A. de. Qual educação? In: *Tópicos sobre Dialética.* Porto Alegre, EDIPUCRS, 1997. pp. 227-243.

e, de forma muito especial, da dignidade incondicional de todo ser humano enquanto o ser que, em sua finitude, é portador consciente de algo absoluto e enquanto tal é responsável pela integridade dos seres.[33]

Trata-se, na realidade, de descobrir mecanismos de acordo com as mudanças das diferentes situações para efetivar o reconhecimento universal, superando toda forma de violência e de discriminação, a fim de que se faça presente, na práxis histórica, a comunhão ontológica básica de todos os seres. A educação emerge, assim, como aprendizagem da convivência universal. Isso implica ação em uma dupla dimensão:

A) *Cuidado com a natureza*: a modernidade foi profundamente marcada por uma postura antropocêntrica.[34] Aqui, o ser humano entende a si mesmo como sujeito, ou seja, como a instância que dá sentido a toda a realidade, e, enquanto tal, é o centro a que tudo deve ser referido. A natureza, destituída de essência, qualidades e finalidade, é reduzida a meio para a satisfação das necessidades e desejos humanos, o que desembocou na exploração desenfreada dos recursos naturais, provocando a destruição do planeta, a eliminação de espécies, a degradação da vida humana.

Hoje, a humanidade já sabe que a universalização dos padrões de desenvolvimento e de consumo do mundo desenvolvido conduziria a um apocalipse ecológico: o crescimen-

---

[33] Cf. M. A. de Oliveira, op. cit,. p. 243.

[34] Cf. M. A. de Oliveira, Ecologia, ética e libertação, in *Tópicos sobre Dialética*, op. cit. pp. 173-202. Boff, L. *Saber cuidar; ética do humano – compaixão pela terra*. Petrópolis, Vozes, 1999. Idem, *Ética da vida,* Brasília, Letraviva, 1999.

> to demográfico acoplado a uma série de fenômenos, que são conseqüências inevitáveis da sistemática imposição do homem sobre a natureza e de sua destruição, como o aquecimento da atmosfera, a contaminação da água com produtos químicos, a diminuição dos produtos de alimentação, em longo prazo, numa palavra, a vitória cada vez maior do homem sobre o outro de si, a natureza, conduz à autodestruição, até porque o homem é um ser da natureza.[35]

Daí por que se trata agora, em primeiro lugar, de refazer os vínculos rompidos com a natureza,[36] redescobrir que ela também é marcada pelos princípios supremos e, por essa razão, é portadora de valores que devem ser respeitados e que não podem ser destruídos sem razão, ou seja, só o podem ser em função da vida humana, que enquanto racional e livre, e, portanto, ser ético, está no topo da hierarquia dos seres.[37] O programa das Nações Unidas para o meio ambiente, o Fundo Mundial para a Natureza e a União Internacional para a Conservação da Natureza tentaram articular os princípios fundamentais, para exprimir as exigências dessa postura nova em relação à natureza: 1) construir uma sociedade sustentável; 2) respeitar e cuidar da comunidade dos seres vivos; 3) melhorar a qualidade da vida humana; 4) con-

---

[35] Oliveira M. A. de, op. cit., p. 176.

[36] Cf.: Vieira, T. P. *O nosso Deus: um Deus ecológico*; por uma compreensão ético-teológica da ecologia. São Paulo, Paulus, 1999. L. Boff, *Saber cuidar*, op. cit.

[37] A verdade básica do humanismo está precisamente na afirmação de que o ser humano possui o valor intrínseco mais alto, mas não é o único que possui valor intrínseco. Seu lugar especial no universo provém exatamente do fato de ele ser o ser que é capaz de captar valores, embora não seja sua fonte (cf. V. Hösle, Philosophische Grundlagen eines zukünftigen Humanismus, in *Die Philosophie und die Wissenschaften*, op. cit, p. 185).

servar a vitalidade e a vitalidade do planeta terra; 5) permanecer nos limites da capacidade de suporte do planeta Terra; 6) modificar atitudes e práticas pessoais; 7) permitir que as comunidades cuidem de seu próprio meio-ambiente; 8) gerar uma estrutura nacional para integrar desenvolvimento e conservação; 9) construir uma aliança global.

Tudo isso pressupõe, em primeiro lugar, a capacidade de levantar algumas perguntas ousadas para a nossa civilização:[38] A vida humana está totalmente orientada para a necessidade e nossos impulsos se dirigem para a acumulação cada vez maior de riquezas? O ideal supremo da vida humana é um crescimento e um consumo ilimitados?[39] O desenvolvimento pleno da vida humana implica isso, necessariamente? A quantidade tem de submeter a si a qualidade dos produtos e, sobretudo, a qualidade da vida humana e do meio-ambiente? A economia do desperdício não deveria dar lugar a uma "economia do suficiente"?

Isso pressupõe que a relação ser humano-natureza não seja pensada e efetivada unicamente como dominação, mas também como momento no processo de comunhão com a totalidade, isto é, que a relação do ser humano com a natureza não seja apenas a relação com algo de que ele tem necessidade para se reproduzir como ser orgânico, mas também com algo que é portador de um valor intrínseco: trata-se, em

---

[38] Cf. BOFF, L. & ARRUDA, M. Bildung und Entwicklung im Hinblick auf die integrale Demokratie. In: LEISINGER, Kl. M. & HÖSLE, V. *Entwicklung mit menschlichem Antlitz*. München, Beck, 1995. p. 97.

[39] Cf. ULRICH, P. Transformation der ökonomischen Vernunft. Fortschrittsperpektiven der modernen Industrigesellschaft. 3. ed. Bern, Haupt, 1993.

última instância, de confirmar e efetivar, por sua ação, a comunhão originária com todos os seres. Por essa razão, o ser humano é responsável pelo cuidado da natureza, pelo zelo com sua integridade, pelo respeito aos direitos dos seres naturais e ao equilíbrio do ecossistema. A alteridade específica de cada ser nos interpela ao respeito e ao reconhecimento de seu ser.[40] Nesse horizonte, a ética, que constitui o centro da educação entendida como formação, emerge como o esforço para tornar efetiva a complementaridade, a reciprocidade e a convivência respeitosa com todos os seres. A ética, enquanto práxis de libertação, só pode ser radical se for capaz de unificar, guardando a diferença, a luta contra a injustiça ecológica e a luta contra a injustiça social, ou seja: cuidado com a natureza e reconhecimento da dignidade incondicional do ser humano.

B) *Reconhecimento da dignidade incondicional do ser humano*. O ser humano, como ser que é, antes de qualquer coisa, tarefa, é o ser que só é ele mesmo por sua própria ação, por sua conquista através de um processo que parte da individualidade e se eleva à esfera da comunhão das liberdades, o que significa o reconhecimento recíproco da igual dignidade. "Onde o humano se divide entre senhor e escravo não é possível emergir a humanidade verdadeira",[41] ou seja, a conquista da verdadeira liberdade implica a eliminação de qualquer forma de negação da alteridade enquanto alteridade,

[40] Cf. Jonas, H. *Das Prinzip Verantwortung. Versuch einer Ethik für die technologische Zivilisation*. Frankfurt am Main, Suhrkamp, 1989.

[41] M. A. de Oliveira. A dialética do senhor e do escravo: a parábola do processo de humanização enquanto processo de libertação. In: *Ética e sociabilidade*, op. cit., p. 191.

o que se efetiva nas diferentes formas de violência e de discriminação que degradam a existência humana; numa palavra, a identidade própria do ser humano se produz pela mediação da constituição de uma sociabilidade que torna real o reconhecimento de todos como seres autônomos, portanto, como sujeitos livres e conscientes.[42] Nessa perspectiva, a autoconstrução da vida humana, que é sua "necessidade" originária, emerge como processo de criação de uma sociabilidade radicada na solidariedade universal, fonte de um mundo onde ele possa viver humanamente, o que implica o estabelecimento de instituições e regras que criem um ambiente econômico, político, social e cultural capaz de erradicar a pobreza no mundo e tornar possível um desenvolvimento humano integral. A conquista da subjetividade e da autonomia é, assim, mediada pela comunhão entre os seres humanos.[43]

Tudo isso nos revela que o ser humano não é um ser que está simplesmente aí uma vez por todas, mas, antes, a tarefa de construir-se a partir desse horizonte de totalidade é o que o marca e, por isso, é um recomeçar permanente, ou seja, é a tentativa, sempre renovada, de produzir uma confi-

---

[42] Cf.: Brugger, W. Menschenrechte und Staatenwelt. In: Chwaszcza, Ch. & Kersting, W., orgs. *Philosophie der internationalen Beziehungen.* Frankfurt am Main, Suhrkamp, 1998. pp. 153-203. Dussel, E. Derechos humanos y ética de la liberación; pretensión política de justicia y la lucha por el reconocimiento de los nuevos derechos. In: Fornet-Betancourt, R., org. *Menschenrechte im Streit zwischen Kulturpluralismus und Universalität. Dokumentation des VII Internationalen Seminars des philosophischen* Dialogsprogramms Nord-Süd. Frankfurt am Main, IKO – Verl. für Interkulturelle Kommunikation, 2000. pp. 106-116.

[43] Daí a exigência de uma educação crítica. Veja E. Dussel. *Ética da libertação na idade da globalização e da exclusão*, Petrópolis, Vozes, 2000. p. 427ss.

guração de si mesmo e de seu mundo[44] que não está desde sempre determinada. Isso só pode ser entendido adequadamente como processo de libertação ou processo de educação para a liberdade, de efetivação, sempre diferenciada, da liberdade nas diferentes contingências históricas. A liberdade, contudo, é sempre maior do que suas "figuras" históricas, uma vez que elas, enquanto configurações finitas, são estruturalmente incapazes de esgotar o horizonte de infinitude que marca a vida humana. Daí porque liberdade só é liberdade se for luta pela construção sempre renovada de mundos enquanto espaços de sua possível efetivação.

A libertação é uma exigência permanente na existência humana e, por essa razão, o ser humano é o eternamente responsável pela busca de uma configuração de sua vida, pessoal e coletiva, que torne possível a liberdade solidária. Numa palavra, a tarefa fundamental da vida humana é a construção, correta e sempre em contextos históricos diferenciados, das relações que o constituem como ser humano: as relações com os outros seres humanos e as relações com a natureza. Portanto, sua vida é a tentativa permanente de criar comunhão com a alteridade na história que, dessa forma, revela-se como aquele espaço em que a efetivação do ser humano se decide na contingência insuperável dos eventos

---

[44] O que implica a construção de instituições que tornem possível a efetivação da liberdade. Uma teoria da liberdade implica, por isso, uma teoria das instituições. Cf.: V. Hösle."Eine unsittliche Sittlichkeit. Hegels Kritik an der indischen Kultur, in W. Kuhlmann, org., *Moralität und Sittlichkeit. Das Problem Hegels und die Diskursethik*, Frankfurt am Main, Suhrkamp, 1986, p. 140ss.; M. A. de Oliveira, A liberdade enquanto síntese de opostos: transcendência, engajamento e institucionalidade, in *Veritas*, v. 44, n. 4, 1999, pp. 1019-1040.

e das coisas, na emergência, que não se pode determinar *a priori*, de fatos e situações, de tal modo que a liberdade, na realidade, é a exigência, sempre nova e diferente, da construção de uma forma específica das relações constitutivas de nosso ser. A razão de ser de nossas ações na história é a produção de nós mesmos como sujeitos livres.

Uma educação que se situa nesse horizonte é uma educação da vida em sua integralidade e a tarefa fundamental do educador é iniciar o educando na busca de seu rumo próprio na vida, de sua identidade e da efetivação de seu ser irrepetível, como na arte de criar comunhão no respeito radical pela pluralidade. Essa educação deve conduzir cada um à conquista de sua subjetividade, de tal modo que cada um possa se fazer sujeito de seu desenvolvimento, de sua própria formação, pela construção da solidariedade universal, cósmica e social.

Capítulo 4

ÉTICA E SAÚDE MENTAL

A questão que consideramos nos lança diretamente diante da pessoa humana, de sua vocação e das ameaças que rondam sua existência nas situações históricas do mundo contemporâneo. Por essa razão, a primeira pergunta com que devemos nos confrontar é: como o ser humano experimenta a si mesmo? De onde ele parte quando reflete sobre sua vida, seus problemas e suas conquistas?[1] Certamente de uma situação que lhe é peculiar: ele revela a si mesmo como o oposto do ser simplesmente dado, mas, antes, como um ser entregue a si mesmo, como projeto convocado a criar a sua própria realidade, tomando posição, situando-se no contexto histórico em que está inserido, transcendendo, portanto, a situação dada, embora sempre inserido em um contexto, em uma configuração determinada de coisas naturais, pessoas e instituições, em um mundo humano historicamente construído que o condiciona e, ao mesmo tempo, o interpela, pois se lhe apresenta, sempre, como possibilidade que exige uma tomada de posição.

---

[1] Cf.: MÜLLER, M. *Philosophische Anthropologie*, Freiburg/München, Alber, 1974. p. 103ss. PANNENBERG, W. *Anthropologie in theologischer Perspektive*, Göttingen, Vandenhoeck und Ruprecht, 1983, pp. 473ss. HAEFFNER, G. *Philosophische Anthropologie*, 2. ed., Stuttgart, Kohlhammer, 1989. pp. 28ss.

Nesse sentido, ele dispõe de si mesmo, está em jogo em todas as decisões tomadas, é, portanto, o ser do risco: ele pode fracassar, não se efetivar, frustrar a sua própria construção. Assim, o ser humano se experimenta como o ser do paradoxo: sempre determinado e sempre aberto a novas determinações. Nenhuma configuração histórica de seu ser é capaz de ser definitiva, pois, pela pergunta, ele as transcende todas, na medida em que põe sua validade em questão. Como capacidade, em princípio, de ultrapassar toda e qualquer situação, ele é transcendência permanente,[2] ser do futuro como realidade a ser efetivada.[3]

Daí porque uma primeira necessidade marca a sua vida: como ser não já pronto, sua necessidade originária é a necessidade de ser, de se autoconstruir pela mediação de sua ação. Portanto, ele é o ser da práxis, o ser que age a partir de finalidades por ele estabelecidas. Já Aristóteles[4] concebeu a práxis humana como algo que não se explica plenamente a partir da natureza, mas se radica no conhecimento e na von-

---

[2] Cf. Krings, H. Reale Freiheit. Praktische Freiheit. Transzendentale Freiheit. In: Simon, J., org. *Freiheit. Theoretische und praktische Aspekte des Problems*. Freiburg/München, 1977. pp. 85-113.

[3] Cf. Oliveira, M. A. de. Práxis e Filosofia. In: *Ética e práxis histórica*. São Paulo, Ática, 1995. p. 61ss.

[4] Cf. Ritter, J. Die Lehre vom Ursprung und Sinn der Theorie bei Aristoteles. In: *Metaphysik und Politik. Studien zu Aristoteles und Hegel*, Frankfurt am Main, 1969. pp. 9-33. Oliveira, M. A. de. O caminho da reflexão ética no pensamento ocidental. In: *Ética e práxis Histórica*, São Paulo, Ática, 1995. pp. 26-34. Höffe, O. *Aristoteles*, München, Beck, 1996. Chateau, J. Y., org. *La vérité pratique: Aristote, Éthique à Nicomaque*, liv.VI. Paris, Librairie J. Vrin,1997. Lima Vaz, H. C. de. *Escritos de Filosofia IV*; introdução à Ética Filosófica 1, São Paulo, Loyola, 1999, pp. 109-126.

tade enquanto atividade de um ser inteligente e livre, movido por um bem que é o fim de sua ação. Numa palavra, o ser humano se experimenta originariamente como tarefa a realizar-se na multiplicidade infinita de suas relações na história, portanto, busca permanente de humanização, conquista de sua própria identidade pela mediação de obras históricas nas diferentes dimensões de seu ser, que se constrói e se revela por meio delas.

No entanto, se a historicidade fundamental é a experiência de base da existência humana, o que faz com que o ser humano possa distanciar-se de seu mundo e emergir como um ser a se construir em sua ação? Qualquer forma de consciência humana pressupõe a capacidade de distinguir, de classificar, portanto, o pensamento humano é a capacidade de ordenar o que o ser humano experimenta a partir de uma *rede categorial*. Isso significa que as impressões sensíveis são submetidas a conceitos universais,[5] o que torna possível diferentes interpretações de nossa experiência,[6] que são os diferentes sistemas individuais e sociais de conceitos universais, diferentes nas diferentes épocas e culturas. No entanto, o ser humano pode debater sobre a unilateralidade de perspectivas específicas que são o resultado desses mundos

---

[5] A respeito de uma consideração dessa tese na ótica da filosofia analítica, veja F. von Kutschera, *Grundfragen der Erkenntnistheorie*, Berlin/New York, Gruyter, 1982, pp. 435ss.

[6] Como acentua a hermenêutica com a idéia de "horizonte". Cf. H-G. *Gadamer, Wahrheit und Methode. Grundzüge einer philosophischen Hermeneutik.* 2. ed., Tübingen, Mohr (Siebeck),1965, pp. 232ss. [ed. bras.: *Verdade e método*; traços fundamentais de uma hermenêutica filosófica, 3. ed., Petrópolis, Vozes, 1999].

espirituais,[7] e isso pressupõe que, em princípio, se pode superar a perspectiva unilateral, isto é, que há um *sistema de validade ideal* de conceitos universais, autônomo em relação a todos os tipos de fatos (naturais, subjetivos e sociais), conseqüentemente, de caráter *a priori*, e, por essa razão, instância crítica dos sistemas reais.[8]

Considerando nossos conceitos, vemos que todos eles são idealizações da realidade e, por isso, emerge a possibilidade da pergunta pela legitimidade dessas idealizações. Ora, exatamente aqui se encontra a grande façanha da existência humana: o ser humano distingue-se dos demais seres de nossa experiência por conhecer *a questão da legitimidade*. Ele, em princípio, é capaz de distanciar-se de suas próprias representações e de seus próprios desejos na medida em que pergunta se aquelas são verdadeiras e se estes são moralmente corretos. O ser humano pode, assim, posicionar-se em relação a todos os estímulos que recebe do mundo, transformando-os em proposições que ele pode afirmar ou negar. A pergunta que as precede revela que ele pode, em princípio, dis-

---

[7] Aqui está o lugar preciso do debate entre hermenêutica e filosofia transcendental. (Cf. K-O. Apel, Heideggers philosophische Radikalisierung der "Hermeneutik" und die Frage nach dem "Sinnkriterium" der Sprache, in *Transformation der Philosophie*, Frankfurt am Main, Suhrkamp, 1976, v. I, pp. 276-334 [ed. bras.: Transformação da filosofia, São Paulo, Loyola, 2000]. Implícito em tudo isso está, em primeiro lugar, para além do que a pragmática transcendental pode explicitar, determinada concepção do ser humano, que se concretiza na distinção entre o ser humano enquanto *ser natural*, submetido às leis e aos ritmos da natureza, e o ser humano enquanto *ser espiritual*, aberto, pela inteligência e pela liberdade, ao absoluto, e, conseqüentemente, dotado da capacidade de transcender toda facticidade (cf. H. C. de Lima Vaz, *Introdução à Ética Filosófica* 2, São Paulo, 2000, p. 98).

[8] Cf. Hösle, V., *Moral und Politik. Grundlagen einer politischen Ethik für das 21. Jahrhundert*. München, Beck, 1997. p. 307.

tanciar-se de tudo; ele é o ser que pode dizer não, aquele que possui sempre a possibilidade de se contrapor à facticidade existente,[9] e isso ele só pode por ser presença desse sistema de validade ideal, incondicional, condição última de possibilidade da criticidade humana enquanto tal e que faz do pensamento humano propriamente pensamento e não apenas representação.

A distância de tudo nos torna livres para levantarmos a questão da validade de tudo.[10] A essa esfera o ser humano pode ter acesso explícito pela mediação de argumentos reflexivos, isto é, por meio de uma reflexão rigorosa do pensamento sobre si mesmo e seus pressupostos irrecusáveis. Específico dos argumentos reflexivos é, precisamente, tematizar o incondicionado, o sem-pressupostos, uma estrutura que fundamenta a si mesma, portanto, um *ser necessário*, reflexividade plena e autofundamentação, portanto, uma razão absoluta, que é condição de possibilidade de sua própria negação, e, nesse sentido, espírito absoluto, inteligência absoluta, saber pleno de si mesmo, revelação a si mesmo e, assim, identidade entre conhecer e ser.

O absoluto emerge, dessa forma, não como algo contraposto à razão, mas como razão absoluta, verdade fundamental e originária, princípio universal de inteligibilidade, já que condição de possibilidade de todo conceituar, o fun-

---

[9] Cf. SCHELER, M. *Die Stellung des Menschen im Kosmos*. 11. ed. Bonn, Bouvier, 1988. p. 55.

[10] Cf. MÜLLER, M. Die Wahrheit der Metaphysik und der Geschichte. In: Erfahrung und Geschichte. Grundzüge einer Philosophie der Freiheit als transzendentale Erfahrung. Freiburg/München, 1971. pp. 21-22.

damento de todo conhecimento verdadeiro: todo e qualquer ente, enquanto principiado do princípio absoluto e na medida de seu ser, é inteligível, portador de uma logicidade imanente. O ser humano, por sua vez, enquanto aberto à esfera absoluta, é o ser da capacidade de captar o inteligível de todas as coisas.[11]

Nisso o ser humano manifesta seu ser específico: ele é a referencialidade estrutural à esfera absoluta, à razão absoluta, ao ser que sabe absolutamente de si mesmo, que tem em si mesmo a sua razão de ser, seu fim em si mesmo, portanto, um ser que põe a si mesmo, afirma a si mesmo, afirmando seu valor intrínseco absoluto. Enquanto tal, o absoluto é amabilidade e bondade originárias, fundamento da amabilidade e bondade dos principiados. O ser ideal, pela mediação da reflexão transcendental, revela-se como verdade e bondade originárias e o ser humano, como capacidade de retorno transcendental ao princípio de toda verdade e de todo bem. Nisso vai consistir a dignidade própria do ser humano, que se explicita na idéia dos *direitos humanos* enquanto afirmação radical da humanidade do ser humano, portanto, expressão dos valores básicos da pessoa que, reconhecendo a pessoa humana como lugar axiológico autônomo e original, exprime o horizonte a partir do qual todo e qualquer desrespeito ao ser humano pode ser condenado como injustiça e se abre à tarefa fundamental, enquanto exigência ética originária, de emancipação, na história humana,

---

[11] Cf. Oliveira, M. A. de, Ética e Justiça num mundo globalizado. In. *Veritas*, v. 45, n. 4, 2000, pp. 547-572.

de tudo o que possa negar essa dignidade. Vistos dessa maneira, os direitos humanos são a liberação e a canalização das energias de emancipação da humanidade,[12] e, enquanto tais, situam-se como a instância de julgamento do próprio direito positivo que assim não se pode legitimar pela simples existência de uma ordem jurídica determinada, nem também pelo critério sociológico de sua aceitação fáctica, mas a partir dos conteúdos expressos pelas exigências dos direitos humanos,[13] que constituem o ponto de referência básico no julgamento de todas as estruturas sociais e no enfretamento dos conflitos na vida humana e, por essa razão, a fonte dos deveres: direito humano é a expressão do valor intrínseco da pessoa enquanto pessoa, conseqüentemente, de todo ser humano (igualdade básica de valor) e de toda vida humana, o que exige respeito permanente. Isso implica a exigência de ser defendido e protegido para atingir efetividade social, o que requer, antes de qualquer coisa, o reconhecimento político e a proteção jurídica, e precisamente isso é a grande exigência, hoje, em nível internacional. Cada ser humano é de alguma forma ferido em sua não-efetivação e rebaixado naquele que não o respeita.[14]

---

[12] Cf. FORNET-BETANCOURT & R. Einführung. In: FORNET-BETANCOURT, R., org. *Menschenrechte im Streit zwischen Kuturpluralismus und Universalität.* Frakfurt am Main, IKO-Verl. für Interckulturelle Kommunikation, 2000. p. 13.

[13] Cf. BRUGGER W. Menschenrechte und Staatenwelt. In: CHWASZCZA, Ch. & KW. orgs. *Politische Philosophie der internationalen Beziehungen.* Frankfurt am Main, Suhrkamp, 1999. p. 163.

[14] Cf. N. Breiskorn, Die Mesnchenrechtskultur in der Zeit der Globalisierung, der Unverbindlichkeit und der Unsicherheit, in R. Fornet-Betancourt, org., op. cit., p. 25.

Numa palavra, as idéias de *verdade* e de *bondade,*[15] fundamento ideal dos direitos humanos, são as grandes descobertas do ser humano enquanto ser espiritual e são irrecusáveis, pois mesmo aquele que julga toda verdade como uma ilusão tem de considerar verdadeira essa sua convicção.[16] Ora o verdadeiro e o bom abrem para o ser humano um espaço de liberdade: ele conserva sempre a possibilidade de perguntar pelas razões teóricas e práticas de suas conjecturas e, com isso, de superar a simples dominação das causas cegas que o impulsionam.

Hegel[17] considera isso o primeiro momento da liberdade por ele denominada "liberdade negativa" que é expressão da transcendência do ser humano sobre qualquer facticidade, revelando-o como ser da crítica. No entanto, ele distingue entre o livre arbítrio, uma fase intermediária entre a vontade imediata, natural, e a vontade verdadeira, que só se efetiva quando o motivo último de nosso comportamento não é simplesmente uma reação diante do que nos é dado, mas uma ação de acordo com a razão, ou seja, trata-se, aqui, de uma determinação autônoma e racional de fins últimos, racionalidade consciente, em que os impulsos e desejos são

---

[15] Cf. M. A. de Oliveira, "Ética e justiça em um mundo globalizado", neste volume, parte II, capítulo 3.

[16] Ou seja, entra em contradição consigo mesmo, comete uma "contradição performativa", como se diz hoje (cf. M. A. de Oliveira. *Sobre a fundamentação*, Porto Alegre, EDIPUCRS, 1993, p. 74, nota 50).

[17] Cf.: G. W. F. Hegel, *Grundlinien der Philosophie des Rechtes*, op. cit., § 5, p. 30. M. A. de Oliveira. A liberdade enquanto síntese de opostos: transcendência, engajamento e institucionalidade, in: *Veritas*, v. 44, n. 4, 1999, pp. 1019-1040. Cf. G.W.F. Hegel, *Grundlinien der Philosophie des Rechtes*, op. cit, § 5, pp. 37-38 [ed. bras.: *Princípios da filosofia de direito*, São Paulo, Martins Fontes, 1997].

incorporados em um sistema de determinações da vontade fundado na razão.

No entanto, a liberdade entendida como possibilidade de transcender tudo manifesta, por um lado, a distância radical do ser humano em relação a tudo, mas, por outro lado, é ainda vazia, e, por isso, aponta para outra dimensão de si mesma. O ser humano é, assim, misto de ser e de não-ser, e por isso mesmo, interpelado a ser, a passar da possibilidade à efetividade, a construir seu próprio ser e, portanto, a conquistar a si mesmo.

Nesse processo, o homem se conhece enquanto inserido em um todo natural e humano, e condicionado de diferentes formas por esse todo, o que faz com que sua liberdade seja essencialmente limitada, muitas vezes até estruturalmente negada, o que implica que não há liberdade sem processo de libertação, ou seja, sem a tarefa de conquistar a si mesmo como ser humano, de autodeterminar-se ante as determinações prévias, de produzir uma configuração específica do próprio ser e do ser do mundo que abra espaço para sua efetivação como ser da liberdade. Sua existência é, então, fundamentalmente, tarefa histórica da construção do ser pessoal e social. Nosso ser pessoal não nos é simplesmente dado, mas conquistado por nossa identificação com um mundo de obras por nós produzidas; portanto, há uma mediação do processo de personificação pela construção de obras comunitárias.

Nesse contexto, poderíamos dizer que experimentar sentido na vida humana significa, em um primeiro momento, a concordância conosco mesmo e com nosso mundo, e é isso que podemos chamar "autonomia". Hoje temos, muito mais do que em outras épocas, a consciência de nossa historicidade.

> Ora,o que está em jogo na história não é só, nem especificamente, a luta pela sobrevivência que se situa, de certo modo, no nível da natureza, e tampouco só a liberação de todas as amarras naturais e sociais que obstaculizam o processo de personificação, mas, muito mais, esse processo mesmo enquanto efetivação de um mundo, onde toda instrumentalização do homem, sua funcionalização a algo distinto dele, portanto sua alienação, seja superada pela conquista de um sentido absoluto das obras em que o homem conquista o seu ser.[18]

O fracasso desse processo é o fracasso do ser humano e, conseqüentemente, a introdução em sua vida de diferentes patologias, entre as quais *a doença mental*. Não ocorre ela precisamente tendo por base a representação da ruptura entre o ser humano e seu mundo natural e social justamente quando falham os modos de repropriação socialmente disponíveis, legitimados, satisfatórios? Ou seja:

> Quando a história individual entrar em conflito permanente com a história social; quando o modo de reapropriação implicar cada vez mais antagonismos; quando a magnitude da ruptura aparencial, ou o seu momento individual de ocorrência impedirem a reapropriação; ou quando se bloquearem rituais de recuperação sem maior sofrimento psíquico, estaremos no território da doença mental.[19]

---

[18] Cf. M. A. de Oliveira, Secularização e ética, in *Ética e práxis histórica*, op. cit., pp. 119-154.

[19] Cf. Sampaio, J. J. C. *Epidemiologia da imprecisão; processo saúde/doença mental como objeto de epidemiologia*. Rio de Janeiro, Fiocruz, 1998. p. 98.

Se a vida histórica é fundamentalmente tarefa, ela tem a ver com a conquista da identidade e da auto-realização do ser humano e, assim, é, basicamente, também possibilidade de fracasso. A liberdade só se efetiva pela produção de uma configuração sensata de nossas relações com a natureza e com os outros seres humanos, ou seja, quando ela se faz o fundamento da relação com a natureza e da vida comum dos sujeitos entre si, das configurações que mediatizam o ser comum dos sujeitos e de suas relações com a natureza. A liberdade só chega, então, plenamente a si mesma quando se exterioriza, se faz mundo, se autoconfigura como ser efetivo na natureza e na sociedade, em configurações que medeiam o ser humano como ser da autodeterminação, portanto, enquanto síntese de opostos, síntese da interioridade e da exterioridade, da subjetividade e da intersubjetividade.

Numa palavra, liberdade efetiva é esse processo, a ser sempre renovado, de construção de comunhões como espaços de auto-efetivação da liberdade na contingência dos eventos, das situações e, por essa razão, é liberdade produtiva, isto é, não um estado de plenitude, mas um devir, a busca de uma configuração de si mesma em um momento histórico determinado, não uma situação alcançada uma vez para sempre, e sim um processo permanente de reconstrução.

Enquanto liberdade negativa, o ser humano é puro espaço de possibilidades cuja realidade efetiva acontece por meio de obras históricas. O ser humano revela-se, aqui, mais uma vez, como um ser paradoxal: por um lado, ele é um horizonte de possibilidades em princípio infinito; por outro lado, sua efetivação é sempre finita e sua história nada mais é do que a luta permanente pela passagem da infinitude do horizonte para a finitude de suas realizações contingentes.

A liberdade se faz real mediante a escolha dessas mediações e de sua realização histórica.

O ser humano situa suas escolhas no horizonte de uma escolha fundamental: a escolha de uma forma de seu próprio ser, o que implica a escolha de um mundo onde ele possa efetivar-se como ser livre, o que faz com que a liberdade seja um processo de construção de um mundo enquanto seu espaço de realização.[20] A obra realiza a síntese dos dois pólos da liberdade: ela é algo exterior, pertence ao mundo objetivo, mas é, ao mesmo tempo, encarnação, exteriorização da ação humana e, enquanto tal, mundanização de sua autodeterminação interior.[21] Uma vez que todas as efetivações são contingentes e finitas e, por isso, têm limites intransponíveis, nenhuma pode ter a pretensão de esgotar o horizonte de infinitude, o que faz da história um processo aberto em que, em princípio, há a possibilidade de escolha de novas configurações que não podem ser construções *a priori*, mas que devem ser buscadas criativamente nas diferentes situações epocais.

Por essa razão, nossa época nos põe diante da tarefa da construção da liberdade no contexto da descolonização, do debate sobre o desenvolvimento, sobre a desigualdade econômica e social, a moralidade de uma guerra que pode conduzir a uma destruição nuclear da humanidade, a insegurança que se tornou marco da vida social contemporânea,

---

[20] Nesse sentido, a autolibertação do sujeito implica sempre libertação do mundo em que ele está inserido. (cf. R. Fornet-Betancourt, org., op. cit., p. 18).

[21] Cf. M. A. de Oliveira, "A liberdade enquanto síntese de opostos: transcendência, engajamento e institucionalidade", neste volume, parte I, capítulo 2.

a efetivação dos direitos humanos em nível global, a nova revolução tecnológica que está mudando nosso modo de viver, de trabalhar, de nos comunicarmos, abalando nossas convicções e visões de mundo e a destruição ecológica do planeta, no contexto de uma economia em fase de mundialização acelerada,[22] que tem aprofundado desigualdades e exclusões no horizonte de uma interpretação neoliberal dos processos produtivos e, cada vez mais, a monetarização de todas as dimensões da vida humana: seres humanos transformam-se em mercadorias em um mercado mundializado, perdem nome e dignidade, ganham um valor de mercado e entram em concorrência entre si.[23]

A questão que nos interessa, aqui, não é apenas a forma de organização das instituições, que em nossa época podem efetivar liberdade e assim libertar o ser humano das patologias que advêm de seu fracasso (por mais importante que seja essa questão), mas nossa pergunta deve se concentrar nos *princípios normativos* a partir dos quais essas *instituições* devem se configurar num contexto de mundo em que os Estados nacionais não são mais os únicos atores dos processos de relações internacionais e, talvez, nem mais os protagonistas. Essa pergunta só tem sentido se, de antemão, tal processo de globalização não for considerado uma fatalidade histórica, de tal modo que se ponha para o ser humano a pergunta a respeito das exigências éticas de sua configuração.

---

[22] Cf. ROBERTSON, *R. Globalização*; teoria social e cultura global. Petrópolis, Vozes, 2000.

[23] Cf. N. Brieskorn, op. cit., p. 25.

Uma primeira coisa que decorre do que foi dito é que o processo de gestação do ser humano é um processo de interação: o ser humano só conquista seu ser na medida em que se faz capaz de elevar-se, a partir dos limites de sua individualidade pessoal e histórica, à esfera da comunhão com as outras liberdades, isto é, à esfera do *reconhecimento recíproco da igual dignidade.*[24] Assim, o processo de conquista da humanidade do ser humano implica ruptura com seu fechamento e a gênese da sociabilidade enquanto liberdade solidária: liberdade só pode acontecer quando é superado qualquer tipo de opressão da alteridade e só assim o reconhecimento real das liberdades se efetiva. A afirmação pessoal e institucional do outro enquanto ser livre é condição irrecusável da própria conquista da liberdade, numa palavra, o ser humano só atinge sua humanização através da mediação da construção de uma sociabilidade radicada na solidariedade. Numa palavra, a sorte do ser humano, enquanto sujeito racional e livre, se joga primariamente na esfera das relações intersubjetivas: é no outro e por intermédio do outro que se dá a constituição do ser humano enquanto subjetividade. A vontade livre só se conquista enquanto autônoma na dialética do reconhecimento mútuo.[25]

Uma segunda conseqüência do que foi dito é que a liberdade só se faz realidade enquanto universo de liberdade:

---

[24] Cf. M. A. de Oliveira, A dialética do senhor e do escravo: a parábola do processo de humanização enquanto processo de libertação, in *Ética e sociabilidade*, op. cit., pp. 181-197. A respeito da rejeição da distinção entre pessoa e não-pessoa entre os seres humanos, veja R. Spaemann, Sind alle Menschen Personen? Über neue philosophische Rechfertigung der Lebensvernichtung, in H. Thomas, org., *Menschlichkeit der Medizin*, Köln, 1993, pp. 261-278.

[25] Cf. M. A. de Oliveira, *A globalização e a problemática do Terceiro Mundo,* neste volume, parte II, capítulo 2.

o ser humano, vimos, pode fracassar, pode destruir a si mesmo, pode criar mundos que destroem estruturalmente, de formas diferenciadas, as pessoas e a natureza. Nesse horizonte, a ética emerge como a reflexão que busca *legitimar os princípios normativos* destinados a superar o mal e a conquistar a humanidade do ser humano enquanto ser livre. Assim, a ética revela-se como mediação de humanização, portanto, como condição de possibilidade da efetivação da liberdade no mundo. Ela se situa, de entrada, no horizonte da mediação entre os sujeitos, entre os indivíduos e o mundo humano no qual eles se podem constituir ou não como seres da liberdade. Sua tarefa fundamental é tematizar o espaço normativo que possibilita e garante a efetivação da liberdade.

A ética, por isso, nunca parte do nada, mas parte dos mundos historicamente gestados, que são produtos da práxis criativa dos seres humanos em sua história e os submete a uma avaliação crítica a partir de princípios normativos. Ora, essa avaliação explicita a questão das questões da vida humana: a efetivação da liberdade no mundo significa a superação das formas de destruição da vida que se tornaram história, o que significa dizer que a função da ética na vida humana é essencialmente de emancipação: trata-se de legitimar o espaço normativo que possibilite a criação de mediações históricas que efetivem o ser humano como ser livre em todas as dimensões de seu ser. Uma ação ética é, na realidade, a negação das diferentes formas de egoísmo pelas quais se frustra o processo de humanização.[26]

---

[26] Para o caso da medicina, cf. B. Schöne-Seifert, Medizinethik, in J. Nida-Rümelin, Angewandte Ethik. Die Breichsethiken und ihre theoretische Fundierung. E Handbuch, Stuttgart, Kröner, 1996, pp. 553-648.

O que é buscado, acima de tudo, na práxis ética do homem, como exigência fundamental, é a garantia de uma convivência humana de tal forma que cada homem possa conduzir sua vida em consonância com a dignidade que o constitui como ser livre.[27]

O ser livre é igualmente parte da natureza e é ligado a ela tanto por sua gênese como por seu ser orgânico. Ele não é, contudo, o único ser que tem valor intrínseco.[28] A verdade do humanismo[29] consiste na afirmação de que o ser humano é, de todos os seres que conhecemos, o de maior valor intrínseco,[30] porém não o único. Seu lugar especial no universo decorre do fato de poder conhecer valores que não é ele mesmo que põe, mas que antes o interpelam, de cujo reconhecimento e efetivação em sua vida depende sua realização como ser humano. Enquanto ser orgânico, o ser humano precisa reproduzir-se. Então, se a história é o espaço da possível humanização do ser humano, ela é, antes de tudo, o espaço da luta pela vida mediante a consecução das condições materiais que dignificam, de fato, essa vida. A conseqüência imediata disso é que o objetivo último da atividade econômica não pode ser simplesmente a busca

---

[27] Cf. M. A. de Oliveira, A ética como problema da inter-relação entre teoria e prática: enfoque filosófico. In: *Ética e práxis histórica*, op. cit., p. 96.

[28] Cf. H-H. Raspe, Zur Theorie und Messung der "Lebensqualität" in der Medizin, in P. Schölmerich & G. Thews, orgs., op. cit., pp.23-40.

[29] Cf. Hösle, V. Philosophische Grundlagen eines zukünftigen Humanismus. In: *Die Philosophie und die Wissenschaften,* München, Beck, 1999. p. 186.

[30] Sobre a discussão a respeito da "santidade" da vida humana, cf. R. Dworkin, *Die Grenzen des Lebens. Abtreibung, Euthanasie und persönliche Freiheit*, Reinbeck, Rowohlt, 1994.

da qualidade produtiva,[31] mas esta se subordina à busca da qualidade de vida.[32]

A escolha das prioridades deve, assim, pautar-se pela lógica da reprodução da vida, o que significa dizer que um primeiro princípio normativo das ações do ser humano no mundo é: entre os diversos fins contingentes que se oferecem à sua ação, deve escolher os que conduzem ao respeito à vida em todas as suas dimensões, portanto, também à vida mental e à vida dos outros seres vivos. Daí porque as necessidades que são básicas, entre as quais está a saúde física e psíquica, têm prioridade em relação a qualquer outro tipo de necessidade. Nesse horizonte, o trabalho humano deve estar a serviço da satisfação das necessidades básicas dos seres humanos, o que significa afirmar que a economia encontra seu sentido no serviço à reprodução do ser orgânico, que é ser livre, e no respeito condicionado à natureza, que também tem valor intrínseco.

Considerado à luz desse horizonte normativo, o mundo contemporâneo revela-se como profundamente aético, uma vez que a milhões de pessoas negam-se as condições mínimas de uma vida decente. O sistema econômico mundializado tem como objetivo último o crescimento do produto social bruto[33] e funciona a partir de sua dinâmica pró-

---

[31] A respeito da discussão sobre a "não quantificação" da vida humana, cf. H. Grewel, Zwischen Mitleid, Mord und Menschlichkeit Wider das Missverständnis der Humanität in der neuen Euthanasiebewegung, in J. Ch. Student, org., *Das Recht auf den eigenen Tod*, Düsseldorf, Patmos-Verl., 1993, pp. 66-89.

[32] Quanto à discussão sobre o caráter multidimensional dessa categoria, cf. P. Schölmerich & G. Thews, orgs., *Lebensqualität als Bewertungskriterium in der Medizin*, Stuttgart/ New York, 1990.

[33] Cf. Leisinger; Kl. M.; Hösle, V., orgs. *Entwicklung mit menschlichem Antlitz. Die Dritte und die Erste Welt im Dialog*. München, Beck, 1995.

pria, sem referência ética, isto é, sem que sejam levadas em consideração as necessidades básicas dos seres humanos e o respeito à natureza.

O ser humano é ser de natureza e ser de relações sociais: por isso só quando se realizam, juntas, justiça social e justiça ecológica, ele pode atingir seu ser. A organização atual da vida humana conduziu a uma gigantesca exploração de vidas humanas e da natureza. O desafio básico de nossa geração é refazer o vínculo quebrado com a natureza e restabelecer os laços que foram rompidos entre as pessoas. O ser humano é sujeito de direitos invioláveis, que por si exprimem o caráter incondicional do respeito devido ao ser humano como fim em si mesmo, e os Estados são os primeiros responsáveis por garantir as condições de sua efetivação histórica, o que significa dizer que se legitimam como instituições a serviço da efetivação dos direitos. Tais direitos constituem o horizonte normativo que articula o conjunto de exigências decorrentes da dignidade do ser pessoal, e, por isso, devem inspirar seus projetos históricos na direção de humanizar as condições de vida das pessoas.

Revela-se, aqui, outra face do paradoxo que o ser humano é, ou seja, revela-se a tensão entre o ideal e a dimensão normativa: as exigências básicas para a configuração de nossa vida concreta, o conjunto de princípios e critérios que exprimem o ideal de humanização da vida e nossa vida fáctica estão não só sempre aquém desse horizonte, mas muitas vezes se contrapondo radicalmente a ele. De modo particular, nossa realidade nacional e o contexto da sociedade planetária que está emergindo são uma violação brutal desse horizonte normativo, pois tal estruturação societária agride sistematicamente os direitos fundamentais do ser humano, sobretudo dos pobres e excluídos. Eles são os primeiros insultados em sua dignidade fundamental. Essa situação de violência estrutural, porque marcada por uma lógica de uma terrível exclusão, que transforma grande parte da população mundial em massa sobrante e descartável, significa a negação do direito fundamental da vida humana, o direito de ser pessoa.[34] O confronto ético com tal situação exige que as políticas públicas se orientem no sentido de efetivar para todos o direito à vida e aos meios de subsistência, integridade física, habitação, saúde física e psíquica, trabalho, educação, lazer.[35]

Trata-se, então, em nosso mundo, de se contrapor, hoje, com firmeza, ao espírito hegemônico, na medida em que se faz necessário explicitar a importância da dignidade do ser humano como critério normativo na consideração das questões relativas à saúde mental e, assim, levar extremamente a sério a dimensão relacional que permeia toda a constituição do ser pessoal, já que este se constitui como ser humano numa rede interativa de relações, o que significa dizer que fatores psicológicos, econômicos, sociais, políticos e culturais têm ingerência direta nos problemas éticos da vida humana. Não se pode falar de ética e saúde mental sem política e economia. Daí porque não se pode perder de vista o grito desesperado em favor da vida que brota do seio da repressão, em nossa civilização globalizada.

---

[34] Cf. UNCITI, M. de. *Terceiro Mundo; escândalo e denúncia da injustiça social.* São Paulo, Paulinas, 1999.

[35] Cf. BRUGGER, W. Menschenrechte und Staatenwelt. In: CHWASZCZA, Ch. & KERSTING, W., orgs. *Politische Philosophie der internationalen Beziehungen.* Frankfurt am Main, 1998. pp. 153-203.

SUMÁRIO

Impresso na gráfica da
Pia Sociedade Filhas de São Paulo
Via Raposo Tavares, km 19,145
05577-300 - São Paulo, SP - Brasil - 2008